元脱脱等撰

宋史

第八册

卷九八至卷一一五（志）

中華書局

宋史卷九十八

志第五十一

禮一 吉禮一

五代之衰亂甚矣，其禮文儀注往往多草創，不能備一代之典。宋太祖興兵間，受周禪，收攬權綱，一以法度振起故弊。即位之明年，因太常博士聶崇義上重集三禮圖，詔太子詹事尹拙集儒學之士詳定之。開寶中，四方漸平，民稍休息，乃命御史中丞劉温叟、中書舍人李昉、兵部員外郎知制誥盧多遜、左司員外郎知制誥扈蒙、太子詹事楊昭儉、左補闕賈黄中、司勳員外郎和峴、太子中舍陳鄂撰開寶通禮二百卷，本唐開元禮而損益之。既又定通禮義纂一百卷。

太宗尚儒雅，勤於治政，修明典章，大抵曠廢舉矣。眞宗承重熙之後，契丹既通好，天下無事，於是封泰山，祀汾陰，天書、聖祖崇奉迭興，專置詳定所，命執政、翰林、禮官參領之。尋改爲禮儀院，仍歲增修，纖微委曲，緣情稱宜，蓋一時彌文之制也。

自通禮之後，其制度儀注傳於有司者，殆數百篇。先是，天禧中，陳寬編次禮院所承新舊詔敕，不就。天聖初，王皞始類成書，盡乾興，爲禮閣新編，大率吏文，無著述體，而本末完具，有司便之。景祐四年，賈昌朝撰太常新禮及祀儀，止於慶曆三年。皇祐中，文彥博又撰大享明堂記二十卷。至嘉祐中，歐陽脩纂集散失，命官設局，主通禮而記其變，及新禮以類相從，爲一百卷，賜名太常因革禮，異於舊者蓋十三四焉。

熙寧十年，禮院取慶曆以後奉祀制度，別定祀儀，其一留中，其二付有司。知諫院黃履言：「郊祀禮樂，未合古制，請命有司考正羣祀。」詔履與禮官講求以聞。元豐元年，始命太常寺置局，以樞密直學士陳襄等爲詳定官，太常博士楊完等爲檢討官。襄等言：「國朝大率皆循唐故，至於壇壝神位、法駕輿輦、仗衞儀物，亦兼用歷代之制。其間情文訛舛，多戾於古。蓋有規摹苟略，因仍既久，而重於改作者；有出於一時之儀，而不足以爲法者。請先條奏，候訓敕以爲禮式。」

未幾，又命龍圖直學士宋敏求同御史臺、閤門、禮院詳定朝會儀注，總四十六卷：曰閤門儀，曰朝會禮文，曰儀注，曰徽號寶册儀；祭祀總百九十一卷：曰祀儀，曰南郊式，曰大禮式，曰郊廟奉祀禮文，曰明堂祫享令式，曰天興殿儀，曰四孟朝獻儀，曰景靈宮供奉敕令格式，曰儀禮敕令格式；祈禳總四十卷：曰祀賽式，曰齋醮式，曰金籙儀；蕃國總七十一卷：曰大遼令式，曰高麗入貢儀，曰女眞排辦儀，曰諸蕃進貢令式；喪葬總百六十三卷：曰葬式，曰宗室外臣葬敕令格式，曰孝贈式。其損益之制，視前多矣。

紹聖而後，累詔續編，起治平，訖政和，凡五十一年，爲書三百卷，今皆不傳。而大觀初，置議禮局於尚書省，命詳議、檢討官具禮制本末，議定請旨，三年書成，爲吉禮二百三十一卷、祭服制度十六卷，頒焉。議禮局請分秩五禮，詔依開寶通禮之序。政和元年，續修成四百七十七卷，且命倣是修定儀注。三年，五禮新儀成，凡二百二十卷，增置禮直官，許士庶就問新儀，而詔開封尹王革編類通行者，刊本給天下，使悉知禮意，其不奉行者論罪。宣和初，有言其煩擾者，遂罷之。

初，議禮局之置也，詔求天下古器，更制尊、爵、鼎、彝之屬。其後，又置禮制局於編類御筆所。於是郊廟禋祀之器，多更其舊。旣有詔討論冠服，遂廢韠用履，其他無所改議，而禮制局亦罷。

大抵累朝典禮，講議最詳。祀禮修於元豐，而成於元祐，至崇寧復有所增損。其存於有司者，惟元豐郊廟禮文及政和五禮新儀而已。乃若圜丘之罷合祭天地；明堂專以英宗配帝，悉罷從祀羣神〔一〕；大蜡分四郊；壽星改祀老人；禧祖已祧而復，遂爲始祖；即景靈宮建諸神御殿，以四孟薦享；虛禘祭；去牙槃食；卻尊號；罷入閤儀幷常朝及正衙橫行。此熙寧、元豐變禮之最大者也。

元祐册后，政和冠皇子，元符創景靈西宮，崇寧親祀方澤、作明堂、立九廟、鑄九鼎、祀熒惑，大觀受八寶、大祀皆前期十日而戒。凡此蓋治平以前所未嘗行者。

欽宗卽位，嘗詔春秋釋奠改從元豐儀，罷新儀不用而未暇也。靖康之厄，蕩析無餘。南渡中興，銳意修復，高宗嘗謂輔臣曰：「晉武平吳之後，上下不知有禮，旋致禍亂。周禮不秉，其何能國？」孝宗繼志，典章文物，有可稱述。治平日久，經學大明，諸儒如王普、董弅等多以禮名家。當時嘗續編太常因革禮矣，淳熙復有編輯之旨。其後朱熹講明詳備，嘗欲取儀禮、周官、二戴記爲本，編次朝廷公卿大夫士民之禮，盡取漢、晉而下及唐諸儒之說，考訂辨正，以爲當代之典，未及成書而沒。理宗四十年間，屢有意乎禮文之事，雖曰崇尚理學，所謂「禮云禮云，玉帛云乎哉」，蓋可三歎。咸淳以降，無足言者。

今因前史之舊，芟其繁亂，彙爲五禮，以備一代之制，使後之觀者有足徵焉。

五禮之序，以吉禮爲首，主邦國神祇祭祀之事。凡祀典皆領於太常。歲之大祀三十：正月上辛祈穀，孟夏雩祀，季秋大享明堂，冬至圜丘祭昊天上帝，正月上辛又祀感生帝，四立及土王日祀五方帝，春分朝日，秋分夕月，東西太一〔三〕，臘日大蜡祭百神，夏至祭皇地祇，孟冬祭神州地祇，四孟、季冬薦享太廟、后廟，春秋二仲及臘日祭太社、太稷，二仲九宮貴神。中祀九：仲春祭五龍，立春後丑日祀風師、亥日享先農，季春巳日享先蠶，立夏後申日祀雨師，春秋二仲上丁釋奠文宣王、上戊釋奠武成王。小祀九：仲春祀馬祖，仲夏享先牧，仲秋祭馬社，仲冬祭馬步，季夏土王日祀中霤，立秋後辰日祀靈星，秋分享壽星，立冬後亥日祠司中、司命、司人、司祿，孟冬祭司寒。

其諸州奉祀，則五郊迎氣日祭岳、鎮、海、瀆，春秋二仲享先代帝王及周六廟，並如中祀。州縣祭社稷，奠文宣王，祀風雨，並如小祀。凡有大赦，則令諸州祭岳、瀆、名山、大川在境內者，及歷代帝王、忠臣、烈士載祀典者，仍禁近祠廟咸加祭。有不尅定時日者，太卜署預擇一季祠祭之日，謂之「畫日」。凡壇壝、牲器、玉帛、饌具、齋戒之制，皆具通禮。後復有高禖、大小酺神之屬，增大祀爲四十二焉。

其後，神宗詔改定大祀：太一，東以春，西以秋，中以夏冬；增大蜡爲四，東西蜡主日配月；太廟月祭朔。而中祀：四望，南北蜡。小祀：以四立祭司命、戶、竈、中霤、門、厲、行，以藏冰、出冰祭司寒，及月薦新太廟。歲通舊祀凡九十二，惟五享后廟焉。政和中，定五禮新儀，以熒惑、陽德觀、帝鼐、坊州朝獻聖祖、應天府祀大火爲大祀；雷神、歷代帝王、寶鼎、牡鼎、蒼鼎、岡鼎〔三〕、彤鼎、阜鼎、晶鼎、魁鼎、會應廟、慶成軍祭后土爲中祀；山林川澤之屬，州縣祭社稷，祀風伯雨師雷神爲小祀。餘悉如故。

建炎四年十一月，權工部尚書韓肖胄言：「祖宗以來，每歲大、中、小祀百有餘所，罔敢廢闕。自車駕巡幸，惟存宗廟之祭，至天地諸神之祀，則廢而不舉。今國步尚艱，天未悔禍，正宜齋明恭肅，通于神明，而忽大事、弃重禮，恐非所以消弭天災，導迎景貺。雖小祀未可偏舉，如天地、五帝、日月星辰、社稷，欲詔有司以時舉行。所有器服并牲牢禮料，恐國用未充，難如舊制，乞下太常寺相度裁定，省繁就簡，庶幾神不乏祀，仰副陛下昭事懷柔、爲民求福之意。」尋命禮部太常裁定：每歲以立春上辛祈穀，孟夏雩祀，季秋及冬至日四祀天，夏至日一祀地，立春上辛日祀感生帝，立冬後祀神州地祇，春秋二社及臘前一日祭太社、太稷。免牲、玉，權用酒脯，仍依方色奠幣。以輔臣爲初獻，禮官爲亞、終獻。

紹興三年，復大火祀，配以閼伯，以辰、戌出納之月祀之。二十七年，禮部太常寺言：「每歲大祀三十六，除天地、宗廟、社稷、感生帝、九宮貴神、高禖、文宣王等已行外，其餘並乞寓祠齋宮。」自紹興以來，大祀所行二十有三而已，至是乃悉復之。

舊制，郊廟祝文稱嗣皇帝，諸祭稱皇帝。著作局準開元禮全稱帝號。眞宗以兼秘書監李至請，改從舊制。又諸祭祝辭皆臨事撰進，多違典禮，乃命至增撰舊辭八十四首，爲正辭錄三卷。既復命知制誥李宗諤楊億、直史館陳彭年詳定之，以爲永式。祝版當進署者，並命秘閣吏書，上親署訖，御寶封給之。凡先代帝王，祝文止稱廟號。凡親行大祀，則皇子弟爲亞獻、終獻。

五代以來，宰相爲大禮使，太常卿爲禮儀使，御史中丞爲儀仗使，兵部尚書爲鹵簿使，京府尹爲橋道頓遞使。至是大禮使或用親王，禮儀使專命翰林學士，儀仗、鹵簿使亦或以他官。太平興國九年，始鑄五使印。太宗將封泰山，以儀仗使兼判橋道頓遞事。大中祥符後，凡有大禮，以中書、樞密分爲五使，仍特鑄印。

景祐二年，詔有司：「皇地祇、神州，舊常參官攝事，非所以尊神，自今命兩省。歲九大祠，宰臣攝事者，參知政事、尙書丞郎、學士奉祠。」於是參知政事盛度，享太廟已受誓戒，除知樞密院，乃不奉祠。又故事，三歲一親郊，不郊輒代以他禮，慶賞與郊同，而五使皆以輔臣，不以官之高下。天聖中，乃以翰林學士領儀仗，御史中丞領鹵簿，始用官次。又每歲大祀，皆遣臺省近臣攝太尉，其後或委他官，大中祥符始復舊制。又國朝沿唐制，以太尉掌誓戒；今議太尉三公，非其所任，請以吏部尚書掌誓戒。詔用左僕射，闕則用右僕射、刑部尚書一員莅之。

熙寧四年，參知政事王珪言：「南郊，乘輿所過，必勘箭然後出入，此師行之法，不可施於郊祀。」禮院亦言。於是，凡車駕出入門皆罷之。六年，以詳定所請，又罷太廟及宣德、朱雀、南薰諸門勘契。又皇帝自大次至版位，內臣二人執翟羽前導，號曰「拂翟」，失禮尤甚，請除之。

凡郊壇，值雨雪，卽齋宮門望祭殿望拜，祭日不設登歌，祀官以公服行事，中祀以上皆給明衣。

開寶元年十一月郊，以燎壇稍遠，不聞告燎之聲，始用爟火，令光明遠照，通於祀所。慶曆
又太廟初獻，依開寶例，以玉斝、玉瓚，亞獻以金斝，終獻以瓢斝。外壇器亦如之。
中，太常請皇帝獻天地、配帝以匏爵，亞獻以木爵；親祠太廟，酌以玉斝，亞獻以金斝；郊廟飲福，皇帝皆以玉斝。詔飲福，唯用金斝；亞、終獻，酌以銀斝。至飲福，尚食奉御酌上尊酒，投溫器以進。

凡常祀，天地宗廟，皆內降御封香，仍製漆匱，付光祿、司農寺；每祠祭，命判寺官緘署禮料送祀所；凡祈告，亦內出香。遂爲定制。嘉祐中，裴煜請：「大祠悉降御封香，中小祠供

太府香，中祠減大祠之半，小祠減中祠之半。東、西太一宮係大祠，歲太府供香，非時祈請，降御封香準大祠例。及皇地祇、五方帝、百神、文宣、武成從配神位，牲牢寡薄。」呂公著亦論廟牲未備，悉加其數。元符元年，左司員外郎曾旼言：「周人以氣臭事神，近世易之以香。按何佟之議，以爲南郊、明堂用沉香，本天之質，陽所宜也；北郊用上和香，以地於人親，宜加雜馥。今令文北極天皇而下皆用濕香，至於衆星之位，香不復設，恐於義未盡。」於是每陛各設香。又言：「先儒以爲實柴所祀者無玉，槱燎所祀者無幣。今太常令式，衆星皆不用幣，蓋出於此。然考典瑞、玉人之官，皆曰『圭璧以祀日月星辰』。則實柴所祀非無玉矣。槱燎無幣，恐或未然。」至是遂命衆星隨其方色用幣。

慶曆三年，禮官余靖言：「祈穀、祀感生帝同日，其禮當異，不可皆用四圭有邸，色尙赤。」乃定祈穀、明堂蒼璧尺二寸，感生帝四圭有邸，朝日日圭、夕月月圭皆五寸，從祀神州無玉，報社稷兩圭有邸，祈不用玉。明年，祀儀成，比通禮多所更定云。嘉祐中，集賢校理江休復言：「六典大祀養牲，在滌三月，祫享日近，已踰其期，而牲牢未供。乞依漢、唐置廩犧局。」下禮院議：「歲大小祀幾百數，而牲盛之事，儲養無素，宜如休復言。」乃置廩犧局，設牢預養，籍田舊地，種植粢盛，納于神倉，以待祭祀之用。

元豐六年〔四〕，詳定禮文所言：「本朝昊天上帝、皇地祇、太祖位各設三牲，非尙質貴誠之義。請親祠圜丘、方澤正配位皆用犢，不設羊豕俎及鼎七，有司攝事亦如之。又簠、簋、尊、豆皆非陶器，及用龍杓。請改用陶，以樿爲杓。又請南北郊先行升煙瘞血之禮，至薦奠畢，卽如舊儀，於壇坎燔瘞牲幣。又北郊皇地祇及神州地祇，當爲坎瘞，今乃建壇燔燎，非是。請今祭地祝版、牲幣並瘞於坎。又祀儀：惟昊天上帝、皇地祇、高禖燔瘞犢首，自感生帝、神州地祇而下皆不燔瘞牲體，殊不應典禮。請自今昊天上帝、感生帝皆燔牲首以報陽；皇地祇、神州、太社、太稷，凡地之祭，皆瘞牲之左髀以報陰。薦享太廟亦皆升首於室。」

又言：「古者祭祀用牲，有豚解，有體解，薦腥則解爲十一體〔五〕。今親祠南郊，正配位之俎，不殊左右胖，不分貴賤，無豚解、體解之別。請郊廟薦腥，解其牲兩髀、兩肩、兩脅并脊爲七體〔六〕，左右胖俱用。其載于俎，以兩髀在端，兩肩、兩脅次之，脊居中，皆進末。至薦熟，沉肉於湯，止用右胖。髀不升俎，前後肱骨離爲三，曰肩、臂、臑。後髀股骨去體離爲二，曰肫、胳。前脊謂之正脊，次直謂之脡脊，闊於脡脊謂之橫脊，皆二骨。脅骨最後二爲短脅，旁中二爲正脅，最前二爲代脅。若升俎，則肩、臂、臑在上端，膞、胳在下端，脊、脅在中央。其俎之序，則肩、臂、臑、正脊、脡脊、橫脊、代脅、長脅、短脅、膞、胳凡十一體〔七〕，而骨體升俎，進神坐前如少牢禮，皆進下。其牲體各預以半爲腥俎，半爲熟俎，腸胃膚俎亦然。」

又請：「親祠飲福酒訖，倣儀禮『佐食摶黍』之說，命太官令取黍于簋，摶以授祝，祝受以豆，以嘏乎皇帝而無嘏辭。又本朝親祠南郊，習儀於壇所，明堂習儀於大慶殿，皆近於瀆。伏請南郊習儀於青城，明堂習儀於尙書省，以遠神爲恭。又賜胙：三師，三公，侍中，中書令，門下、中書侍郎，尙書左、右丞，知樞密、同知院事，禮儀、儀仗、鹵簿、頓遞使，牛羊豕肩、臂、臑各五；太子三師、三少，特進，觀文大學士、學士，御史大夫，六尙書，金紫、銀青光祿大夫，節度使，資政殿大學士，觀文翰林資政端明龍圖天章寶文承旨、侍講、侍讀、學士，左右散騎常侍，尙書列曹侍郎，龍圖、天章、寶文直學士，光祿、正議、通議大夫，御史中丞，太子賓客、詹事，給事中，中書舍人，節度觀察留後，左右諫議，龍圖、天章、寶文待制，太中、中大夫，祕書、殿中丞，太常、宗正卿，牛豕肩、臂、臑各三；入內內侍省押班、副都知，光祿卿，監禮官，博士，牛羊脊、脇各三；太祝，奉禮，司尊彝，郊社、太廟、宮闈令，監牲牢、供應祠事內官，羊髀、膊、胳三；應執事、職掌、樂工、門幹、宰手、馭馬、馭車人，並均給脾、肫、胳、觳及腸、胃、膚之類。」

慶曆元年，判太常寺呂公綽言：「舊禮，郊廟尊罍數皆準古，而不實三酒、五齊、明水、明酒，有司相承，名爲『看器』。郊廟配位惟用祠祭酒，分大、中祠位二升，小祠位一升，止一尊酌獻、一尊飲福。宜詔酒官依法制齊、酒，分實之壇殿上下尊罍，有司毋設空器；並如唐制以井水代明水、明酒；正配位酌獻、飲福酒，用酒二升者各增二升，從祀神位用舊升數。」

校勘記

〔一〕悉罷從祀羣神　「神」原作「臣」，據本書卷一〇一禮志、宋大詔令集卷一二四、長編卷三〇六改。

〔二〕東西太一　按政和五禮新儀（以下簡稱五禮新儀）卷七二，立春祀東太一宮，立秋祀西太一宮。疑此處「東西太一」上有脫文。

〔三〕岡鼎　五禮新儀卷六九祀八鼎儀作「罡鼎」，宋會要輿服六之一四、玉海卷八八、長編紀事本末卷一二八記崇寧四年「製九鼎」，都作「風鼎」。

〔四〕元豐六年　按本段文字包括詳定禮文所的三次建言，宋會要禮二六之一〇至一一、長編卷二九二分別繫於元豐元年八九兩月。

〔五〕薦腥則解爲十一體　按長編卷三〇五、宋會要禮二六之一一，薦腥則解爲七體，薦熟爲十一體；本段下文亦有七體和十一體的記載。此處當有訛脫。

〔六〕解其牲兩髀兩肩兩脇幷脊爲七體　「兩髀」原作「兩體」，據長編卷三〇五、宋會要禮二六之一二改。下文「以兩髀在端」，原亦誤作「以兩體左端」，今幷據此改正。

〔七〕肩臂臑正脊脡脊橫脊代脇長脇短脇膊胳凡十一體　「橫脊」、「長脇」四字原脫，據長編卷三〇五、宋會要禮二六之一二補。

宋史卷九十九

志第五十二

禮二 吉禮二

南郊

南郊壇制。梁及後唐郊壇皆在洛陽。宋初始作壇於東都南薰門外，四成、十二陛、三壝。設燎壇於內壇之外丙地，高一丈二尺。設皇帝更衣大次於東壝東門之內道北，南向。仁宗天聖六年，始築外壝，周以短垣，置靈星門。親郊則立表於青城，表三壝。神宗熙寧七年，詔中書、門下參定青城殿宇門名。先是，每郊撰進，至是始定名，前門曰泰禋，東偏門曰迎禧〔一〕，正東門曰祥曦，正西門曰景曜，後三門曰拱極，內東側門曰夤明，西側門曰肅成，殿曰端誠，殿前東、西門曰左右嘉德，便殿曰熙成，後園門曰寶華，著爲定式。元豐元年二月，詔內壝之外，衆星位周環，每二步植一杙，繚以青繩，以爲限域。既而，詳定奉祀禮文所言：「周官外祀皆有兆域，後世因之，稍增其制。國朝郊壇率循唐舊，雖儀注具載圜丘三壝，每壝二十五步，而有司乃以青繩代內壝，誠不足以等神位、序祀事、嚴內外之限也。伏請除去青繩，爲三壝之制。」從之。

徽宗政和三年，詔有司討論壇壝之制。十月，禮制局言：「壇舊制四成，一成二十丈，再成十五丈，三成十丈，四成五丈，成高八尺一寸；十有二陛，陛十有二級；三壝，二十五步。古所謂地上圜丘、澤中方丘，皆因地形之自然。王者建國，或無自然之丘，則於郊澤吉土以兆壇位。爲壇之制，當用陽數，今定爲壇三成，一成用九九之數，廣八十一丈，再成用六九之數，廣五十四丈，三成用三九之數，廣二十七丈；每成高二十七尺，三成總二百七十有六，乾之策也。爲三壝，壝三十六步，亦乾之策也。成與壝俱三，參天地之數也。」詔行之。

建炎二年，高宗至揚州，庶事草創，築壇於州南門內江都縣之東南，詔東京所屬官吏奉祭器、大樂、儀仗、法物赴行在所。紹興十三年，太常寺言：「國朝圓壇在國之東南，壇側建青城齋宮，以備郊宿。今宜於臨安府行宮東南修建。」於是，遂詔臨安府及殿前司修建圓壇，第一成縱廣七丈，第二成縱廣一十二丈，第三成縱廣一十七丈，第四成縱廣二十二丈；一十二陛，每陛七十二級，每成一十二綴；三壝，第一壝去壇二十五步，中壝去內壝、外壝去中壝各半之。燎壇方一丈，高一丈二尺，開上南出戶，方六尺，三出陛，在壇南二十步丙地。其青城及望祭殿與行事陪祠官宿齋幕次，並令絞縛，更不修蓋。先是，張杓爲京尹，議築齋宮，可一勞永逸，宇文价曰：「陛下方經略河南，今築青城，是無中原也。」遂罷役。

神位。元豐元年十一月，詳定郊廟奉祀禮文所言：「按東漢壇位，天神從祀者至千五百一十四，故外設重營，以爲等限。日月在中營內南道，而北斗在北道之西，至於五星中宮宿之屬，則其位皆中營，二十八宿外宮星之屬，則其位皆外營。然則爲重營者所以等神位也。唐因隋制，設爲三壝，天神列位不出內壝，而御位特設於壇下之東南。若夫公卿分獻、文武從祀，與夫樂架饌幔，則皆在中壝之內，而大次之設乃在外壝。然則爲三壝者，所以序祀事也。」

景德三年，鹵簿使王欽若言：「漢以五帝爲天神之佐，今在第一龕；天皇大帝在第二龕，與六甲、岳、瀆之類接席；帝座，天市之尊，今與二十八宿、積薪、騰蛇、杵臼之類同在第三龕。卑主尊臣，甚未便也。若以北極、帝坐本非天帝，蓋是天帝所居，則北極在第二，帝坐在第三，亦高下未等。又太微之次少左右執法，子星之次少孫星，望令司天監參驗。」乃詔禮儀使、太常禮院、司天監檢定之。

禮儀使趙安仁言：「按開寶通禮，元氣廣大則稱昊天，據遠視之蒼然，則稱蒼天。人之所尊，莫過於帝，託之於天，故稱上帝。天皇大帝卽北辰耀魄寶也，自是星中之尊。易曰：『日月麗乎天，百穀草木麗乎土。』又曰：『在天成象，在地成形。』蓋明辰象非天，草木非地，是則天以蒼昊爲體，不入星辰之列。又郊祀錄：『壇第一等祀天皇大帝、北斗、天一、太一、紫微、五帝坐，差在行位前，餘內官諸位及五星、十二辰、河漢，都四十九坐齊列，俱在十二陛之間。』唐建中間，司天冬官正郭獻之奏：『天皇、北極、天一、太一，準天寶敕並合升第一等。』貞元二年親郊，以太常議，詔復從開元禮，仍爲定制。郊祀錄又云：『壇第三等有中宮、天市垣、帝坐等十七坐，並在前。』開元禮義羅云：『帝有五坐，一在紫微宮，一在大角，一在太微宮，一在心，一在天市垣。』卽帝坐者非直指天帝也。又得判司天監史序狀：『天皇大帝一星在紫微勾陳中，其神曰耀魄寶，卽天皇是星，五帝乃天帝也。北極五星在紫微垣內，居中一星曰北辰，第一主月爲太子，第二主日爲帝王，第三爲庶子，第四爲嫡子，第五爲天子之樞，蓋北辰所主非一，又非帝坐之比。太微垣十星有左右執法、上將、次將之名，不可備陳，故總名太微垣。星經舊載孫星，而壇圖止有子星，辨其尊卑，不可同位。』竊惟壇圖舊制，悉有明據，天神定位，難以躋升，望依星經，悉以舊禮爲定。」

欽若復言：「舊史天文志並云：北極，北辰最尊者。又勾陳口中一星曰天皇大帝，鄭玄注周禮謂：『禮天者，冬至祭天皇於北極也。』後魏孝文禋六宗，亦升天皇五帝上。按晉天文志：『帝坐光而潤，則天子吉，威令行。』既名帝坐，則爲天子所占，列于下位，未見其可。又安仁議，以子、孫二星不可同位。陛下方洽高禖之慶，以廣維城之基，苟因前代闕文，便爲得禮，實恐聖朝茂典，尤未適中。」詔天皇、北極特升第一龕，又設孫星于子星位次，帝坐如故。

欽若又言：「帝坐止三，紫微、太微者已列第一等，唯天市一坐在第三等。按晉志，大角及心中星但云天王坐，實與帝坐不類。」詔特升第一龕。

舊郊丘，神位板皆有司題署，命欽若改造之。至是，欽若奉板便殿，壇上四位，塗以朱漆金字，餘皆黑漆，第一等金字，第二等黃字，第三等以降朱字，悉貯漆匣，覆以黃縑帊。帝降階觀之，卽付有司。又以新定壇圖，五帝、五岳、中鎭、河漢合在第三等。

四年，判太常禮院孫奭言：「準禮，冬至祀圜丘，有司攝事，以天神六百九十位從祀。今惟有五方上帝及五人神十七位，天皇大帝以下並不設位。且太昊、勾芒，惟孟夏雩祀、季秋大享及之，今乃祀於冬至，恐未協宜。」翰林學士晁迥等言：「按開寶通禮：圜丘，有司攝事，祀昊天、配帝、五方帝、日月、五星、中官、外官、衆星總六百八十七位；雩祀、大享，昊天、配帝、五天帝、五人帝、五官總十七位；方丘，祭皇地祇、配帝、神州、岳鎭、海瀆七十一位。今司天監所設圜丘、雩祀、明堂、方丘並七十位，卽是方丘有岳、瀆從祀，圜丘無星辰，而反以人帝從祀。望如奭請，以通禮及神位爲定，其有增益者如後敕。」從之。

政和三年，議禮局上五禮新儀：皇帝祀昊天上帝，太史設神位版，昊天上帝位于壇上北方南向，席以槀秸；太祖位于壇上東方西向〔二〕，席以蒲越；天皇大帝、五帝、大明、夜明、北極九位于第一龕；北斗、太一、帝坐、五帝內坐、五星、十二辰、河漢等內官神位五十有四于第二龕；二十八宿等中官神位百五十有九于第三龕；外官〔三〕神位一百有六于內壝之內；衆星三百有六十于內壝之外。第一龕席以槀秸，餘以莞席，皆內向配位。

太祖乾德元年，始有事於南郊。自五代以來，喪亂相繼，典章制度，多所散逸。至是，詔有司講求遺逸，遵行典故，以副寅恭之意。是歲十一月十六日，合祭天地于圜丘。初，有司議配享，請以僖祖升配，張昭獻議曰：「隋、唐以前，雖追立四廟或六七廟，而無徧加帝號之文。梁、陳南郊，祀天皇，配以皇考；北齊圜丘，祀昊天，以神武升配；隋祀昊天於圜丘，以皇考配；唐貞觀初，以高祖配圜丘；梁太祖郊天，以皇考烈祖配。恭惟宣祖皇帝，積累勳伐，肇基王業，伏請奉以配享。」從之。

九年〔四〕正月，詔以四月幸西京，有事於南郊。自國初以來，南郊四祭及感生帝、皇地祇、神州凡七祭，並以四祖迭配。太祖親郊者四，並以宣祖配。太宗卽位，其七祭但以宣祖、太祖更配。是歲親享天地，始奉太祖升侑。雍熙元年冬至親郊，從禮儀使扈蒙之議，復以宣祖配。四年〔五〕正月，禮儀使蘇易簡言：「親祀圜丘，以宣祖配，此則符聖人大孝之道，成嚴父配天之儀。太祖皇帝光啓丕圖，恭臨大寶，以聖授聖，傳於無窮。按唐永徽中，以高祖、太宗同配上帝。欲望將來親祀郊丘，奉宣祖、太祖同配；其常祀祈穀、神州、明堂，以宣祖崇配；圜丘、北郊、雩祀，以太祖崇配。」奏可。

眞宗至道三年十一月，有司言：「冬至圜丘、孟夏雩祀、夏至方丘，請奉太宗配；上辛祈穀、季秋明堂，奉太祖配；上辛祀感生帝、孟冬祭神州地祇，奉宣祖配；其親郊，奉太祖、太宗並配。」詔可。乾興元年，眞宗崩，詔禮官定遷郊祀配帝，乃請：「祈穀及祭神州地祇，以太祖配；雩祀及昊天上帝及皇地祇，以太宗配；感生帝，以宣祖配；明堂，以眞宗配；親祀郊丘，以太祖、太宗配。」奏可。

景祐二年郊，詔以太祖、太宗、眞宗三廟萬世不遷。南郊以太祖定配，二宗迭配，親祀皆侑。常祀圜丘、皇地祇配以太祖，祈穀、雩祀、神州配以太宗，感生帝、明堂以宣祖、眞宗配，如舊。慶曆元年，判太常寺呂公綽言：「歷代郊祀，配位無側向，眞宗示輔臣封禪圖曰：『嘗見郊祀昊天上帝，不以正坐，蓋皇地祇次之。今脩登封，上帝宜當子位，太祖、太宗配位，宜比郊祀而斜置之。』其後，有司不諭先帝以告成報功、酌宜從變之意，每郊儀範，既引祥符側置之文，又載西向北上之禮，臨時擇一，未嘗考定。」乃詔南郊祖宗之配，並以東方西向爲定。皇祐五年郊，詔自今圜丘，三聖並侑。嘉祐六年，諫官楊畋論水災繇郊廟未順。禮院亦言：「對越天地，神無二主。唐始用三祖同配，後遂罷之。皇祐初，詔三聖並侑，後復迭配，未幾復並侑，以爲定制。雖出孝思，然頗違經典，當時有司失於講求。」下兩制議，翰林學士王珪等曰：「推尊以享帝，義之至也。然尊尊不可以瀆，故郊無二主。今三后並侑，欲以致孝也，而適所以瀆乎享帝，非無以寧神也〔六〕，請如禮官議。」七年正月，詔南郊以太祖定配。

高宗建炎二年，車駕至揚州，築壇於江都縣之東南。是歲冬至，祀昊天上帝，以太祖配。度宗咸淳二年，將舉郊祀，時復議以高宗參配。吏部侍郎兼中書門下省檢正洪燾等議，以爲：「物無二本，事無二初，舜之郊嚳，商之郊契，周郊后稷，皆所以推原其始也。禮者，所以別等差，視儀則，遠而尊者配於郊，近而親者配於明堂，明有等也。臣等謂宜如紹興故事，奉太宗配，將來明堂遵用先皇帝彝典，以高宗參侑，庶於報本之禮、奉先之孝，爲兩盡其至。」詔恭依。

儀注。乾德元年八月，禮儀使陶穀言：「饗廟、郊天，兩日行禮，從祀官前七日皆合於尙書省受誓戒，自來一日之內受兩處誓戒，有虧虔潔。今擬十一月十六日行郊禮，望依禮文於八日先受從享太廟誓戒，九日別受郊天誓戒，其日請放朝參。」從之。自後百官受誓戒於朝堂，宗室受於太廟。

祭之日均用丑時，秋夏以一刻，春冬以七刻，前二日遣官奏告。配帝之室，儀鸞司設大次、小次及文武侍臣、蕃客之次，太常設樂位、神位、版位等事。前一日司尊彝帥其屬以法陳祭器于堂東，僕射、禮部尙書視滌濯告潔，禮部尙書、侍郞省牲，光祿卿奉牲，告充、告備，禮部尙書視鼎鑊，禮部侍郞視腥熟之節。祭之旦，光祿卿率其屬取籩、豆、簠、簋實之。及薦腥，禮部尙書帥其屬薦籩、豆、簠、簋，戶部、兵部、工部尙書薦三牲之腥熟俎。禮畢，各徹，而有司受之以出。晡後，郊社令帥其屬埽除，御史按視之。奏中嚴外辦以禮部侍郞，請解嚴以禮部郞中。贊者設亞、終獻位於小次之南，宗室位於其後；設公卿位於亞、終獻之南，分獻官位於公卿之後，執事者又在其後，俱重行，西向北上。其致福也，太牢以牛左肩、臂、臑折九箇，少牢以羊左肩七箇，犆豕以左肩五箇。有司攝事、進胙皆如禮。太尉展視以授使者，再拜稽首。旣享，大宴，號曰飲福，自宰臣而下至應執事及樂工、馭車馬人等，並均給有差，以爲定式。是歲十一月日至，皇帝服衮冕，執圭，合祭天地于圜丘，還御明德門樓，肆赦。

仁宗天聖二年，詔加眞宗謚，上謂輔臣曰：「郊祀重事，朕欲就禁中習儀，其令禮官草具以聞。」先郊三日，奉謚册寶于太廟。次日，薦享玉清昭應、景靈宮，宿太廟。既享，赴青城，至大次，就更衣壇改服袞冕行事。五年，郊後擇日恭謝，大禮使王曾請節廟樂，帝曰：「三年一享，不敢憚勞也。」三獻終，增禮生七人，各引本室太祝升殿，徹豆。三日，又齋長春殿，謝玉清昭應宮。禮畢，賀皇太后，比籍田；勞酒儀，略如元會。其恭謝云：「臣某虔遵舊典，郊祀禮成，中外協心，不勝懽抃。」宣答曰：「皇帝德備孝恭，禮成嚴配，萬國稱頌，懽豫增深。」帝再拜還內。樞密使以下稱賀，閤門使宣答，樞密副使升殿侍立，百官稱賀。酒三行，還內殿，受命婦賀，司賓自殿側幕次引內命婦於殿庭，北向立，尙儀奏：「請皇太后即御坐。」司賓贊：「再拜。」引班首升自西階，稱封號妾某氏等言：「郊祀再舉，福祚咸均，凡在照臨，不勝忻抃。」降，再拜。尙宮承旨，降自東階，稱「皇太后聖旨」，又再拜。司賓宣答曰：「已成鉅禮，歡豫良深。」皆再拜。次外命婦賀如內命婦儀，退，皆赴別殿賀皇帝，惟不致詞，不宣答。

神宗元豐六年十一月二日，帝將親郊，奉仁宗、英宗徽號册寶于太廟。是日晚，齋于大慶殿。三日，薦享于景靈宮，齋于太廟。四日，朝享七室，齋于南郊之青城。五日冬至，祀昊天上帝于圜丘，以太祖配。是日，帝服韡袍，乘輦至大次。有司請行禮。服大裘，被袞冕以出，至壇中壝門外，殿中監進大圭，帝執以入，宮架樂作，至午階下版位，西向立，樂止。禮儀使贊曰：「有司謹具，請行事。」宮架奏景安之樂，文舞作六成，止，帝再拜，詣罍洗，宮架樂作，至洗南北向，樂止。帝搢圭，盥帨訖，樂作，至壇下，樂止。升午階，登歌樂作，至壇上，樂止。殿中監進鎮圭，嘉安樂作，詣上帝神坐前，北向跪，奠鎮圭於繅藉〔七〕，執大圭，俛伏，興，搢圭跪，三上香，奠玉幣，執圭，俛伏，興，再拜。內侍舉鎮圭授殿中監，樂止。廣安樂作，詣太祖神坐前，東向，奠圭幣如上帝儀。登歌樂作，帝降壇，樂止。宮架樂作，還位，西向立，樂止。禮部尚書、戶部尚書以下奉饌俎，宮架豐安樂作，奉奠訖，樂止。再詣罍洗，帝搢大圭，盥帨，洗爵拭爵訖，執大圭，宮架樂作，至壇下，樂止。升自午階，登歌樂作，至壇上，樂止。登歌禧安樂作，詣上帝神坐前，搢圭跪，執爵祭酒，三奠訖，執圭，俛伏，興，樂止。太祝讀册，帝再拜訖，樂作。次詣太祖神坐前，如前儀。登歌樂作，帝降自午階，樂止。宮架樂作，還位，西向立，樂止。文舞退，武舞進，宮架正安之樂作，樂止。亞獻盥帨訖，正安樂作，禮畢，樂止。終獻行禮並如上儀，獻畢，宮架樂作，帝升自午階，樂止。登歌樂作，至飲福位，樂止。禧安樂作，帝再拜，搢圭跪，受爵，祭酒三，啐酒，奠爵，受俎，奠俎，受摶黍豆，再受爵，飲福訖，奠爵，執圭，俛伏，興，再拜，樂作〔八〕。帝降，還位如前儀。禮部、戶部尚書徹俎豆，禮直官曰：「賜胙行事。」陪祀官再拜，宮架宴安樂作〔九〕，一成止。宮架樂作，帝詣望燎位，南向立，樂止。禮直官曰：「可燎。」俟火燎半柴，禮儀使跪奏：「禮畢。」宮架樂作，帝出中壝門，殿中監受大圭，歸大次，樂止。有司奏解嚴。

帝乘輿還青城，百官稱賀於端誠殿。有司轉仗衞，奏中嚴外辦。帝服通天冠、絳紗袍，乘輿以出。至玉輅所，侍中跪請降輿升輅。帝升輅，門下侍郎奏請進行，又奏請少駐，宣侍臣乘馬。將至宣德門，奏采薺一曲，入門，樂止。侍中請降輅赴幄次，有司奏解嚴。帝常服，乘輿御宣德門，肆赦，羣臣稱賀如常儀。

初，淳化三年，將以冬至郊，前十日，皇子許王薨，有司言：「王薨在未受誓戒之前，準禮，天地、社稷之祀不廢。」詔下尚書省議。吏部尚書宋琪等奏：「以許王薨謝，去郊禮裁十日，又詔輟十一日以後五日朝參，且至尊成服，百僚皆當入慰。有司又以十二、十三日受誓戒，按令式，受誓戒後不得弔喪問疾。今若皇帝既輟朝而未成服，則全爽禮文；百僚既受誓而入奉慰，又違令式。況許王地居藩戚，望著親賢，於昆仲爲大宗，於朝廷爲冢嗣，遽茲薨逝，朝野同哀，伏想聖情，豈勝追念。當愁慘之際，行對越之儀，臣等實慮上帝之弗歆，下民之斯惑。況祭天之禮，歲有四焉，載於禮經，非有差降。請以來年正月上辛合祭天地。」從之。

神宗之嗣位也，英宗之喪未除。是歲當郊，帝以爲疑，以問講讀官王珪、司馬光、王安石，皆對以不當廢。珪又謂：「『喪三年不祭，惟祭天地、社稷，爲越紼而行事〔一〇〕。』傳謂：『不敢以卑廢尊也。』景德二年，眞宗居明德太后之喪，卽易月而服除。明年遂享太廟，而合祀天地於圜丘。請冬至行郊廟之禮，其服冕、車輅、儀物、音樂緣神事者皆不可廢。」詔用景德故事，惟郊廟及景靈宮禮神用樂，鹵簿鼓吹及樓前宮架、諸軍音樂，皆備而不作，警場止鳴金鉦、鼓角，仍罷諸軍呈閱騎隊。故事，齋宿必御樓警嚴，幸後苑觀花，作水戲，至是悉罷之。有司言：「故事，當謁謝於祖宗神御殿，獻享月吉禮，以禮官攝。」詔遣輔臣，仍罷詣佛寺。是後國有故，皆遣輔臣。

高宗紹興十二年，臣僚言：「自南巡以來，三歲之祀，獨於明堂，而郊天之禮未舉，來歲乞行大禮。」詔建圜壇於臨安府行宮東城之外，自是凡六郊焉。

孝宗隆興二年，詔曰：「朕恭覽國史，太祖乾德詔書有云：『務從省約，無至勞煩。』仰見事天之誠，愛民之仁，所以垂萬世之統者在是。今歲郊見，可令有司，除禮物、軍賞，其餘並從省約。」初降詔以十一月行事，以冬至適在晦日，以至道典故，改用獻歲上辛，遂改來年元爲乾道。乃以正月一日有事南郊，禮成，進胙于德壽宮，以牛腥體肩三、臂上臑二。導駕官自端誠殿簪花從駕至德壽宮上壽，飮福稱賀，陳設儀注，並同上壽禮。皇帝致詞曰：「皇帝臣某言：享帝合宮，受天純嘏，臣某與百僚不勝大慶，謹上千萬歲壽。」自後郊祀、明堂進胙飮福，並如上儀。

光宗紹熙二年十一月郊，以値雨，行禮于望祭殿。帝遂感疾。理宗四十一年，一郊而已。度宗咸淳二年，權工部尚書趙汝暨等奏：「今歲大禮，正在先帝大祥之後，臣等竊惟帝王受命，郊見天地，不可緩也。古者有改元卽郊，不用前郊三年爲計。況今適在當郊之歲，既踰大祥之期，圜丘之祀，豈容不舉。」於是降禮，以十一月十七日款謁南郊，適太史院言：「十六日太陰交蝕。」遂改來年正月一日南郊行禮。太常寺言：「皇帝既已從吉，請依儀用樂。其十二月二十九日朝獻景靈宮，三十日朝享太廟，尚在禫制之內，所有迎神、奠幣、酌獻、送神作樂外，其盥洗升降行步等樂，備而不作。」

校勘記

〔一〕東偏門曰迎禧　宋會要禮二之三、通考卷七一都作「東偏門曰承和、西偏門曰迎禧」。本卷當有脫誤。

〔二〕太祖位于壇上東方西向　「西向」原作「南向」，據五禮新儀卷二神位上、宋會要禮二五之八三改。

〔三〕外官　原作「外宮」，據本卷上文及五禮新儀卷二神位上改。

〔四〕九年　據長編卷一七、兩朝綱目卷二，此係開寶九年。

〔五〕四年　據長編卷三四、兩朝綱目卷四，此係淳化四年。

〔六〕非無以寧神也　宋會要禮二五之八四作「則非所以寧神也」。
〔七〕奠鎮圭於繅藉　「繅藉」原作「練藉」，據宋會要禮一七之一五、禮一之三五及本志第五三「奠鎮圭於繅藉」改。
〔八〕受搏黍豆再受爵飲福訖奠爵執圭俛伏興再拜樂作　宋會要禮一七之一五，「受搏黍豆」作「受搏黍，奠黍豆」，「樂作」作「樂止」。
〔九〕宴安樂作　宋會要禮一七之一五作「興安」。
〔一〇〕惟祭天地社稷爲越紼而行事　「祭」字原脫，據禮記王制及宋會要禮二八之八、通考卷七一補。

宋史卷一百

志第五十三

禮三 吉禮三

北郊 祈穀 五方帝 感生帝

北郊。宋初，方丘在宮城之北十四里，以夏至祭皇地祇；別爲壇於北郊，以孟冬祭神州地祇。建隆以來，迭奉四祖崇配二壇。太平興國以後，但以宣祖、太祖更配。眞宗乃以太宗配方丘，宣祖配神州地祇。皇祐初，禮官言：「皇地祇壇四角再成〔一〕，面廣四丈九尺，東西四丈六尺。上成高四尺五寸，下成高五尺，方五丈三尺，陛廣三尺五寸，卑陋不應典禮。請如唐制增廣之。」五年，諸壇皆改。嘉祐配位七十一，加羊、豕各五。慶曆用犢、羊、豕各一。既而諫官司馬光奏：「大行請謚于南郊，而皇地祇止於望告，失尊卑之序。」下禮院，定非次祭告皇地祇，請差官詣北郊行事。其神州之壇，方三丈一尺，皇祐增高三尺，廣四十八步，內壝四面以青繩代之。仍遣內臣降香，有司攝事如儀。

神宗元豐元年二月，郊廟奉祀禮文所言：「古者祀天於地上之圜丘，在國之南，祭地于澤中之方丘，在國之北，其牲幣禮樂亦皆不同，所以順陰陽、因高下而事之以其類也。由漢以來，乃有夫婦共牢，合祭天地之說，殆非所謂求神以類之意。本朝親祀上帝，卽設皇地祇位，稽之典禮，有所未合。」遂詔詳定更改以聞。於是陳襄、王存、李淸臣、張璪、黃履、陸佃、何洵直、楊完等議，或以當郊之歲，冬夏至日分祭南北郊，各一日而祀徧；或於圜丘之旁，別營方丘而望祭；或以夏至盛暑，天子不可親祭，改用十月；或欲親郊圜丘之歲，夏至日遣上公攝事於方丘，議久未決。

三年，翰林學士張璪言：「先王順陰陽之義，以冬至祀天，夏至祀地，此萬世不可易之理。議者乃欲改用他月，無所據依。必不得已，宜卽郊祀之歲，於夏至之日，盛禮容，具樂舞，遣冢宰攝事。雖未能皆當於禮，庶幾先王之遺意猶存焉。」於是禮官請如璪議，設宮架樂、文武二舞，改製樂章，用竹册匏爵，增配帝犢及捧組分獻官，廣壇壝齋宮，脩定儀注上之。既而曾肇言：「今冬至若罷合祭，而夏至又以有司攝事，則不復有親祭地祇之時，於父天母地之義若有隆殺。請遇親祀南郊之歲，以夏至日備禮躬款北郊，以存事地之義。」四年四月，乃詔：「親祀北郊，並依南郊之儀，有故不行，卽以上公攝事。」六年，禮部、太常寺上親祀儀並如南郊；其攝事唯改舞名及不備官，其籩豆、樂架、玉幣之數，盡如親祠。是歲十一月甲辰冬至，祀昊天上帝，以太祖配，始罷合祭，不設皇地祇位。

哲宗初立，未遑親祀，有司攝事如元豐儀。元祐五年夏至，祭皇地祇，命尙書右丞許將攝事。將言：「王者父天母地，三歲冬至，天子親祠，徧享宗廟，祀天圜丘，而夏至方澤之祭，乃止遣上公，則皇地祇遂永不在親祠之典，此大闕禮也。望博詔儒臣，講求典故，明正祀典，爲萬世法。」禮部尙書趙彥若請依元豐所定，郊祀之歲，親祀方丘及攝事，已合禮之正，更不須聚議。禮部郎中崔公度請用陳薦議，仍合祭天地，從祀百神。復詔尙書、侍郎、兩省及侍從、臺諫、禮官集議。於是翰林學士顧臨等八人，請合祭如故事，竢將來親祠北郊，則合祭可罷。宋興，一祖六宗〔三〕，皆合祭天地，其不合祭者，惟元豐六年一郊爾。去所易而就所難，虛地祇之大祭，失今不定，後必悔之。吏部侍郎范純禮等二十二人，皆主北郊之議。中書舍人孔武仲又請以孟冬純陰之月，詣北郊親祠，如神州地祇之祭。彭汝礪、曾肇復上疏論合祭之非。文多不載。

九月，三省上顧臨等議。太皇太后曰：「宜依仁宗皇帝故事。」呂大防言：「諸儒獻議，欲南郊不設皇地祇位，於祖宗之制未覩其可。」范百祿以「圜丘無祭地之禮，記曰：『有其廢之，莫可舉也。』先帝所廢，稽古據經，未可輕改。」大防又言：「先帝因禮文所建議，遂令諸儒定北郊祀地之禮，然未經親行。今皇帝臨御之始，當親見天地，而獨不設地祇位，恐亦未安。況祖宗以恩霈四方，慶賚將士，非三歲一行，則國力有限。今日宜爲勉行權制，俟北郊議定及太廟享禮，行之未晚。」太皇太后以大防之言爲是。而蘇頌、鄭雍皆以「古者人君嗣位之初，必郊見天地。今皇帝初郊而不祀地，恐未合古。」乃下詔曰：「國家郊廟特祀，祖宗以來命官攝事，惟三歲一親郊，則先享淸廟，冬至合祭天地于圜丘。元豐間，有司援周制，以合祭不應古義，先帝乃詔定親祀北郊之儀，未之及行。是歲，郊祀不設皇地祇位，而宗廟之享率如權制。朕方脩郊見天地之始，其冬至日南郊，宜依熙寧十年故事，設皇地祇位以嚴並況之儀。厥後躬行方澤之祀，則脩元豐六年五月之制。俟郊禮畢，集官詳議典禮以聞。」十一月冬至，親祠南郊，遂合祭天地，而詔罷飲福宴。

八年，禮部尙書蘇軾復陳合祭六議，令禮官集議以聞。已而下詔依元祐七年故事，合祭天地于南郊，仍罷集議。紹聖元年，以右正言張商英言：「先帝制詳定禮文所，謂合祭非古，據經而正之。元祐之臣，乃復行合祭，請再下禮官議。」御史中丞黃履謂：「南郊合祭，因王莽諂事元后，遂躋地位，同席共牢。逭先帝親郊〔三〕，大臣以宣仁同政，復用莽意合祀，瀆亂典禮。」帝以詢輔臣，章惇曰：「北郊止可謂之社。」黃履曰：「郊者交於神明之義，所以天地皆稱郊。社者土之神爾，豈有祭大祇亦可謂之社乎？」乃以履奏送禮部、太常寺。權禮部侍郎盛陶、太常丞王誼等言：「宜用先帝北郊儀注，以時躬行，罷合祭禮。」已而三省言：「合祭既非禮典，但盛夏祭地祇，必難親行。」詔令兩省、臺諫、禮官同議，可親祀北郊，然後罷合祭之禮。曾布、錢勰、范純禮、韓宗師、王古、井亮采、常安民、李琮、虞策、劉定、傅楫、黃裳、豐稷、葉祖洽等言，互有是否。蔡京、林希、蔡卞、黃履、吳安持、晁端彥、翟思、郭知章、劉拯、黃慶基、董敦逸等請罷合祭。詔從之。然北郊親祀，終帝之世未克舉云。

建中靖國元年，命禮部、太常寺詳定北郊儀制。殿中侍御史彭汝霖又請改合祭之禮，韓忠彥以爲不可。曾布力主北郊之說，帝亦然之，遂罷合祭。

政和三年，詔禮制局議方壇制度。是歲，新壇成。初，元豐三年七月，詔改北郊圜壇爲方丘。六年，命禮部、太常定北郊壇制。哲宗紹聖三年，權尙書侍郎黃裳等言：「南郊青城至壇所五百一十八步，自瑞聖園至皇地祇壇之東壇五百五十六步，相去不遠。其壇係國初所建，神靈顧享已久。元豐間，有司請地祇、神州並爲方壇，壇之外爲坎，詔止改圜壇爲方。請下有司，比類南郊增飾制度，除治四面稍令低下，以應澤中之制。」詔禮部再爲詳定，指畫興築。至是，禮制局言：「方壇舊制三成，第一成高三尺，第二成、第三成皆高二尺五寸，上廣八丈，下廣十有六丈。夫圜壇既則象於乾，則方壇當效法於坤。今議方壇定爲再成，一成廣三十六丈，再成廣二十四丈，每成崇十有八尺，積三十六尺，其廣與崇皆得六六之數，以坤用六故也。爲四陛，陛爲級一百四十有四，所謂坤之策百四十有四者也。爲再壝，壝二十有四步，取坤之策二十有四也。成與壝俱再，則兩地之義也。」齋宮大內門曰廣禋，東偏門曰東秩，西偏門曰西平，正東門曰含光，正西門曰咸亨，正北門曰至順，南內大殿門曰厚德，東曰左景華，西曰右景華，正殿曰厚德，便殿曰受福、曰坤珍、曰道光，亭曰承休，後又增四角樓爲定式。

其神位，崇寧初，禮部員外郎陳暘言：「五行於四時，有帝以爲之主，必有神以爲之佐。今五行之帝既從享於南郊第一成，則五行之神亦當列於北郊第一成。天莫尊於上帝，而五帝次之；地莫尊於大祇，而嶽帝次之。今尙與四鎭、海、瀆並列，請升之於第一成。」至是，議禮局上新儀：皇地祇位於壇上北方南向，席以稾秸；太祖皇帝位於壇上東方西向，席以蒲越。木神勾芒、東嶽於壇第一龕，東鎭、海、瀆於第二龕，東山、林、川、澤於壇下，東丘、陵、墳、衍、原、隰於內壝之內，皆在卯階之北，以南爲上。神州地祇、火神祝融、南嶽於壇第一龕，南鎭、海、瀆於第二龕，南山、林、川、澤於壇下，南丘、陵、墳、衍、原、隰於內壝之內，皆在午階之東，以西爲上。土神后土、中嶽於壇第一龕，中鎭於第二龕，中山、林、川、澤於壇下，中丘、陵、墳、衍、原、隰於內壝之內，皆在午階之西，以西爲上。金神蓐收、西嶽於壇第一龕，西鎭、海、瀆於第二龕，崑崙、西山、林、川、澤於壇下，西丘、陵、墳、衍、原、隰於內壝之內，皆在西階之南，以北爲上。水神玄冥、北嶽於壇第一龕，北鎭、海、瀆於第二龕，北山、林、川、澤於壇下，北丘、陵、墳、衍、原、隰於內壝之內，皆在子階之西，以東爲上。神州地祇席以稾秸，餘以莞席，皆內向。其餘並如元豐儀壇壝之制。其位板之制：上帝位板長三尺，取參天之數；厚九寸，取乾元用九之數；廣尺二寸，取天之備數；書徽號以蒼色，取蒼璧之義。皇地祇位板長二尺，取兩地之數；厚六寸，取坤元用六之數；廣一尺，取地之成數；書徽號以黃色，取黃琮之義。皆以金飾。配位板各如天地之制。

又言：「大禮格，皇地祇玉用黃琮，神州地祇、五嶽以兩圭有邸。今請二者並施於皇地祇，求神以黃琮，薦獻以兩圭有邸。神州惟用圭邸，餘不用。玉琮之制，當用坤數，宜廣六寸，爲八方而不剡；兩圭之長宜共五寸，並宿一邸，色與琮同。牲幣如之。」又言：「常祭，地祇、配位各用冰鑑一；今親祀，盛暑，請增正配及從祀位冰鑑四十一。」並從之。

四年五月夏至，親祭地于方澤，以皇弟燕王俁爲亞獻，越王偲爲終獻。皇帝散齋七日于別殿，致齋七日于內殿，一日於齋宮。前一日告配太祖室，其有司陳設及皇帝行事，並如郊祀之儀。是後七年，至宣和二年、五年，親祀者凡四。

高宗紹興初，惟用酒脯鹿臡，行一獻禮。二年，太常少卿程瑀言：「皇地祇，當一依祀天儀式。」詔從之。又言：「國朝祀皇地祇，設位於壇之北方南向。政和四年，設於南方北向。今北面望祭，北向爲難，且於經典無據。請仍南向。」

淳熙中，朱熹爲先朝南北郊之辯曰：「禮『郊特牲而社稷太牢』，書『用牲于郊，牛二』及『社于新邑』，此明驗也。本朝初分南北郊，後復合而爲一。周禮亦只說祀昊天上帝，不說祀后土，故先儒言無北郊，祭社卽是祭地。古者天地未必合祭，日月、山川、百神亦無一時合祭共享之禮。古之時，禮數簡而儀從省，必是天子躬親行事，豈有祭天却將上下百神重沓累積併作一祭耶？且郊壇陛級兩邊上下，皆是神位，中間恐不可行。或問：郊祀后稷以配天，宗祀文王以配上帝，帝卽是天，天卽是帝，却分祭何也？曰：爲壇而祭，故謂之天，祭於屋下而以神祇祭之，故謂之帝。」

祈穀、雩祀。宋之祀天者凡四：孟春祈穀，孟夏大雩，皆於圜丘或別立壇；季秋大饗明堂；惟冬至之郊，則三歲一舉，合祭天地焉。開寶中，太祖幸西京，以四月有事南郊，躬行大雩之禮。淳化、至道，太宗亦以正月躬行祈穀之祀，悉如圜丘之禮。

景德三年，龍圖閣待制陳彭年言：「伏覩晝日，來年正月三日上辛祈穀，至十日始立春。

按月令，正月元日注爲祈穀，郊祀昊天上帝。春秋傳曰：『啓蟄而郊，郊而後耕。』蓋春氣初至，農事方興，郊祀昊天，以祈嘉穀，當在建寅之月，迎春之後。自晉泰始二年，始用上辛，不擇立春之先後。齊永明元年，立春前郊，議欲遷日，王儉曰：『宋景平元年、元嘉六年，並立春前郊。』遂不遷日。吳操之云：『應在立春前。』然則左氏所記，乃三代彝章；王儉所言，乃後世變禮。來年正月十日立春，三日祈穀，斯則襲王儉之末議，違左氏之明文。望以立春後上辛行祈穀禮。」因詔有司詳定諸祠祭祀。有司言：「今年四月五日，雩祀上帝，十三日立夏祀赤帝。按月令：『立夏之日，天子迎夏于南郊。』注云：『爲祀赤帝於南郊。』又云：『是月也，大雩。』注云：『春秋傳曰：龍見而雩。』龍星謂角、亢也，立夏後，昏見於東方。按五禮精義云：『自周以來，歲星差度，今之龍見或在五月，以祈甘雨，於時已晚，但四月上旬卜日。』今則惟用改朔，不待得節，祭於立夏之前，殊違舊禮之意。苟或龍見於仲夏，雩祀於季春，相去遼闊，於禮未周。欲請並於立夏後卜日，如立夏在三月，則待改朔。」

天禧元年十二月，禮儀院言：「準畫日，來年正月十七日祈穀，前二日奏告太祖室；緣歲以正月十五日朝拜玉淸昭應宮，景德四年以前，祈穀止用上辛，其後用立春後辛日，蓋當時未有朝拜宮觀禮。王儉啓云：『近代明例，不以先郊後春爲嫌。』又宋孝武朝有司奏〔四〕『魏代郊天値雨，更用後辛』，或正月上辛，事有相妨，並許互用，在於禮典，固亦無嫌。」

初，祈穀、大雩，皆親祀上帝。由熙寧迄靖康，惟有司攝事而已。元豐中，禮官言：「慶曆大雩宗祀之儀，皆用犢、羊、豕各一，唯祈穀均祀昊天上帝止用犢一。請依雩祀、大享明堂牲牢儀，用犢、羊、豕各一。」

四年十月，詳定郊廟奉祀禮文所言：「近詔宗祀明堂以配上帝，其餘從祀羣神悉罷。今祈穀、大雩猶循舊制，皆羣神從祀，恐與詔旨相戾。請孟春祈穀、孟夏大雩，惟祀上帝，以太宗皇帝配，餘從祀羣神悉罷。又請改築雩壇於國南門，以嚴祀事。」並從之。

五年七月，禮部言：「雩壇當立於圜丘之左巳地，其高一丈，廣輪四丈，周十二丈，四出陛，爲三壝各二十五步，周垣四門，一如郊壇之制。」從之。大觀四年二月，禮局議以立春後上辛祈穀，詔以「今歲孟春上辛在丑，次辛在亥，遇丑不祈而祈於亥，非禮也。」乃不果行。

政和祈穀儀：前期降御札，以來年正月上辛祈穀，祀上帝。前祀十日，太宰讀誓於朝堂，刑部尚書涖之；少宰讀誓於太廟齋房，刑部侍郎涖之。皇帝散齋七日，致齋三日。前祀一日，服通天冠、絳紗袍，乘玉輅，詣青城。祀日，自齋殿服通天冠、絳紗袍，乘輿至大次，服袞冕，執圭，入正門，宮架儀安之樂作。禮儀使奏請行事，宮架作景安之樂，帝臨降康之舞六成，止。太常升烟，禮儀使奏請再拜。盥洗，升壇上，登歌嘉安之樂作。皇帝搢大圭，執鎭圭，詣上帝神位前，北向，奠鎭圭於繅藉，執大圭，俛伏，興。又奏請搢大圭，跪，受玉幣。奠訖，詣太宗神位前，東向，奠幣如上儀，登歌作仁安之樂。皇帝降階，有司進熟，禮儀使奏請執大圭，升壇，登歌歆安之樂作。皇帝詣上帝神位前酌獻，執爵祭酒，讀册文訖，奏請皇帝再拜。詣太宗神位前酌獻，並如上儀，登歌作紹安之樂。皇帝降階，入小次，文舞退，武舞進，宮架容安之樂作。亞獻酌獻，宮架作隆安之樂，神保錫羨之舞。終獻如之。禮儀使奏請皇帝詣飲福位，宮架禧安之樂作。皇帝受爵。又請再拜。有司徹俎，登歌成安之樂作。送神，宮架景安之樂作。皇帝詣望燎位。禮畢，還大次。雩祀上帝儀亦如之。惟太宗神位奠幣作獻安之樂，酌獻作感安之樂。

南渡後，以四祀二在南郊圜壇，二在城西惠照院齋宮。紹興十四年始具樂舞，用政和儀，增籩豆之數。乾道五年，太常少卿林栗乞四祭並即圜壇，禮部侍郞鄭聞謂：「明堂當從屋祭，不當在壇。有司攝事，當於望祭殿行禮。」從之。淳熙十六年，光宗受禪，始奉高宗配焉。

五方帝。宋因前代之制，冬至祀昊天上帝于圜丘，以五方帝、日、月、五星以下諸神從祀。又以四郊迎氣及土王日專祀五方帝，以五人帝配，五官、三辰、七宿從祀。各建壇于國門之外：青帝之壇，其崇七尺，方六步四尺；赤帝之壇，其崇六尺，東西六步三尺，南北六步二尺；黃帝之壇，其崇四尺，方七步；白帝之壇，其崇七尺，方七步；黑帝之壇，其崇五尺，方三步七尺。天聖中，詔太常葺四郊宮，少府監遣吏齎祭服就給祠官，光祿進胙，監祭封題。慶曆用羊、豕各一，正位太尊、著尊各二，不用犧尊，增山罍爲二，壇上籩、籩、俎各增爲二。皇祐定壇如唐郊祀錄，各廣四丈，其崇用五行八七五九六爲尺數。嘉祐加羊、豕各二。

元祐六年，知開封府范百祿言：「每歲迎氣於四郊，祀五帝，配以五神，國之大祠也。古者天子皆親帥三公、九卿、諸侯、大夫以虔恭重事，而導四時之和氣焉。今吏部所差三獻皆常參官〔五〕，其餘執事贊相之人皆班品卑下，不得視中祠行事者之例。請下禮部與太常議，宜以公卿攝事。」從之。

景德中，南郊鹵簿使王欽若言：「五方帝位板如靈威仰、赤熛怒、含樞紐、白招拒、叶光紀，恐是五帝之名，理當恭避。」禮官言：「開寶通禮義纂，五者皆是帝號。漢書注自有名，即蒼帝靈符，赤帝文祖，白帝顯紀，黑帝玄矩，黃帝神斗是也。既爲美稱，不煩回避。」嘉祐元年，以集賢校理丁諷言，按春秋文耀勾爲五帝之名，始下太常去之。

其祀儀：皇帝服袞冕，祀黑帝則服裘被袞。配位，登歌作承安之樂。餘並如祈穀禮。

立春祀青帝，以帝太昊氏配，勾芒氏、歲星、三辰、七宿從祀。勾芒位壇下卯階之南，歲星、析木、大火、壽星位壇下子階之東，西上。角、亢、氐、房、心、尾、箕宿，位于壇下子階之西，東上。立夏祀赤帝，以帝神農氏配，祝融氏、熒惑、三辰、七宿從祀。祝融位壇下卯階之南，熒惑、鶉首、鶉火、鶉尾位子階之東，西上。井、鬼、柳、星、張、翼、軫宿，位于壇下子階之西，東上。季夏祀黃帝，以黃帝氏配〔六〕，后土、鎭星從祀。后土位壇下卯階之南，鎭星位壇下子階之東。立秋祀白帝，以帝少昊氏配，蓐收、太白、三辰、七宿從祀。蓐收位壇下卯階之南，太白、大梁、降婁、實沈位壇下子階之東，西上。奎、婁、胃、昴、畢、觜、參宿，位于子階之西，東上。立冬祀黑帝，以帝高陽氏配，玄冥、辰星、三辰、七宿從祀。玄冥位壇下卯階之南，辰星、諏訾、玄枵、星紀位子階之東，西上。斗、牛、女、虛、危、室、壁宿，位子階之西，東上。紹興仍舊制，祀五帝于郊。

感生帝，卽五帝之一也。帝王之興，必感其一。北齊、隋、唐皆祀之，而隋、唐以祖考升配，宋因其制。乾德元年，太常博士聶崇義言：「皇帝以火德上承正統，請奉赤帝爲感生帝。每歲正月，別壇而祭，以符火德。」事下尙書省集議，請如崇義奏。乃酌隋制，爲壇于南郊，高七尺，廣四丈，日用上辛，配以宣祖。牲用騂犢二，玉用四圭有邸，幣如方色。明年正月，有司言：「上辛祀昊天上帝，五方帝從祀。今既奉赤帝爲感生帝，一日之內，兩處俱祀，似爲煩數。況同時並祀，在禮非宜。昊天從祀，請不設赤帝坐。」從之。

乾興元年九月，太常丞同判禮院謝絳言〔七〕：「伏覩本院與崇文院檢討官詳定，以宣祖配感生帝。竊尋宣祖非受命開統，義或未安。唐武德初，圜丘、方丘、雩祀並以景帝配，祈穀、大享並以元帝配。太宗初，奉高祖配圜丘、明堂、北郊，元帝配感生帝。高宗永徽二年，祀高祖於圜丘，祀太宗於明堂，兼感生帝作主。又以景帝、元帝稱祖，萬代不遷，停配以符古義。臣以爲景帝厥初受封爲唐始祖，蓋與宣祖不侔〔八〕。宣祖於唐，是爲元帝之比。唐有天下，裁越三世，而景、元二祖已停配典。有宋受命，既自太祖，于今四聖，而宣祖侑祀未停，恐非往典之意。請依永徽故事，停宣祖配，仍用太宗故事，宗祀眞宗於明堂，兼感生帝作主。若據鄭氏說，則曰五帝迭王，王者因所感別祭，尊於南郊，以祖配之。今若不用武德、永徽故事，請以太祖兼配，正符鄭說。詳鄭之意，非受命始封之祖不得配，故引周后稷配靈威仰之義爲證。惟太祖始造基業，躬受符命，配侑感帝，據理甚明〔九〕。如恐祠日相妨，當以太宗配祈穀，太祖配雩祀，亦不失尊嚴之旨。臣以爲宣廟非惟不遷，而迭用配帝，於古爲疑。禮：『祖有功，宗有德。』但非受命之祖，親盡必毀，況配享乎？」

翰林承旨李維等議：「按禮祭法正義曰：『郊，謂夏正建寅之月，祭感生帝於南郊。』此則崇配之文也。竊惟感帝比祈穀，禮秩差輕；宣祖比太祖，功業有異。今以太祖配祈穀，宣祖配感帝，稱情立文，於禮斯協。」詔從所定。

其祀儀：皇帝散齋七日，致齋三日。太史設帝位於壇上，北方南向，席以稾秸。配帝位于壇上，東方西向，席以蒲越。配位，奠幣作皇安之樂，酌獻作肅安之樂，餘如祈穀祀上帝儀。

紹興十八年，臣僚言：「我朝祀赤帝爲感生帝，世以僖祖配之。祖宗以來，奉事尤謹，故子孫衆多，與天無極。中興寖久，祀秩咸脩。惟感生帝，有司因循，尚淹小祀，寓於招提，酒脯而已。宜詔有司，升爲大祀，庶幾天意潛孚，永錫蕃衍。」詔禮官議之，遂躋大祀。禮行三獻，用籩豆十二，設登歌樂舞，望祭於齋宮。

校勘記

〔一〕皇地祇壇四角再成　「四角」原作「各」，據太常因革禮卷五馮浩等狀、溫國文正司馬公集卷一六申本寺乞奏修築皇地祇壇狀補改。

〔二〕一祖六宗　按此處是元祐時議論合祭事，「六宗」當爲「五宗」之誤。

〔三〕迨先帝親郊　此句疑有訛脫。宋會要禮三之二一作「逮于先帝，始釐正之。陛下初郊」。

〔四〕又宋孝武朝有司奏　「宋孝武」原作「宋武」。按長編卷九〇作「宋孝武」。「宋武」，指宋武帝劉裕；「宋孝武」，則指宋孝武帝劉駿（裕之孫）。又按下文有司奏議，據宋書卷一六禮志，係指大明二年正月南郊之議，大明是宋孝武帝年號，此處「宋武」當爲「宋孝武」之誤。據補「孝」字。

〔五〕今吏部所差三獻皆常參官　「部」字原脫，據長編卷四六三、通考卷七八郊祀考補。

〔六〕以黃帝氏配　「黃帝氏」，五禮新儀卷四七、通考卷七八郊祀考都作「帝軒轅氏」。

〔七〕太常丞同判禮院謝絳言　「同判」原作「同制」，據本書卷二九五謝絳傳、長編卷九九改。

〔八〕蓋與宣祖不侔　「宣祖」原作「宣帝」，據太常因革禮卷八、長編卷九九改。

〔九〕據理甚明　「據」原作「處」，據長編卷九九改。

宋史卷一百一

志第五十四

禮四 吉禮四

明堂

明堂。宋初，雖有季秋大享之文，然未嘗親祠，命有司攝事而已。眞宗始議行之，屬封岱宗，祀汾陰，故亦未遑。皇祐二年三月，仁宗謂輔臣：「今年冬至日，當親祀圜丘，欲以季秋行大享明堂禮。然自漢以來，諸儒各爲論議，駁而不同。夫明堂者，布政之宮，朝諸侯之位，天子之路寢，乃今之大慶殿也。況明道初合祀天地於此，今之親祀，不當因循，尙於郊壇寓祭也。其以大慶殿爲明堂，分五室於內。」仍詔所司詳定儀注以聞。禮院請依周禮，設五室於大慶殿。舊禮，明堂五帝位皆爲幔室。今旁帷上幕，宜用靑繒朱裏；四戶八牖，赤綴戶，白綴牖，宜飾以朱白繒。

詔曰：「祖宗親郊，合祭天地，祖宗並配，百神從祀。今祀明堂，正當親郊之期，而禮官所定，祭天不及地祇，配坐不及祖宗，未合三朝之制。且移郊爲大享，蓋亦爲民祈福，宜合祭皇地祇，奉太祖、太宗、眞宗並配，而五帝、神州亦親獻之。日、月、河、海諸神，悉如圜丘從祀之數。」禮官議諸神位未決，帝諭文彥博等曰：「郊壇第一龕者在堂，第二、第三龕設於左右夾廡及龍墀上，在壝內外者，列於堂東西廂及後廡，以象壇壝之制。仍先繢圖。」

令輔臣、禮官視設神位。昊天上帝，堂下山罍各四。皇地祇，太尊、著尊、犧尊、山罍各二，在堂上室外神坐左；象尊二，壺尊二，山罍四，在堂下中陛東。三配帝、五方帝，山罍各二，於室外神坐左。神州，太尊、著尊、山罍各二，在堂上神坐左。牲各用一犢，毛不能如其方，以純色代。籩豆，數用大祠。日、月、天皇大帝、北極，太尊各二，在殿上神坐左。籩豆，數用中祠。五官，數用小祠。內官，象尊各二，每方岳、鎭、海、瀆，山尊各二，在堂左右。中官，壺尊各二，在丹墀、龍墀上。外官，每方丘、陵、墳、衍、原、隰，槪尊各二，衆星，散尊各二，在東西廂神坐左右。配帝席蒲越，五人帝莞，北極以上稾秸加褥，五官、五星以下莞不加褥，餘如南郊。景靈宮升降，置黃道褥位。致齋日，陳法駕鹵簿儀仗，壝門大次之後設小次。知廟卿酌奠七祠，文臣分享奉慈、后廟，近侍宿朝堂。行事及從升堂、百官分宿昇龍門外，內庭省司宿本所〔一〕，諸方客宿公館。設宿爟火於望燎位東南〔二〕。牲增四犢，羊豕依郊各十六，以薦從祀。帝謂前代禮有祭玉、燔玉，今獨有燔玉，命擇良玉爲琮、璧。皇地祇黃琮、黃幣，神州兩圭有邸、黑幣，日月圭、璧，皆置神坐前，燔玉加幣上。五人帝、五官白幣，日月、內官以下，幣從方色。

九月二十四日未漏上水一刻，百官朝服，齋于文德殿。明日未明二刻，鼓三嚴，帝服通天冠、絳紗袍，玉輅，警蹕，赴景靈宮，卽齋殿易衮圭，薦享天興殿畢，詣太廟宿齋，其禮具太廟。未明三刻，帝鞾袍，小輦，殿門契勘，門下省奉寶輿先入。及大次，易衮圭入，至版位，樂舞作，沃盥，自大階升。禮儀使導入太室，詣上帝位，奠玉幣於神坐，次皇地祇、五方帝、神州，次祖宗。奠幣酌獻之敍亦然。皇帝降自中階，還版位，樂止。禮生引分獻官奉玉幣，祝史、齋郎助奠諸神坐，乃進熟。諸太祝迎上帝、皇地祇饌，升自中階；青帝、赤帝、神州、配帝、大明、北極、太昊、神農氏饌，升自東階；黃帝、白帝、黑帝、夜明、天皇大帝、軒轅、少昊、高陽氏饌，升自西階；內中官、五官、外官、五星諸饌，隨便升設。亞獻將升，禮生分引獻官俱詣罍洗，各由其階酌獻五人帝、日月、天皇、北極，下及左右夾廡、丹墀、龍墀、庭中五官、東西廂外官衆星坐。禮畢，帝還大次，解嚴，改服乘輦，御紫宸殿，百官稱賀。乃常服，御宣德門肆赦，文武內外官遞進官有差。宣制畢，宰臣百僚賀于樓下，賜百官福胙及內外致仕文武升朝官以上粟帛羊酒。

嘉祐七年七月，詔復有事於明堂，有司言：「皇祐參用南郊百神之位，不應祭法。宜如隋、唐舊制，設昊天上帝、五方帝位，以眞宗配，而五人帝、五官神從祀。餘皆罷〔三〕。又前一日，親享太廟，嘗停孟冬之薦，考詳典禮，宗廟時祭，未有因嚴配而輟者。今明堂去孟冬畫日尙遠，請復薦廟。前者祖宗並侑，今用典禮獨配；前者地祇、神州並享，今以配天而罷。是皆變於禮中之大者也。開元、開寶二禮，五帝無親獻儀。舊禮，先詣昊天奠獻，五帝並行分獻，以侍臣奠幣，皇帝再拜，次詣眞宗神坐，於禮爲允。」而帝欲盡恭於祀事，五方帝位並親獻焉。朝廟用犢一，羊七，豕七；昊天上帝、配帝犢各一，羊豕各二；五方、五人帝共犢五，豕五，羊五；五官從祀共羊豕十。

英宗卽位，禮官議仁宗配明堂，知制誥錢公輔等言：「孝經曰：『昔者周公郊祀后稷以配天，宗祀文王於明堂以配上帝。』又曰：『孝莫大於嚴父，嚴父莫大於配天，則周公其人也。』以周公言之則嚴父，以成王言之則嚴祖。方是時，政則周公，祭則成王，亦安在必嚴其父哉？我將之詩是也。眞宗則周之武王，仁宗則周之成王，雖有配天之業，而無配天之祭，未聞成、康以嚴父之故，廢文王配天之祭而移之。以孔子之心推周公之志〔四〕，則嚴父也；以周公之心攝成王之祭，則嚴祖也，嚴祖、嚴父，其義一也。漢明始建明堂，以光武配，當始配之代，適符嚴父之說，章、安二帝亦弗之變，最爲近古而合乎禮。唐中宗時，則以高宗配；在玄宗時，則以睿宗配；在永泰時，則以肅宗配。禮官不能推明經訓，務合古初，反雷同其論以惑時主，延及於今，牢不可破。仁宗嗣位之初〔五〕，儻有建是論者，則配天之祭常在乎太宗矣。願詔有司博議，使配天之祭不膠於嚴父〔六〕，而嚴父之道不專乎配天。」

觀文殿學士孫抃等曰：「易稱『先王作樂崇德，薦之上帝，以配祖考。』蓋祖、考並可配天，符於孝經之說，不可謂必嚴其父也。祖、考皆可配郊與明堂而不同位，不可謂嚴祖、嚴父其義一也。雖周家不聞廢文配而移於武，廢武配而移於成，然易之配考，孝經之嚴父，歷代循守，不爲無說。魏明帝祀文帝於明堂以配上帝，史官謂是時二漢之制具存，則魏所損益可知，亦不可謂章、安之後配祭無傳，遂以爲未嘗嚴父也。唐至本朝講求不爲少，所以不敢異者，舍周、孔之言無所本也。今以爲我將之詩，祀文王於明堂而歌者，安知非孔子删詩，存周全盛之頌被於管弦者，獨取之也？仁宗繼體守成，置天下於泰安四十二年，功德可謂極矣。今祔廟之始，抑而不得配帝，甚非所以宣章嚴父之大孝。」

諫官司馬光、呂誨曰：「孝子之心，孰不欲尊其父？聖人制禮以爲之極，不敢踰也。詩曰：『思文后稷，克配彼天。』又我將：『祀文王於明堂。』下此，皆不見於經。前漢以高祖配天，後漢以光武配明堂，以是觀之，自非建邦啓土、造有區夏者，皆無配天之文。故雖周之成、康，漢之文、景、明、章，德業非不美也，然而不敢推以配天，避祖宗也。孔子以周公有聖人之德，成太平之業，制禮作樂，而文王適其父，故引以證『聖人之德莫大於孝』答曾子，非謂凡有天下者皆當尊其父以配天，然後爲孝也。近代祀明堂者，皆以其父配上帝，此乃誤釋孝經之義，而違先王之禮也。景祐中，以太祖爲帝者之祖，比周之后稷，太宗、眞宗爲帝者之宗，比周之文、武，然則祀眞宗於明堂以配上帝，亦未失古禮。仁宗雖豐功美德洽於四海，而不在二祧之位，議者乃欲舍眞宗而以仁宗配，恐於祭法不合。」詔從抃議。

御史趙鼎請遞遷眞宗配雩祭，太宗配祈穀、神州，用唐故事。學士王珪等以爲：「天地大祭有七，皆以始封受命創業之君配神作主，明堂用古嚴父之道配以近考，故在眞宗時以太宗配，在仁宗時以眞宗配，今則以仁宗配。仁宗始罷太宗明堂之配，太宗先已配雩祀、祈穀及神州之祭，本非遞遷。今明堂既用嚴父之道，則眞宗配天之祭於禮當罷，不當復分雩祭之配也。」治平四年九月，大享明堂，以英宗配。

元豐，詳定禮文所言：「祀帝南郊，以天道事之，則雖配帝用犢，禮所謂『帝牛不吉，以爲稷牛』是也。享帝明堂，以人道事之，則雖天帝用太牢，詩所謂『我將我享，維羊維牛』是也。自梁用特牛，隋、唐因之，皆用特牲，非所謂以人道享上帝之意也。皇祐、熙寧所用犢與羊、豕，皆未應禮。今親祠上帝、配帝、五方帝、五人帝，請用牛、羊、豕各一。」太常禮院言：「今歲明堂，尚在慈聖光獻皇后三年之內，請如熙寧元年南郊故事，惟祀事用樂，鹵簿鼓吹、宮架、諸軍音樂皆備而不作，警場止鳴金鉦、鼓角而已。」自是，凡國有故皆用此制。

六月詔曰：「歷代以來，合宮所配，雜以先儒六天之說，朕甚不取。將來祀英宗皇帝於明堂，惟以配上帝，餘從祀羣神悉罷。」詳定所言：「按周禮有稱昊天上帝，有稱上帝，有稱五帝者，一帝而已。將來祀英宗於明堂，合配昊天上帝及五帝，欲以此修入儀注。」并據知太常禮院趙君錫等狀：「按周官掌次職曰：『王大旅上帝，則張氈案；祀五帝，則設大次、小次。』又司服職曰：『祀昊天上帝則服大裘而冕，祀五帝亦如之。』明上帝與五帝異。則宗祀文王以配上帝者，非可兼五帝也。自鄭氏之學興，乃有六天之說，而事非經見。晉泰始初，論者始以爲非，遂於明堂惟設昊天上帝一坐而已。唐顯慶禮亦然。請如詔祀英宗於明堂，惟配上帝，以稱嚴父之意。」又請：「以莞席代稾秸、蒲越，以玉爵代匏爵，其豆、登、簠、俎、尊、罍並用宗廟之器，第以不祼，不用彝瓚。罷爟火及設褥，上帝席以稾秸，配帝席以蒲越，皆加褥其上。飲福受胙，俟終三獻。」並從之。

監察御史裏行王祖道言：「前詔以六天之說爲非古，今復欲兼祀五帝，是亦六天也。禮官欲去四圭而廢祀神之玉，殊失事天之禮。望復舉前詔，以正萬世之失。」仍并詔詳定合用圭、璧。詳定所言：「宋朝祀天禮以蒼璧，則燎玉亦用蒼璧；禮神以四圭有邸，則燎玉亦用四圭有邸。而議者欲以蒼璧禮神，以四圭有邸從燎，義無所主。開寶、開元禮，祀昊天上帝及五帝於明堂，禮神燔燎皆用四圭有邸。今詔唯祀上帝，則四圭有邸，自不當設。宜如南郊，禮神燔燎皆用蒼璧。」又請：「宿齋於文德殿，祭之旦，服通天冠、絳紗袍，至大次，改祭服行事，如郊廟之禮。」

先是，三省言：「按天聖五年南郊故事，禮畢行勞酒之禮，如元會儀。今明堂禮畢，請太皇太后御會慶殿，皇帝於簾內行恭謝禮，百僚稱賀訖，升殿賜酒。」太皇太后不許，詔將來明堂禮畢，更不受賀，百官並於內東門拜表。九月辛巳〔七〕，大享于明堂。禮畢，詣景靈宮及諸寺觀行恭謝禮。元符元年，尙書左丞蔡卞言：「每歲大享明堂，卽南郊望祭殿行禮，制度隘窄，未足以仰稱嚴事之意。今新作南郊齋宮端誠殿，實天子潔齋奉祠及見羣臣之所，高明邃深，可以享神，卽此行禮，於義爲合。」

初，元豐禮官以明堂寓大慶路寢，別請建立以盡嚴奉，而未暇講求。至是，蔡京爲相，始以庫部員外郎姚舜仁明堂圖議上，詔依所定營建。明年正月，以彗出西方〔八〕，罷。大觀元年九月辛亥，大享于明堂，猶寓大慶殿。

政和五年，詔：「宗祀明堂以配上帝，寓於寢殿，禮蓋云闕。崇寧之初，嘗詔建立，去古旣遠，歷代之模無足循襲。朕刺經稽古，度以九筵，分其五室，通以八風，上圓下方，參合先王之制。相方視址，于寢之南，僝工鳩材，自我作古，以稱朕昭事上帝率見昭考之心。」既又以言者「明堂基宜正臨丙方近東，以據福德之地」，乃徙秘書省宣德門東，以其地爲明堂。

又詔：「明堂之制，朕取考工互見之文，得其制作之本。夏后氏曰世室，堂脩二七〔九〕，廣四脩一，五室三四步四三尺，九階，四旁兩夾窗。考夏后氏之制，名曰世室，又曰堂者，則世室非廟堂。脩二七，廣四脩一，則度以六尺之步，其堂脩十四步，廣十七步之半。又曰五室三四步四三尺者，四步益四尺，中央土室也，三步益三尺，木、火、金、水四室也。每室四戶，戶兩夾窗，此夏制也。商人重屋，堂脩七尋，崇三尺，四阿重屋，而又曰堂者，非寢也。度以八尺之尋，其堂脩七尋。又曰四阿重屋，阿者屋之曲也，重者屋之複也，則商人有四隅之阿，四柱複屋，則知下方也。周人明堂，度以九尺之筵。三代之制不相襲，夏曰世室，商曰重屋，周曰明堂，則知皆室也。東西九筵，南北七筵，堂崇一筵，五室，凡室二筵者，九筵則東西長，七筵則南北狹，所以象天，則知上圜也。名不相襲，其制則一，唯步、尋、筵廣狹不同而已。朕益世室之度，兼四阿重屋之制，度以九尺之筵，上圜象天，下方法地，四戶以合四序，八窗以應八節，五室以象五行，十二堂以聽十二朔。九階、四阿，每室四戶，夾以八窗。享帝嚴父，聽朔布政于一堂之上，於古皆合，其制大備。宜令明堂使司遵圖建立。」

於是內出圖式，宣示于崇政殿，命蔡京爲明堂使，開局興工，日役萬人。京言：「三代之制，脩廣不相襲，夏度以六尺之步，商度以八尺之尋，而周以九尺之筵，世每近，制每廣。今若以二筵爲太室，方一丈八尺，則室中設版位、禮器已不可容，理當增廣。今從周制，以九尺之筵爲度，太室脩四筵，三丈六尺。廣五筵，四丈五尺。共爲九筵。木、火、金、水四室各脩三筵，益四五，三丈一尺五寸。廣四筵，三丈六尺。共七筵，益四尺五寸。十二堂古無脩廣之數，今亦廣以九尺之筵。明堂、玄堂各脩四筵，三丈六尺。廣五筵，四丈五尺。左右箇各脩廣四筵。三丈六尺。青陽、總章各脩廣四筵，三丈六尺。左右箇各脩四筵，三丈六尺。廣三筵，益四五。三丈一尺五寸。四阿各四筵，三丈六尺。堂柱外基各一筵，九尺。堂總脩一十九筵，一十七丈一尺。廣二十一筵。一十八丈九尺。」

蔡攸言：「明堂五門，諸廊結瓦，古無制度，漢、唐或蓋以茅，或蓋以瓦，或以木爲瓦，以夾紵漆之。今酌古之制，適今之宜，蓋以素瓦，而用瑠璃緣裹及頂蓋鴟尾綴飾，上施銅雲龍。其地則隨所向甃以五色之石。欄楯柱端以銅爲文鹿或辟邪象〔一〇〕。明堂設飾，雜以五色，而各以其方所尙之色。八窗、八柱則以青、黃、綠相間。堂室柱門欄楯，並塗以朱。堂階爲三級，級崇三尺，共爲一筵。庭樹松、梓、檜，門不設戟，殿角皆垂鈴。」詔以「玄堂」犯祖諱，取「平在朔易」之義，改爲平朔，門亦如之。仍改敷祐門曰左敷佑，左承天門曰右敷佑，右承天門曰平秩，更衣大次曰齋明殿。七年四月，明堂成，有司請頒常視朔聽朝。詔：「明堂專以配帝嚴父，餘悉移於大慶、文德殿。」羣臣五表陳請，乃從之。

禮制局言：「祀天神於冬至，祀地祇於夏至，乃有常日，無所事卜。季秋享帝，以先王配，則有常月而未有常日。禮不卜常祀而卜其日，所謂卜日者，卜其辛爾。蓋月有上辛、次辛，請以吉辛爲正。」

又言：「周禮：『祀昊天上帝，則大裘而冕，祀五帝亦如之。享先王則袞冕。』蓋於大裘舉正位以見配位，於袞冕舉配位以見正位，以天道事之，則舉卑明尊；大裘象道，袞冕象德，明堂以人道享上帝，請服袞冕。郊祀正位設蒲越，明堂正配位以莞，蓋取禮記所謂『莞簟之安』。請明堂正配位並用莞簟。又周禮：『以蒼璧禮天。』又曰：『四圭有邸，以祀天，旅上帝。』然說者謂禮神在求神之前，祀神在禮神之後。蓋一祭而並用也。夏祭方澤，兩圭有邸，與黃琮並用。明堂大享，蒼璧及四圭有邸亦宜並用。圜丘、方澤，執玄圭則搢大圭，執大圭則奠玄圭。禮經，祀大神祇，享先王，一如明堂親祠，宜如上儀。其正配二位，請各用籩二十六，豆二十六，簠八，簋八，登三，鉶三，柶槃、神位席、幣篚、祝篚、玉爵反坫、瑤爵、牛羊豕鼎各一，并局七、畢茅、冪俎六，太尊、山尊、著尊、犧尊、象尊各二，壺尊六，皆設而弗酌。尊加冪。犧尊、象尊、壺尊、犧罍、象罍、壺罍各五，加勺、冪。御槃匜一，并篚、勺、巾。飲福受黍豆一，以玉飾。飲福受胙俎一。亞獻終獻盥洗罍、爵洗罍并篚、勺、巾各一〔一〕，神廚鸞刀一。」

又言：「明堂用牲而不設庶羞之鼎。按元豐禮，明堂牲牢正配，各用牛一、羊一、豕一。宗祀止用三鼎而不設庶羞之鼎，其俎亦止合用六。宗廟祭祀五齊三酒，有設而弗酌者，若酒正所謂『以法共五齊三酒，以實八尊』是也。有設而酌者，若司尊彝所謂『醴齊縮酌，盎齊涗酌，凡酒脩酌』是也。今太廟、明堂之用，請以太尊實泛齊，山尊實醴齊，著尊實盎齊，犧尊實緹齊，象尊實沉齊，壺尊實三酒，皆爲弗酌之尊。又以犧尊實醴齊爲初獻，象尊實盎齊爲亞獻，並陳於阼階之上，犧在西，象在東。壺尊實清酒爲終獻，陳於阼階之下，皆爲酌尊。神六變之樂，以天帝爲尊焉。明堂雖嚴父，然配天與上帝，所以求天神而禮之，宜同郊祀，用禮天尊三，其貳以備乏匱。皇祐以來，以大慶殿爲明堂，奏請致齋於文德殿，禮成受賀於紫宸殿。今明堂肇建，宜於大慶殿奏請致齋，於文德殿禮成受賀。宿齋奏嚴，本以警備。仁宗詔明堂直端門，故齋夕權罷。今明堂在寢東南，不與端門直，將來宗祀，大慶殿齋宿，皇城外不設鹵簿儀仗，其警場請列於大慶殿門之外。王者祀上帝于郊，配以祖，祀於明堂，配以禰。今有司行事，乃寓端誠殿，未盡禮意。請非親祀歲，有司行事，亦於明堂。改儀仗使曰禮衞，鹵簿使曰禮器，橋道頓遞使曰禮頓，大禮、禮儀二使仍舊制。又設季秋大享登歌，並用方士。」

初，禮部尚書許光凝等議：「明堂五室祀五帝，而王安石以五帝爲五精之君，昊天之佐，故分位於五室，與享於明堂。神宗詔唯以英宗配帝，悉去從祀羣神。陛下肇新宏規，得其時制，位五帝於五室，既無以禰槩配之嫌，止祀五帝，又無羣神從祀之瀆，則神考紬六天於前，陛下正五室於後，其揆一也。」至是詔罷從祀，而親祠五室焉。尋詔每歲季秋大享，親祠明堂如孟月朝獻禮，罷有司攝事，及五使儀仗等。

已而太常寺上明堂儀：皇帝散齋七日於別殿，致齋三日於內殿，有司設大次於齋明殿，設小次於明堂東階下。祀日，行事、執事、陪祠官立班殿下，東西相向。皇帝服袞冕，太常卿、東上閤門官、太常博士前導。禮部侍郎奏中嚴外辦，太常卿奏請行禮。太常卿奏禮畢，禮部郎中奏解嚴。其禮器、牲牢、酒饌、奠獻、玉幣、升烟、燔首、祭酒、讀册、飲福、受胙幷樂舞等，並如宗祀明堂儀。其行事、執事、陪祠官，並前十日受誓戒於明堂。行事、執事官致齋三日，前一日並服朝服立班省饌，祀日並祭服。陪位官致齋一日。祀前二日仍奏告神宗配侑。自是迄宣和七年，歲皆親祀明堂。

高宗紹興元年，禮部尚書秦檜等言：「國朝冬祀大禮，神位六百九十，行事官六百七十餘員，今鹵簿、儀仗、祭器、法物散失殆盡，不可悉行。宗廟行禮，又不可及天地。明堂之禮，可舉而行，乞詔有司討論以聞。」禮部、御史、太常寺言：「仁宗明堂以大慶殿爲之，今乞於常御殿設位行禮。」乃下詔曰：「肇稱吉禮，已見于三歲之郊；載考彝章，當間以九筵之祀。因秋成物，輯古上儀，會天地以同禋，升祖宗而並配。」乃以九月十八日行事。

四年，太常寺看詳、國子監丞王普言明堂有未合禮者十一事：其一，謂陶匏用於郊丘，玉爵用於明堂，今茲明堂實兼郊禮，宜用陶匏，他日正宗祀之禮，當奉玉爵。其二，禮經，太牢當以牛、羊、豕爲序，今用我將之詩，遂以羊、豕、牛爲序，所謂以辭害意，豈有用大牲作元祀，而反在羊、豕之後者。其三，陳設尊罍，宜倣周官司尊彝秋嘗之制。其四，泛齊醴齊，宜代以今酒而不易其名。其五、其六，祭器、冕服，當從古制。其七，皇帝未後詣齋室，則是致齋二日有半，乞用質明以成三日之禮。其八，齋不飮酒、茹葷，乞罷官給酒饌，俾得專心致志，交於神明。其九，設神位版及升煙、奠册，不當委之散吏。其十、十一，皆論樂。並從之。

三十一年，以欽宗之喪，用元祐故事，前期朝獻景靈宮、朝享太廟，皆遣大臣攝事；唯親行大享之禮，禮畢宣赦，樂備不作。附廟畢如故事。享罷合祭，奉徽宗配。祀五天帝、五人帝于堂上，五官神於東廂，仍罷從祀諸神位，用熙寧禮也。

孝宗淳熙六年，以羣臣議，復合祭天地，並侑祖宗、從祀百神，如南郊。十五年九月，有事于明堂，上問宰執配位。周必大奏：「昨已申請，高宗几筵未除，用徽宗故事未應配坐，且當以太祖、太宗並配。」留正亦言之。上曰：「有紹興間典故，可參照無疑。」

嘉定十七年閏八月，理宗卽位，大享當用九月八日，在寧宗梓宮未發之前，下禮官及臺諫、兩省詳議。吏部尙書羅點等言：「本朝每三歲一行郊祀，皇祐以來始講明堂之禮，至今遵行。稽之禮經，有『越紼行事』之文，『旣殯而祭』之說，則雖未葬以前，可以行事。且紹熙五年九月，在孝宗以日易月釋服之後，未發引之前；慶元六年九月，亦在光宗以日易月釋服之後，未發引之前。今來九月八日，前祀十日，皇帝散齋別殿，百官各受誓戒，係在閏八月二十七日，卽當在以日易月未釋服之內。乞下太史局，於九月內擇次辛日行禮，則在釋服之後，正與前史相同。」乃用九月二十八日辛卯。前二日，朝獻景靈宮，前一日，享太廟，遣官攝事。皇帝親行大享，禮成不賀。

淳祐三年，將作少監、權樞密都承旨韓祥言：「竊以明堂之禮，累聖不廢嚴父配侑之典。南渡以來，事頗不同。高廟中興，徽宗北狩，當時合祭天地於明堂，以太祖、太宗配，非廢嚴父之祀，以父在故也。及紹興末，乃以徽廟配。孝宗在位二十八年，娛奉堯父，故無祀父之典，南郊、明堂，惟以太祖、太宗配，沿襲至今，遂使陛下追孝寧考之心有所未盡。」時朝散大夫康熙亦援倪思所著合宮嚴父爲言。上曰：「三后並侑之說，最當。」是後明堂以太祖、太宗、寧宗並侑。」寶祐五年九月辛酉，復奉高宗升侑。於是明堂之禮，一祖三宗並配。度宗咸淳五年，明堂大享，又去寧宗，奉理宗與祖宗並配。

先是，紹興初，權禮部尚書胡直孺等言：「國朝配祀，自英宗始配以近考，司馬光、呂誨爭之，以爲詘祖進父，然卒不能奪王珪、孫抃之諂辭。其後，神宗謂周公宗祀在成王之世，成王以文王爲祖，則明堂非以考配明矣。王安石亦對以誤引孝經嚴父之說，惜乎當時無有辨正之者。今或者曰：后稷爲周之祖，文王、武王是爲二祧。高祖爲漢之祖，孝文、孝武特崇兩廟。皆子孫世世所奉承者。太祖爲帝者祖，太宗、眞宗宜爲帝者宗。皇祐以一祖二宗並配，議出於此。直孺等聞前漢以高祖配天，後漢以光武配明堂，蓋古之帝王非建邦啓土者，皆無配天之祭。故雖周之成、康，漢之文、景、明、章，其德業非不美也，然而子孫不敢推以配天者，避祖宗也。有宋肇基創業之君，太祖是已。太祖則周之后稷，配祭於郊者也；太宗則周之文王，配祭於明堂者也。此二祭者，萬世不遷之法。皇祐宗祀，合祭天地，固宜以太祖、太宗配。當時蓋拘於嚴父，故配帝并及於眞宗。今主上紹膺大統，自眞宗至於神宗均爲祖廟，獨躋則患在於無名，並配則幾同於祫享。今參酌皇祐詔書，請合祭昊天上帝、皇地祇于明堂，奉太祖、太宗以配，惟禮專而事簡，庶幾可以致力於神，萬世行之可也。」

七年，徽宗哀聞，是歲九月，中書舍人傅崧卿援嚴父之說，不幸太上諱問奄至，而大享不及，理實未安。吏部尚書孫近等言〔三〕：「元年以來，祖、宗並配，今論者乃欲祖、宗並配之外增道君皇帝一位，不合典禮。」權禮部侍郎陳公輔言：「今梓宮未還，廟社未定，疆土未復，臣竊意祖宗、上皇神靈所望於陛下者，必欲興衰撥亂，恢復中原，迎還梓宮，歸藏陵寢，以隆我宋無疆之業。若如議者之言，以陛下貴爲天子，上皇北狩十有一年，未獲天下之養，今不幸而崩，且欲因明堂之禮，追配上帝，謂是足以盡人子之孝，則於陛下之志，恐亦小矣。宜依故事合祭天地，祖、宗並侑。太上升配，似未可行。」至嘉定四年，遂以太祖、太宗、高宗、寧宗並侑，至度宗復以太祖、太宗、高宗、理宗並配焉。

校勘記

〔一〕內庭省司宿本所　太常因革禮卷三五作「內廷有所司者宿于本所」，此處「省」字疑是「有」字之誤。

〔二〕設宿爟火於望燎位東南　太常因革禮卷三五、宋會要禮二四之四八都作「設權（同爟）火於望燎位之東南」，此處疑衍「宿」字。

〔三〕餘皆罷　「餘」字原脫，據長編卷一九七、編年綱目卷一六、通考卷七四郊祀考補。

〔四〕以孔子之心推周公之志　「志」原作「祭」，據長編卷二〇〇、宋會要禮二四之三四、編年綱目卷一七改。

〔五〕仁宗嗣位之初　「仁宗」原作「眞宗」，據長編卷二〇〇、宋會要禮二四之三五、編年綱目卷一七改。

〔六〕使配天之祭不膠於嚴父　「膠」原作「繆」，據同上書同卷改。

〔七〕九月辛巳　按編年綱目卷二三、通考卷七四郊社考，「九月辛巳」繫於元祐四年，此處失書紀元紀年。

〔八〕明年正月以彗出西方　「西方」原作「東方」，據本書卷二〇徽宗紀、宋會要禮二四之五七、編年綱目卷二七改。

〔九〕堂脩二七　「堂」字原脫，據宋會要禮二四之六九、長編紀事本末卷一二五、通考卷七四郊社考補。

〔一〇〕以銅爲文鹿或辟邪象　「辟」原作「羣」，據宋會要禮二四之七三、通考卷七四郊社考改。

〔一一〕亞獻終獻盥洗罍爵洗罍幷篚勺巾各一　「爵洗罍」，原作「爵洗爵」。按宋會要禮二四之六〇作「亞獻終獻盥洗罍一副幷篚勺巾，亞終獻爵洗罍一副幷篚勺巾」；五禮新儀卷三〇則稱：「設亞終獻盥洗爵洗於本位之南，罍篚各設於左右，皆內（卷三九作西）向。」此處「爵洗爵」應是「爵洗罍」之誤，據改。

〔一二〕吏部尚書孫近等言　「等」原作「專」，據繫年要錄卷一一四、通考卷七四郊社考改。

宋史卷一百二

志第五十五

禮五 吉禮五

社稷　嶽瀆　籍田　先蠶　奏告　祈禜

社稷，自京師至州縣，皆有其祀。歲以春秋二仲月及臘日祭太社、太稷。州縣則春秋二祭，剌史、縣令初獻，上佐、縣丞亞獻，州博士、縣簿尉終獻。如有故，以次官攝，若長吏職官或少，卽許通攝，或別差官代之。牲用少牢，禮行三獻，致齋三日。其禮器數：正配坐尊各二，籩、豆各八，簠、簋各二，俎三。從祀籩、豆各二，簠、簋、俎各一。太社壇廣五丈，高五尺，五色土爲之。稷壇在西，如其制。社以石爲主，形如鐘，長五尺，方二尺，剡其上，培其半。四面宮垣飾以方色，面各一屋，三門，每門二十四戟，四隅連飾罘罳，如廟之制，中植以槐。其壇三分宮之一，在南，無屋。慶曆用羊、豕各二，正配位籩、豆十二，山罍、簠、簋、俎二，祈報象尊一。

元豐三年，詳定所言：「社稷祝版、牲幣、饌物，請並瘞於坎，更不設燔燎。又周禮大宗伯『以血祭祭社稷』，社爲陰祀，血者幽陰之物，是以類求神之意。郊天先薦血，次薦腥，次薦爓〔一〕，次薦熟。社稷、五祀，先薦爓，次薦熟。至於羣小祀，薦熟而已。今社稷不用血祭，又不薦爓，皆違經禮。請以埋血爲始，先薦爓，次薦熟。古者祭社，君南向於北墉下〔二〕，所以答陰也，今社稷壝內不設北墉，而有司攝事，乃設東向之位，非是。請設北墉，以備親祠南向答陰之位，有司攝事，則立北墉下少西。王制曰：『天子社稷皆太牢，諸侯社稷皆少牢。』今一用少牢，殊不應禮。夫爲一郡邑報功者，當用少牢；爲天下報功者，當用太牢。所有春秋祈報太社、太稷，請於羊豕外加角握牛二〔三〕。」又言：「社稷之祭，有瘞玉而無禮玉，開元禮：奠太社、太稷，並以兩圭有邸。請下有司造兩圭有邸二，以爲禮神之器，仍詔於壇側建齋廳三楹，以備望祭。」

先是，州縣社主不以石。禮部以謂社稷不屋而壇，當受霜露風雨，以達天地之氣，故用石主，取其堅久。又禮，諸侯之壇半天子之制，請令州縣社主用石，尺寸廣長亦半太社之制。遂下太常，修入祀儀。元祐中，又從博士孫諤言：祭太社、太稷，皆設登歌樂。大觀，議禮局言：「太社獻官、太祝、奉禮，皆以法服；至于郡邑，則用常服。請下祭服制度於郡縣，俾其自製，弊則聽改造之〔四〕。」

紹興元年，以春秋二仲及臘前祭太社、太稷於天慶觀，又望祭於臨安天寧觀。十四年，始築壇壝於觀橋之東，立石主，置太社令一員，備牲牢器幣，進熟、望燎如儀。

嶽鎮海瀆之祀。太祖平湖南，命給事中李昉祭南嶽，繼令有司製諸嶽神衣、冠、劍、履，遣使易之。廣南平，遣司農少卿李繼芳祭南海，除去劉鋹所封僞號及宮名，易以一品服。又詔：「嶽、瀆幷東海廟，各以本縣令兼廟令，尉兼廟丞，專掌祀事。」又命李昉、盧多遜、王祐、扈蒙等分撰嶽、瀆祠及歷代帝王碑，遣翰林待詔孫崇望等分詣諸廟書于石。六年，遣使奉衣、冠、劍、履，送西鎮吳嶽廟。

太平興國八年，河決滑州，遣樞密直學士張齊賢詣白馬津，以一太牢沈祠加璧。自是，凡河決溢、修塞皆致祭。祕書監李至言：「按五郊迎氣之日，皆祭逐方嶽鎮、海瀆。自兵亂後，有不在封域者，遂闕其祭。國家克復四方，間雖奉詔特祭，未著常祀。望遵舊禮，就迎氣日各祭於所隸之州，長吏以次爲獻官。」其後，立春日祀東嶽岱山於兗州，東鎮沂山於沂州，東海於萊州，淮瀆於唐州。立夏日祀南嶽衡山於衡州，南鎭會稽山於越州，南海於廣州，江瀆於成都府。立秋日祀西嶽華山於華州，西鎭吳山於隴州，西海、河瀆並於河中府，西海就河瀆廟望祭。立冬祀北嶽恆山、北鎭醫巫閭山並於定州，北鎭就北嶽廟望祭，北海、濟瀆並於孟州，北海就濟瀆廟望祭。土王日祀中嶽嵩山於河南府，中鎭霍山於晉州。

眞宗封禪畢，加號泰山爲仁聖天齊王，遣職方郎中沈維宗致告。又封威雄將軍爲炳靈公，通泉廟爲靈派侯，亭山神廟爲廣禪侯，嶧山神廟爲靈巖侯，各遣官致告。詔泰山四面七里禁樵採，給近山二十戶以奉神祠，社首、徂徠山並禁樵採。車駕次澶州，祭河瀆廟，詔進號顯聖靈源公，遣右諫議大夫薛映詣河中府，比部員外郎丁顧言詣澶州祭告〔五〕。祕書丞董溫其言：「漢以霍山爲南嶽，望令壽州長吏春秋致祭。」禮官言：「雖前漢嘗以霍山爲南嶽，緣今嶽廟已在衡山，難於改制。其霍山如遇水旱祈求及非時，準別敕致祭，即委州縣奉行。」詔封江州馬當上水府，福善安江王；太平州釆石中水府，順聖平江王；潤州金山下水府，昭信泰江王。

及祀汾陰，命陳堯叟祭西海，曹利用祭汾河。車駕至潼關，遣官祠西嶽及河瀆，並用太牢，備三獻禮。庚午，親謁華陰西嶽廟，羣臣陪位，廟垣內外列黃麾仗，遣官分奠廟內諸神，加號嶽神爲順聖金天王。還至河中，親謁奠河瀆廟及西海望祭壇。五月乙未，加上東嶽曰天齊仁聖帝，南嶽曰司天昭聖帝，西嶽曰金天順聖帝，北嶽曰安天元聖帝，中嶽曰中天崇聖帝。命翰林、禮官詳定儀注及冕服制度、崇飾神像之禮。其玉册制，如宗廟謚册。帝自作奉神述，備紀崇奉意，俾撰册文。有司設五嶽册使一品鹵簿及授册黃麾仗、載册輅、袞冕輿於乾元門外，各依方所。羣臣朝服序班，仗衞如元會儀。上服袞冕〔六〕，御乾元殿。中書侍郎引五嶽玉册，尚衣奉袞冕升殿，上爲之興。奉册使副班于香案前，侍中宣制曰：「今加上五嶽帝號，遣卿等持節奉册展禮。」咸承制再拜。奉册使以次升自東階，受册御坐前，降西階；副使受袞冕輿于丹墀，隨册使降立丹墀西。玉册發，至于朝元門外，帝復坐。册使奉册升輅〔七〕，鼓吹振作而行。東嶽、北嶽册次于瑞聖園，南嶽册次于玉津園，西嶽、中嶽册次于瓊林苑。及廟，內外列黃麾仗，設登歌。奉册於車，奉袞冕於輿，使副袴褶騎從，遣官三十員前導。及門，奉置幄次，以州長吏以下充祀官，致祭畢，奉玉册、袞冕置殿內。又加上五嶽帝后號：東曰淑明，南曰景明，西曰肅明，北曰靖明，中曰正明。遣官祭告。詔嶽、瀆、四海諸廟，遇設醮，除青詞外，增正神位祝文。又改唐州上源桐柏廟爲淮瀆長源公，加守護者。帝自制五嶽醮告文，遣使醮告。卽建壇之地構亭立石柱，刻文其上。

天禧四年，從靈臺郎皇甫融請，凡修河致祭，增龍神及尾宿、天江、天記、天社等諸星在天河內者，凡五十位。

仁宗康定元年，詔封江瀆爲廣源王，河瀆爲顯聖靈源王，淮瀆爲長源王，濟瀆爲淸源王，加東海爲淵聖廣德王，南海爲洪聖廣利王，西海爲通聖廣潤王，北海爲沖聖廣澤王。皇祐四年，又以靈臺郎王大明言，汴口祭河，兼祠箕、斗、奎，與東井、天津、天江、咸池、積水、天淵、天潢、水位、水府、四瀆、九坎、天船、王良、羅堰等十七星在天河內者。五年，以儂智高遁，益封南海洪聖廣利昭順王。其五鎭，沂山舊封東安公，政和三年封王；會稽舊封永興公，政和封永濟王；吳山舊封成德公，元豐八年封王；醫巫閭舊封廣寧公，政和封王；霍山舊封應聖公，政和封應靈王。東海，大觀四年，加號助順廣德王。

紹興七年，太常博士黃積厚言：「嶽鎭海瀆，請以每歲四立日分祭東西南北，如祭五方帝禮。」詔從之。

乾道五年，太常少卿林栗言：「國家駐蹕東南，東海、南海，實在封域之內。自渡江以後，惟南海王廟，歲時降御書祝文，加封至八字王爵。如東海之祠〔八〕，但以萊州隔絕，未嘗致祭，殊不知通、泰、明、越、温、台、泉、福，皆東海分界也。紹興中金人入寇，李寶以舟師大捷於膠西，神之助順，爲有功矣。且元豐間嘗建廟於明州定海縣，請依南海特封八字王爵，遣官詣明州行禮。」詔可。

籍田之禮，歲不常講。雍熙四年，始詔以來年正月擇日有事於東郊，行籍田禮。所司詳定儀注：「依南郊置五使。除耕地朝陽門七里外爲先農壇，高九尺，四陛，周四十步，飾以青；二壝，寬博取足容御耕位。觀耕臺大次設樂縣、二舞。御耕位在壝門東南，諸侯耕位次之，庶人又次之。觀耕臺高五尺，周四十步，四陛，如壇色。其青城設於千畝之外。」又言：「隋以青箱奉穜稑，唐廢其禮。青箱舊無其制，請用竹木爲之而無蓋，兩端設襻，飾以青；中分九隔，隔盛一種，覆以青帊。穜稑卽早晚之種，不定穀名，請用黍、稷、秫、稻、粱、大小豆、大小麥，陳於箱中。」大禮使李昉言：「按通禮，乘耕根車，今請改乘玉輅，載耒耜於耕根車。又前典不載告廟及稱賀之制，今請前二日告南郊、太廟。耕禮畢，百官稱賀於青城。禮有勞酒，合設會於還宮之翼日，望如親祀南郊之制，擇日大宴。」詳定所言：「御耒耜二具，並盛以青縚，準唐乾元故事，不加雕飾。禮畢，收於禁中，以示稼穡艱難之意。其祭先農，用純色犢一，如郊祀例進胙，餘並權用大祠之制。皇帝散齋三日，致齋二日，百官不受誓戒。神農、后稷册，學士院撰文進書。」以鹵簿使賈黃中言，復用象輅載耒耜，以重其事。五年正月乙亥，帝服袞冕，執鎭圭，親享神農，以后稷配，備三獻，遂行三推之禮。畢事，解嚴，還行宮，百官稱賀。帝改御大輦，服通天冠、絳紗袍，鼓吹振作而還。御乾元門大赦，改元端拱，文武遞進官有差。二月七日，宴羣臣於大明殿，行勞酒禮。

景德四年，判太常禮院孫奭言：「來年畫日，正月一日享先農，九日上辛祈穀，祀上帝。春秋傳曰：『啓蟄而郊，郊而後耕。』月令曰：『天子以元日祈穀于上帝。乃擇元辰，親載耒耜，躬耕帝籍。』先儒皆云：元日，謂上辛郊天也；元辰，謂郊後吉亥享先農而耕籍也。六典、禮閣新儀並云上辛祀昊天，次云吉亥享先農。望改用上辛後亥日，用符禮文。」

明道元年，詔以來年二月丁未行籍田禮，而罷冬至親郊。遣官奏告天地、宗廟、諸陵、景靈宮，州都就告嶽、瀆、宮、廟。其禮一如端拱之制，而損益之。禮成，遣官奏謝如告禮。

元豐二年，詔於京城東南度田千畝爲籍田，置令一員，徙先農壇於中，神倉於東南，取卒之知田事者爲籍田兵。乃以郊社令辛公佑兼令。公佑請因舊鏺麥殿規地爲田，引蔡河水灌其中，并植果蔬，冬則藏冰，凡一歲祠祭之用取具焉。先薦獻而後進御，有餘，則貿錢以給雜費，輸其餘於內藏庫，著爲令。權管幹籍田王存等議，以南郊鏺麥殿前地及玉津園東南菱地并民田共千一百畝充籍田外，以百畝建先農壇兆，開阡陌溝洫，置神倉、齋宮并耕作人牛廬舍之屬，繪圖以進。已而殿成，詔以思文爲名。

政和元年，有司議：享先農爲中祠，命有司攝事，帝止行耕籍之禮；罷命五使及稱賀、肆赦之類；太史局擇日不必專用吉亥；耕籍所乘，改用耕根車，罷乘玉輅；躬耕之服，止用通天冠、絳紗袍，百官並朝服；倣雍熙儀注，九卿以左右僕射、六尙書、御史大夫攝；諸侯以正員三品官及上將軍攝〔九〕；設庶人耕位於諸侯耕位之南，以成終畝之禮；備靑箱，設九穀，如隋之制。尋復以耕籍爲大祠，依四孟朝享例行禮，又命禮制局修定儀注。

孟春之月，太史擇上辛後吉日，皇帝親耕籍田，命有司以是日享先農、后稷于本壇，如常儀。前期，殿中監設御坐于思文殿，儀鸞司設文武官次殿門外之左右。其日早，奉禮郞設御耕褥位于耕籍所，尙舍設觀耕御坐於壇上，南向。典儀設侍耕羣臣位於御耕之東西，設從耕羣臣位於御耕之東南，西向，北上。奉禮郞設御耒席於三公之北，稍西，南向。太僕設御耕牛於御壇之西，稍北；太僕卿位於耕牛之東，稍前，南向。太常設左輔位於御耕之東，稍南，西向；設司農位二，一在左輔之後，一在其南，並西向。籍田令三，皆位司農卿南，少退，北上。奉靑箱官位於後。諸執耒耜者位公卿耕者後，侍耕者前，西向。三公、三少、宰臣、親王等每員三人，執政二人，從耕；羣官一名助耕，並服絳衣、介幘。三公以次羣官耒耜各一具，每一具正副牛二，隨牛二人。庶人耕位在從耕官位之南，西向。庶人百人，並靑衣，耕牛二百，每兩牛用隨牛一人，耒耜百具，畚五十具，鍤二十五具，以木爲刃。耆老百人，常服陪位於庶人位南，西向。司農少卿位二於庶人位前，太社令位司農少卿之西，少退，俱北向。畿內諸令位庶人之東，西向。尙輦局設玉輅於仗內。前期三日，司農以靑箱奉九穀穜稑之種進內。前二日，皇后率六宮獻于皇帝，受于內殿。前一日，降出付司農。

其日質明，左輔奉耒耜載于玉輅訖〔一〇〕，耕籍使朝服乘車，用本品鹵簿，以儀仗二千人衞耒耜先詣壇所。尙輦奉御設平輦於祥曦殿，皇帝韡袍出自內東門，從駕臣僚禁衞並起居如常儀。將至耕所，文武侍耕、從耕以下及耆老、庶人俱詣籍田西門外立班，再拜奉迎訖，各就次。從耕、陪耕等官服朝服以俟耕。車駕至思文殿，進膳訖，左輔以御耒耜授籍田令，橫執之，詣耕籍所，置于席，遂守之。凡執耒耜者橫執之，受則先其耒後其耜。諸縣令率終畝庶人、陪耕耆老先就位，司農卿、籍田令、太社令、奉靑箱官、諸執耒耜者以次就位。御史臺引殿中侍御史一員先入就位，次禮直官、宣贊舍人等分引侍耕、從耕羣官各就位。尙輦奉御進輦思文殿。左輔奏請中嚴；少頃，奏外辦。皇帝通天冠、絳紗袍，乘輦出。將至御耕位，尙舍先設黃道，太常請降輦就位。旣降輦，太常卿前導至褥位南向立，奏請行禮。禮直官請籍田令進詣御耒席南向〔一一〕，引司農卿詣籍田令東西向，籍田令俛伏跪，執事者以韜受之，籍田令解韜出耒，執耒興，東向立，以授司農卿，司農卿西向立，以授左輔，左輔詣御耕位前少東，北向。太常卿奏請受耒耜，左輔執以進，執耒者助執之。皇帝受以三推，左輔前受耒耜，授司農卿，以授籍田令，各復位。籍田令跪而納於韜，執耒興，以授執事者，退復位。

皇帝初耕，諸執耒耜者以耒耜各授從耕者，禮直官引太常卿詣御位前北向，奏請皇帝升壇觀耕，復位立。前導官導皇帝升壇，即御坐南向。禮直官、太常博士、太常卿近東，西向北上立。禮直官引三公、三少、宰臣、親王各五推，餘從耕官各九推，訖，執耒耜者前受耒耜。禮直官引司農少卿帥庶人以次耕于千畝，候耕少頃，禮直官引左輔詣御坐前跪奏禮畢。降壇，乘輦還思文殿，左輔奏解嚴，侍耕、從耕官皆退。次籍田令以青箱授司農卿，詣耕所，出穜稑播之。次司農少卿帥太社令檢校終畝。次司農卿詣御前北向俛伏跪奏省功畢，退。所司放仗以俟，皇帝常服還內，侍衞如常儀。紹興七年，始舉享先農之禮，以立春後亥日行一獻禮。十六年，皇帝親耕籍田，並如舊制。

先蠶之禮久廢，眞宗從王欽若請，詔有司檢討故事以聞。按開寶通禮：「季春吉巳，享先蠶於公桑。前享五日，諸與享官散齋三日，致齋二日。享日未明五刻，設先蠶氏神坐於壇上北方，南向。尚宮初獻，尚儀亞獻，尚食終獻。女相引三獻之禮，女祝讀文，飲福、受胙如常儀。」又按唐會要：「皇帝遣有司享先蠶如先農可也。」乃詔：「自今依先農例，遣官攝事。」禮院又言：「周禮，『蠶於北郊』，以純陰也。漢蠶於東郊，以春桑生也。請約附故事，築壇東郊，從桑生之義。壇高五尺，方二丈，四陛，陛各五尺；一壝，二十五步。祀禮如中祠。」

慶曆用羊、豕各一，攝事獻官太尉、太常、光祿卿，不用樂。元豐詳定所言：「季春吉巳，享先蠶氏。唐月令注：『以先蠶爲天駟。』按先蠶之義，當是始蠶之人，與先農、先牧、先炊一也。開元享禮：爲瘞坎於壇之壬地。而郊祀錄載先蠶祀文，有『肇興蠶織』之語，禮儀羅又以享先蠶無燔柴之儀，則先蠶非天駟星，明矣。今請就北郊爲壇，不設燎壇，但瘞埋以祭，餘如故事。」

政和禮局言：「禮：天子必有公桑蠶室，以興蠶事。歲既畢，則奉繭而繅，遂朱綠之，玄黃之，以爲郊廟之祭服。今既開籍田以供粢盛，而未有公桑蠶室以供祭服，尙爲闕禮。請倣古制，於先蠶壇側築蠶室，度地爲宮，四面爲牆，高仞有三尺，上被棘，中起蠶室二十七，別構殿一區爲親蠶之所。倣漢制，置繭館，立織室於宮中，養蠶千薄以上〔三〕。度所用之數，爲桑林。築採桑壇於先蠶壇南，相距二十步，方三丈，高五尺，四陛。凡七事。置蠶官令、丞，以供郊廟之祭服。又周官內宰：『詔后帥內外命婦蠶於北郊。』鄭氏謂：『婦人以純陰爲尊。』則蠶爲陰事可知。開元禮：享先蠶，幣以黑，蓋以陰祀之禮祀之也。請用黑幣，以合至陰之義。」詔從其議，命親蠶殿以無斁爲名。又詔：「親蠶所供，不獨衮服，凡施於祭祀者皆用之。」

宣和元年三月，皇后親蠶，即延福宮行禮。其儀：季春之月，太史擇日，皇后親蠶，命有司享先蠶氏于本壇。前期，殿中監帥尙舍設坐殿上，南向；前楹施簾，設東西閤殿後之左右。又設內命婦妃嬪以下次於殿之左右，外命婦以下次於殿門內外之左右，隨地之宜，量施帷幄。於採桑壇外，四面開門，設皇后幄次於壇壝東門之內道北，南向。

其日，有司設褥位壇上少東，東向。設內命婦位壇下東北，南向；設外命婦位壇下東南，北向，俱異位重行西上。內外命婦，一品各二人；二品、三品各一人。又設從採桑內命婦等位於外命婦之東，南向；以內命婦一員充詣蠶室〔三〕，授蠶母桑以食蠶。設從採桑外命婦等位於外命婦東，北向，俱異位重行西上。設執皇后鉤箱者位於內命婦之西，少南，西上。尙功執鉤，司製執箱；內外命婦鉤箱者，各位於後，典製執鉤，女史執箱。又於壇上設執皇后鉤箱位於皇后採桑位之北，稍東，南向，西上。

前出宮一日，兵部率其屬陳小駕鹵簿於宣德門外，太僕陳厭翟車東偏門內，南向。其日未明，外命婦應採桑及從採桑者，先詣親蠶所幕次，以俟起居，各令其女侍者進鉤箱，載至親蠶所，授內謁者監以授執鉤箱者。前一刻，內命婦各服其服，內侍引內命婦妃嬪以下，俱詣殿庭起居訖，內侍奏請中嚴；少頃，又奏外辦。皇后首飾、鞠衣，乘龍飾肩輿如常儀，障以行帷，出內東門至左昇龍門。內侍跪奏：「具官臣某言，請降肩輿升厭翟車。」訖，俛伏，興，少退。御者執綏升厭翟車，內侍詣車前奏請車進發，出宣德東偏門，執事者進鈎箱，載之車。至親蠶所殿門，降車，乘肩輿入殿後西閤門，侍衞如常儀。內侍先引內外命婦及從採桑者俱就壇下位，諸執鈎箱者各就位。內侍奏請中嚴；少頃，奏外辦。皇后首飾、鞠衣，乘肩輿，內侍前導至壇東門，華蓋、仗衞止於門外，近侍者從之入。內侍奏請降肩輿，至幄次內，下簾。又內侍至幄次，請行禮，導皇后詣壇，升自南陛，東向立。執鈎箱者自北陛以次升壇就位次，內侍引尚功詣採桑位前西向，奉鈎以進，皇后受鈎採桑，司製奉箱進以受桑，皇后採桑三條，止，以鈎授尚功，尚功受鈎，司製奉箱俱退，復位。

初，皇后採桑，典製各以鈎授內外命婦，皇后採桑訖，內外命婦以次採桑，女使執箱者受之，內外命婦一品各採五條，二品、三品各採九條，止，典製受鈎，與執箱者退，復位。內侍各引內外命婦退，復位。內侍詣皇后前奏禮畢，退，復位。內侍引皇后降自南陛，歸幄次。少頃，奏請乘肩輿如初。內侍前導，皇后歸殿後閤，內侍奏解嚴。初，皇后降壇，內侍引內命婦詣蠶室，尚功帥執鈎箱者以次從至蠶室，尚功以桑授蠶母，蠶母受桑縷切之，授內命婦食蠶〔四〕，洒一薄訖，內侍引內外命婦各還次，皇后還宮。

宣和重定親蠶禮，外命婦、宰執并一品夫人升壇侍立，餘品列於壇下。六年閏二月，皇后復行親蠶之禮焉。紹興七年，始以季春吉巳日享先蠶，視風師之儀。乾道中，升爲中祀。

告禮。古者，天子將出，類于上帝，命史告社稷及圻內山川。又天子有事，必告宗廟。歷代因之。宋制：凡行幸及封泰山，祠后土，謁太清宮，皆親告太廟。三歲郊祀，每歲祈穀上帝，祀感生帝，雩祀，祭方丘，明堂、神州地祇、圜丘，並遣官告祖宗配侑之意。他大事：即位、改元、更御名、上尊號、尊太后、立皇后太子、皇子生、籍田、親征、納降、獻俘、朝陵、肆赦、河平及大喪、上謚、山陵、園陵、祔廟、奉遷神主，皆遣官奏告天地、宗廟、社稷、諸陵、嶽瀆、山川、宮觀、在京十里內神祠。其儀用犧尊、籩、豆各一，實以酒、脯、醢。宮寺以素饌時果代，用祝幣，行一獻禮。若車駕出京，則有軷祭，用羝羊一。所過州郡橋梁、山川、帝王名臣陵廟去路十里內者，各令本州以香、酒、脯祭告。建隆元年，太祖平澤、潞，仍祭祆廟、泰山、城隍，征揚州、河東，並用此禮。四年，修葺太廟，遣官奏告四室及祭本廟土神。凡修葺同。如遷神主，修畢奉安。是歲十一月，詔以郊祀前一日，遣官奏告東嶽、城隍、浚溝廟、五龍廟及子張、子夏廟，他如儀。

太平興國五年十一月，車駕北征。前一日，遣官祭告天地於圜丘，用特牲；太廟、社稷用太牢；望祭嶽瀆、名山、大川於四郊，磔風於風伯壇，祀雨師於本壇，禱馬於馬祖壇，祭蚩尤、禡牙於北郊，並用少牢；祭北方天王於北郊迎氣壇，用香、柳枝、燈油、乳粥、酥蜜餅、果。仍遣內侍一人監祭。咸平中北征，禮同。八年，滑州合河口畢工，遣官告天地、嶽瀆，後天禧中，又遣謝玉清昭應、景靈、上清、太一宮、會靈、祥源觀及諸陵。雍熙四年，詔以親耕籍田，遣官奏告外，又祭九龍、黃溝、扁鵲、吳起、信陵、張耳、單雄信七廟，後又增祭德安公、嶽臺諸神廟，爲定式。

淳化三年十二月將郊，常奏告外，又告太社、太稷及文宣、武成等廟。景德二年，契丹遣使修好，遣官奏告諸陵。四年二月次西京〔三〕，遣告汾陰、中嶽、太行、河、洛、啓母少姨廟，東還，奏告如常儀。大中祥符元年，天書降，及封禪，告天地、宗廟、社稷及諸祠、廟、宮、觀；其在外者，乘傳以往。澶鄆兗州高陽、帝嚳、帝堯，亦皆告之。四年，加五嶽帝號，告天地、宗廟、社稷。五年，聖祖降，告如封禪禮。六年，宮庭嘉禾生，遣官告廟及玉皇、聖祖天尊大帝。天禧元年，奉迎太祖聖容赴西京，遣官奏告如常儀，及經由五里內并西京城內外神祠。天聖七年，玉清昭應宮火，遣告諸陵。十年，大內火，遣告天地、廟社。明道二年，詔以蟲膡爲沴，減尊號四字，告天地、宗廟。熙寧七年，南郊雅飾，奏告太廟、后廟。八年，以韓琦配享，告英宗廟。元符三年四月朔，太陽虧，遣官告太社。大觀元年十二月，以恭受八寶，告天地、宗廟、社稷。政和二年冬至，受元圭，禮同。三年二月，以太平告成，册告諸陵。四年二月，皇長子冠，告天地、宗廟、社稷、諸陵。五年，建明堂，告如上禮，及宮觀、嶽瀆。高宗建炎已後，事有關於國體者，皆告。紹興九年，金人遣使議和割地；十一年，詔撰講和誓文；二十四年，進徽宗御集；二十六年，進太后回鑾事實；二十七年，進玉牒仙源類譜；明年，進神宗寶訓，進祖宗仙源積慶圖，進徽宗實錄，進祐陵迎奉錄；三十一年，金人叛盟興師；開禧二年，吳曦伏誅；嘉定七年，進高宗中興經武要略；十三年，進宗藩慶系錄，刊正憲聖慈烈皇后聖德事跡，進光宗玉牒；十四年，進孝宗寶訓；十五年，得玉璽；明年，上玉璽；端平元年，獲完顏守緒函骨；淳祐五年，進光宗寧宗兩朝寶訓、經武要略、玉牒、日曆、會要；寶祐元年，皇女延昌公主進封瑞國公主，又封昇國；五年，進中興四朝史；景定二年，進孝宗、光宗實錄，皇女周國公主下降；咸淳四年，安奉寧宗理宗實錄、御集、會要，經武要略：皆告天地、宗廟、社稷、欑陵。其餘卽位、改元、受禪、册寶，皇子生、冠及巡幸、納降、獻俘之屬，並仍舊制。

祈報。周官：「太祝掌六祝之辭，以事鬼神，示其福祥。」於是歷代皆有禬禜之事。宋因之，有祈、有報。祈，用酒、脯、醢，郊廟、社稷，或用少牢；其報，如常祀。或親禱諸寺觀，或再幸，或徹樂、減膳、進蔬饌，或分遣官告天地、太廟、社稷、嶽鎭、海瀆，或望祭于南北郊，或五龍堂、城隍廟、九龍堂、浚溝廟，諸祠如子張、子夏、信陵君、段干木、扁鵲、張儀、吳起、單雄信等廟，亦祀之。或啓建道場於諸寺觀，或遣內臣分詣州郡，如河中之后土廟、太寧宮，亳之太清、明道宮，兗之會眞景靈宮、太極觀，鳳翔之太平宮，舒州之靈僊觀，江州之太平觀，泗州之延祥觀，皆函香奉祝，驛往禱之。凡旱、蝗、水潦、無雪，皆禜禱焉。

咸平二年旱，詔有司祠雷師、雨師。內出李邕祈雨法：以甲乙日擇東方地作壇，取土造青龍；長吏齋三日，詣龍所，汲流水，設香案、茗果、餈餌，率羣吏、鄉老日再至祝酹，不得用音樂、巫覡。雨足，送龍水中。餘四方皆如之，飾以方色。大凡日干及建壇取土之里數，器之大小及龍之修廣，皆以五行成數焉。詔頒諸路。

景德三年五月旱，又以畫龍祈雨法，付有司刊行。其法擇潭洞或湫濼林木深邃之所，以庚、辛、壬、癸日，刺史、守令帥耆老齋潔，先以酒脯告社令訖，築方壇三級，高二尺，闊一丈三尺，壇外二十步，界以白繩。壇上植竹枝，張畫龍。其圖以縑素，上畫黑魚左顧，環以天黿十星；中爲白龍，吐雲黑色；下畫水波，有龜左顧，吐黑氣如綫，和金銀朱丹飾龍形。又設皂幡，刎鵝頸血置槃中，楊枝洒水龍上，俟雨足三日，祭以一猳，取畫龍投水中。大中祥符二年旱，遣司天少監史序祀玄冥五星於北郊，除地爲壇，望告。已而雨足，遣官報謝及社稷。

初，學士院不設配位，及是問禮官，言：「祭必有配，報如常祀。當設配坐。」又諸神祠、天齊、五龍用中祠，祆祠、城隍用羊一，八籩，八豆。舊制，不祈四海。帝曰：「百谷之長，潤澤及物，安可闕禮？」特命祭之。

天禧四年四月，大風飛沙折木，晝晦數刻，命中使詣宮觀，建醮禳之。天聖三年九月，帝宣諭：「近內臣南中勾當迴，言諸處名山洞府，投送金龍玉簡，開啓道場，頗有煩擾。速令分析，投龍處不得開建道場。」康定二年三月，以黃河水勢甚淺，致分流入汴未能通濟，遣祭河瀆及靈津廟。又澶州曹村埽方閉減水直河，而水自流通，遣使祭謝；後修塞，禮同。治平四年十二月，詔以來歲正旦日食，命翰林學士承旨王珪祭社。

熙寧元年正月，帝親幸寺觀祈雨，仍令在京差官分禱，各就本司先致齋三日，然後行事。諸路擇端誠修潔之士，分禱海鎭、嶽瀆、名山、大川，潔齋行事，毋得出謁宴飲、賈販及諸煩擾，令監司察訪以聞。諸路神祠、靈跡、寺觀，雖不係祀典，祈求有應者，並委州縣差官潔齋致禱。已而雨足，復幸西太一宮報謝。九年十一月，以安南行營將士疾病者衆，遣同知太常禮儀院王存詣南嶽虔潔致禱，仍建祈福道場一月。又以西江運糧獲應，命本州長吏往祭龍祠。十年四月，以夏旱，內出蜥蜴祈雨法：捕蜥蜴數十納甕中，漬之以雜木葉，擇童男十三歲下、十歲上者二十八人，分兩番，衣青衣，以青飾面及手足，人持柳枝霑水散洒，晝夜環繞，誦呪曰：「蜥蜴蜥蜴，興雲吐霧，雨令滂沱，令汝歸去！」雨足。又元豐元年十月，太皇太后違豫，命輔臣以下分禱天地、宗廟、社稷，及都內諸神祠。又作祈福道場於寺觀及五嶽、四瀆凡靈跡所在。八年，帝疾，分禱亦如之。又以京城火災，建醮於集禧觀，且爲民祈福。元祐元年十二月，以華州鄭縣山摧，命太常博士顏復往祭西嶽。七年，詔：「太皇太后本命歲，正月一日京師及天下州軍，各齋僧尼、道士、女冠一日，在京宮觀寺院，開建道場七晝夜，內外獄囚並設食三日。」八年，太皇太后違豫，祈禱如元豐，仍致禱諸陵。又令南京等處長吏，詣祖宗神御所在建置道場。紹興二年三月苦雨，命往天竺山祈晴，卽日雨止。四年，知樞密院張浚言：「四川自七月以來霖雨地震，乞製祝文，名山大川祈禱。」上曰：「霖雨地震之災，豈非兵久在蜀，調發供餽，民怨所致。當修德以應之，又可禱乎？」

七年正月一日，詔：「朕痛兩宮北狩，道君皇帝春秋益高，念無以見勤誠之意，可遣官往建康府元符萬歲宮修建祈福道場三晝夜，務令嚴潔，庶稱朕心。」又謂輔臣曰：「宣和皇后春秋浸高，朕朝夕思之，不遑安處。已遣人於三茅山設黃籙醮，仰祝聖壽。」是歲七月，張浚等言：「雨澤稍愆，乞禱。」上曰：「朕患不知四方水旱之實，宮中種稻兩區，其一地下，其一地高，高者其苗有槁意矣，須精加祈禱，以救旱暵。」八年，宰臣奏積雨傷蠶，上曰：「朕宮中自蠶一薄，欲知農桑之候，久雨葉濕，豈不有損。」乃命往天竺祈晴。

三十二年，太常少卿王普言：「逆亮誅夷，虜騎遁去，兩淮無警，舊疆寖歸。茲者，回鑾臨安，當行報謝之禮。」從之。嘉定八年八月，蝗，禱于霍山。九年六月蝗，禱羣祀。淳祐七年六月大旱，命侍從禱于天竺觀音及霍山祠。

校勘記

〔一〕次薦爓　「爓」原作「爛」，據通考卷八二郊社考、禮記郊特牲改。

〔二〕君南向於北墉下　「墉」原作「[土扁]」，據通考卷八二郊社考、禮記郊特牲改。下同。

〔三〕加角握牛二　「牛二」二字原倒，據長編卷三一七、長編紀事本末卷七九乙正。

〔四〕弊則聽改造之　「弊」原作「幣」，據宋會要輿服四之二二改。

〔五〕丁顧言詣澶州祭告　「澶州」原作「潭州」。據上文及長編卷七〇、通考卷八三郊社考改。

〔六〕上服衮冕　「上」原作「改」，據長編卷七六、通考卷八三郊社考改。

〔七〕冊使奉冊升輅　原作「冊升奉冊使輅」。殿本考證謂此句必是「冊使奉冊升輅」，據通考卷八三郊社考改。

〔八〕如東海之祠　「祠」原作「詞」，據通考卷八三郊社考改。

〔九〕諸侯以正員三品官及上將軍攝　「正員」下原衍「以」字，據五禮新儀卷首、通考卷八七郊社考刪。

〔一〇〕左輔奉耒耜載于玉輅訖　「訖」原作「乞」，據宋會要禮六之三〇改。

〔一一〕御耒席南向　按五禮新儀卷一二七作「御耒席南北向」，通考卷八七郊社考作「御耒席南北面」。疑此處「南」字下脫「北」字。

〔一二〕養蠶千薄以上　「千」原作「於」，據五禮新儀卷首、長編紀事本末卷一三三、通考卷八七郊社考改。

〔一三〕以內命婦一員充詣蠶室　疑「充」字衍，或其下有脫文。

〔一四〕授內命婦食蠶　「食」字原脫，按通考卷八七郊社考作「以授婕妤食蠶」，據補。

〔一五〕四年二月次西京　「四年」原作「五年」，據本書卷七真宗紀、長編卷六五改。

宋史卷一百三

志第五十六

禮六 吉禮六

朝日夕月　九宮貴神　高禖　大火　壽星靈星　風伯雨師

司寒　蜡　七祀　馬祖　酺神

朝日、夕月。慶曆，用羊豕各二，籩豆十二，簠簋俎二。天禧初，太常禮院以監察御史王博文言，詳定：「準禮，春分朝日於東郊，秋分夕月於西郊。國語：『太采朝日，少采夕月。』又曰：『春朝朝日，秋夕夕月。』唐柳宗元論云：『夕之名者，朝拜之偶也。古者旦見曰朝，暮見曰夕。』按禮，秋分夕月。蓋其時晝夜平分，太陽當午而陰魄已生，遂行夕拜之祭以祀月〔一〕。未前十刻，太官令率宰人割牲，未後三刻行禮。蓋是古禮以夕行朝祭之儀。又按禮云：從子至巳爲陽，從午至亥爲陰。參詳典禮，合於未後三刻行禮。」皇祐五年，定朝日壇，舊高七尺，東西六步一尺五寸；增爲八尺，廣四丈，如唐郊祀錄。夕月壇與隋、唐制度不合，從舊則壇小，如唐則坎深〔二〕。今定坎深三尺，廣四丈，壇高一尺，廣二丈，四方爲陛，降入坎深〔三〕，然後升壇。壇皆兩壝，壝皆二十五步。增大明、夜明壇山罍二，籩豆十二。禮生引司天監官分獻，上香，奠幣、爵，再拜。嘉祐加羊豕各五。五禮新儀定二壇高廣、坎深如皇祐，無所改。中興同。

太一九宮神位，在國門之東郊。壇之制，四陛外，西南又爲一陛曰坤道，俾行事者升降由之。其九宮神壇再成，第一成東西南北各百二十尺，再成東西南北各一百尺，俱高三尺。壇上置小壇九，每壇高一尺五寸，縱廣八尺，各相去一丈六尺。初用中祀，咸平中改爲大祀，壇增兩壝，玉用兩圭有邸，藉用稾秸加褥如幣色，其御書祝，禮如社稷。尋以封禪，別建九宮壇泰山下行宮之東，壇二成，成一尺，面各長五丈二尺，四陛及坤道各廣五丈。上九小壇，相去各八尺，四隅各留五尺。壇下兩壝，依大祠禮。及祀汾陰，亦遣使祀焉。自後親郊恭謝，皆遣官於本壇別祭。

景祐二年，學士章得象等定司天監生于淵、役人單訓所請祀九宮太一依逐年飛移位次之法：「案鄒良遇九宮法，有飛棊立成圖，每歲一移，推九州所主災福事。又唐術士蘇嘉慶始置九宮神壇，一成，高三尺，四陛。上依位次置九小壇〔四〕：東南曰招搖，正東曰軒轅，東北曰太陰，正南曰天一，中央曰天符，北曰太一，西南曰攝提，正西曰咸池，西北曰青龍。五數為中，戴九履一，左三右七，二四為上，六八為下，符於遁甲，此則九宮定位。歲祭以四孟，隨歲改位行棊，謂之飛位。自乾元以後，止依本位祭之，遂不飛易，仍減冬、夏二祭。國朝因之。今于淵等所請，合天寶初祭之理，又合良遇飛棊之圖。然其法本術家，時祭之文經禮不載〔五〕。議者或謂不必飛宮，若日月星辰躔次周流而祭有常所，此則定位之祀所當從也。若其推數於回復，候神於恍忽，因方弭沴，隨氣考祥〔六〕，則飛位之文固可遵用。請依唐禮，遇祭九宮之時遣司天監一員詣祠所，隨每年貴神飛棊之方，旋定祭位，仍自天聖己巳入曆，太一在一宮，歲進一位，飛棊巡行，周而復始。」詔可。慶曆儀，每坐籩豆十二，簠簋俎一。皇祐，增壇三成。又禮官言：「歲雩祀外，水旱稍久，皆遣官告天地、宗廟、社稷及諸寺觀、宮廟，九宮貴神今列大祀，亦宜準此。」

熙寧四年，司天中官正周琮言：「太一經推算，七年甲寅歲，太一陽九、百六之數，復元之初。故經言：『太歲有陽九之災，太一有百六之厄，皆在入元之初終。』今陽九、百六當癸丑、甲寅歲，爲災厄之會。然五福太一移入中都，可以消異爲祥。竊詳五福太一，自國朝雍熙元年甲申歲，入東南巽宮時，修東太一宮。天聖七年己巳歲，五福太一入西南坤位，修西太一宮。請稽詳故事，崇建祠宇，迎之京師。」詔建中太一宮於集禧觀。十太一神，並用通天冠、絳紗袍。元豐中，太常博士何洵直言：「熙寧祀儀，九宮貴神祝文稱『嗣天子臣某』，以禮秩論之，當與社稷爲比，請依祀儀爲大祠。其祝版卽依會昌故事及開寶通禮，書御名不稱臣。又近制，諸祠祭牲數，正配以全體解割，各用一牢，貴神九位悉是正坐，異壇別祝，尊爲大祠，而共用二少牢，於腥熟之俎，骨體不備。謂宜每位一牢，凡九少牢。」詔下太常，修入祀儀。

元祐七年，監察御史安鼎言：「按漢武帝始祠太一一位，唐天寶初兼祀八宮，謂之九宮貴神。漢祀太一，日用一犢，凡七日而止；唐祀類於天地。今春秋祀九宮太一，用羊、豕，其四立祭太一宮十神，皆無牲，以素饌加酒焉。再詳星經〔七〕：太一一星在紫宮門右，天一之南，號曰天之貴神。其佐曰五帝，飛行諸方，躡三能以上下，以天極星其一明者爲常居。主使十六神，知風雨、水旱、兵革、饑饉、疫疾、災害之事。唐書曰：『九宮貴神，實司水旱。太一掌十六神之法度，以輔人極。』國朝會要亦云：『天之尊神及十精、十六度〔八〕，並主風雨。』由是觀之，十神太一、九宮太一與漢所祀太一共是一神。今十神皆用素饌，而九宮並薦羊豕，似非禮意。」詔禮官詳定：十神、九宮太一各有所主，即非一神，故自唐迄今皆用牲牢，別無祠壇用素食禮。遂依舊制。

崇寧三年，太常博士羅畸言：「九宮諸神位，無禮神玉，惟有燔玉。竊謂宜用禮神玉，少倣其幣之色薦於神坐。」議禮局言：「先王制禮，用圭璧以祀日月星辰，所謂圭璧者，圭，其邸爲璧，以取殺於上帝也。今九宮神皆星名，而其玉用兩圭有邸。夫兩圭有邸，祀地之玉，以祀星辰，非周禮也。乞改用圭璧以應古制。」

政和新儀：「立春日祀東太一宮；立夏、季夏土王日祀中太一宮；立秋日祀西太一宮；立冬日祀中太一宮，宮之眞室殿，五福太一在中，君基太一在東，大游太一在西，俱南向。延休殿，四神太一。承釐殿，臣基太一在東，西向，北上。凝祐殿，直符太一。臻福殿，民基太一在西，東向，北上。膺慶殿，小游太一在中，天一太一在東，地一太一在西。靈貺殿，太歲在中，太陰在西，俱南向。三皇、五方帝、日月、五星、二十八宿、十日、十二辰、天地水三官、五行、九宮、八卦、五嶽、四海、四瀆、十二山神等，並爲從祀。東、西太一宮準此。東太一宮大殿，五福太一在東，君基太一在西，俱南向。大游太一殿在大殿之北，南向。臣基太一殿在南，北向。小游太一、直符太一、四神太一殿在大殿之東，西向，北上。天一太一、民基太一、地一太一在大殿之西，東向，北上。西太一宮黃庭殿，五福在中，君基在東，大游在西；均福殿，小游在中，俱南向。延䄵殿，天一在中，四神在南，臣基在北，俱西向。資祐殿，地一在中，四神在南，臣基在北，俱西向。資祐殿，地一在中，民基在南，直符在東北〔九〕，俱東向。」九宮貴神壇三成，一成縱廣十四丈〔一〇〕，再成縱廣十二丈，三成縱廣十丈，各高三尺。上依方位置小壇九，各高一尺五寸〔一一〕，縱廣八尺。四陛、坤道，兩壝，每壝二十五步，如舊制。

紹興十一年，太常丞朱輅言：「九宮貴神所主風、雨、霜、雪、雹、疫，所係甚重，請舉行祀典。」太常寺主簿林大鼐亦言：「十神太一，九宮太一，皆天之貴神，國朝分爲二，並爲大祀。比一新太一宮，而九宮貴神尙寓屋而不壇。」乃詔臨安府於國城之東，建築九宮壇壝，其儀如祀上帝。其太一宮，初議者請卽行宮之北隅建祠，後命禮官考典故，擇地建宮。十八年，宮成，御書其榜。十太一位於殿上，南面，西上。從祀，東廡九十有八，西廡九十有七，皆北上。孝宗受禪，又建本命殿，名曰崇禧。光宗又遷介福殿像於挾室，而名新殿曰崇福。

高禖。初，仁宗未有嗣，景祐四年二月，以殿中侍御史張奎言，詔有司詳定。禮官以爲：「月令雖可據，然周官闕其文，漢志郊祀不及禖祠，獨枚皐傳言『皇子禖祝』而已。後漢至江左概見其事，而儀典委曲，不可周知。惟高齊禖祀最顯，妃嬪參享，黷而不蠲，恐不足爲後世法。唐明皇因舊月令，特存其事。開元定禮，已復不著。朝廷必欲行之，當築壇於南郊，春分之日以祀青帝，本詩『克禋以祓』之義也。配以伏羲、帝嚳，伏羲本始，嚳著祥也。以禖從祀，報古爲禖之先也。以石爲主，牲用太牢，樂以升歌，儀視先蠶，有司攝事，祝版所載，具言天子求嗣之意。乃以弓矢、弓韣致神前，祀已，與胙酒進內，以禮所御，使齋戒受之。仍歲令有司申請俟旨，命曰特祀。」卽用其年春分，遣官致祭。爲圜壇高九尺，廣二丈六尺，四陛，三壝，陛廣五尺，壝各二十五步。主用青石，長三尺八寸，用木生成之數，形準廟社主，植壇上稍北，露其首三寸。青玉、青幣，牲用牛一、羊一、豕一，如盧植之說。樂章、祀儀並準青帝，尊器、神坐如勾芒，唯受福不飮，回授中人爲異。祀前一日，內侍請皇后宿齋於別寢，內臣引近侍宮嬪從。是日，量地設香案、褥位各二，重行，南向，於所齋之庭以望禖壇。又設褥位於香案北，重行。皇后服褘衣，褥位以緋。宮嬪服朝賀衣服，褥位以紫。祀日有司行禮，以福酒、胙肉、弓矢、弓韣授內臣，奉至齋所，置弓矢等於箱，在香案東；福酒於坫，胙肉於俎，在香案西。內臣引宮嬪詣褥位，東上南向。乃請皇后行禮，導至褥位，皆再拜。導皇后詣香案位，上香三，請帶弓韣，受弓矢，轉授內臣置於箱，又再拜。內臣進胙，皇后受訖，轉授內臣。次進福酒，內臣曰：「請飮福。」飮訖，請再拜。乃解弓韣，內臣跪受置於箱。導皇后歸東向褥位。又引宮嬪最高一人詣香案，上香三，帶弓韣，受弓矢，轉授左右，及飲福，解弓韣，如皇后儀，唯不進胙。又引以次宮嬪行禮，亦然。俟俱復位，內侍請皇后詣南向褥位，皆再拜退。是歲，宮中又置赤帝像以祈皇嗣。

寶元二年，皇子生，遣參知政事王鬷以太牢報祠，準春分儀，惟不設弓矢、弓韣，著爲常祀，遣兩制官攝事。慶曆三年，太常博士余靖言：「皇帝嗣續未廣，不設弓矢、弓韣，非是。」詔仍如景祐之制。

熙寧二年，皇子生，以太牢報祀高禖，惟不設弓矢、弓韣。既又從禮官言：「按祀儀，青帝壇廣四丈，高八尺。今祠高禖既以青帝爲主，其壇高廣，請如青帝之制。又祀天以高禖配，今郊禖壇祀青帝於南郊，以伏羲、高辛配，復於壇下設高禖位，殊爲爽誤。請準古郊禖，改祀上帝，以高禖配，改伏羲、高辛位爲高禖，而徹壇下位。」詔：「高禖典禮仍舊，壇制如所議，改犢爲角握牛，高禖祝版與配位並進書焉。」又言：「伏羲、高辛配，祝文並云『作主配神』。神無二主，伏羲既爲主，其高辛祝文請改云『配食于神』。」

元祐三年，太常寺言：「祀儀，高禖壇上正位設青帝席，配位設伏羲、高辛氏席，壇下東南設高禖，從祀席正配位各六俎，實以羊豕腥熟，高禖位四俎，實以牛腥熟。祀日，兵部、工部郎中奉羊、豕俎升壇，詣正配位〔三〕。高禖位俎，則執事人奉焉。竊以青帝爲所祀之主，而牲用羊豕；禖神因其嘉祥從祀，而牲反用牛，又牛俎執事者陳之，而羊、豕俎皆奉以郎官，輕重失當。請以三牲通行解割，正、配、從祀位並用，皆以六曹郎官奉俎。今羊俎以兵部，豕俎以工部，牛俎請以戶部郎官。」

政和新儀：春分祀高禖，以簡狄、姜嫄從祀〔三〕，皇帝親祠，並如祈穀祀上帝儀。惟配位作承安之樂，而增簡狄、姜嫄位牛羊豕各一。紹興元年，太常少卿趙子晝言：「自車駕南巡，雖多故之餘，禮文難備，至於祓無子，祝多男，所以係萬方之心，蓋不可闕。乞自來歲之春，復行高禖之祀。」十七年，車駕親祀高禖，如政和之儀。

大火之祀。康定初，南京鴻慶宮災，集賢校理胡宿請修其祀，而以閼伯配焉。禮官議：「閼伯爲高辛火正，實居商丘，主祀大火。後世因之，祀爲貴神，配火侑食，如周棄配稷、后土配社之比，下歷千載，遂爲重祀。祖宗以來，郊祀上帝，而大辰已在從祀，閼伯之廟，每因赦文及春秋，委京司長吏致奠，咸秩之典，未始云闕。然國家有天下之號實本於宋，五運之次，又感火德，宜因興王之地，商丘之舊，爲壇兆祀大火，以閼伯配。建辰、建戌出內之月，內降祝版，留司長吏奉祭行事。」乃上壇制：高五尺，廣二丈，四陛，陛廣五尺，一壝，四面距壇各二十五步。位牌以黑漆朱書曰大火位，配位曰閼伯位。牲用羊、豕一，器準中祠。歲以三月、九月擇日，令南京長吏以下分三獻，州、縣官攝太祝、奉禮。慶曆，獻官有祭服。

建中靖國元年又建陽德觀以祀熒惑。因翰林學士張康國言，天下崇寧觀並建火德眞君殿，仍詔正殿以離明爲名。太常博士羅畸請宜倣太一宮，遣官薦獻，或立壇於南郊，如祀靈星、壽星之儀。有司請以閼伯從祀離明殿，又請增閼伯位。按春秋傳曰：五行之官封爲上公，祀爲貴神。祝融，高辛氏之火正也；閼伯，陶唐氏之火正也。祝融既爲上公，則閼伯亦當服上公袞冕九章之服。既又建熒惑壇於南郊赤帝壇壝外，令有司以時致祭，增用圭璧，火德、熒惑以閼伯配，俱南向。五方火精、神等爲從祀。壇廣四丈，高七尺，四陛，兩壝，壝二十五步，從新儀所定。

紹興三年，詔祀大火。太常寺言：「應天府祀大火，今道路未通，宜於行在春秋設位。」乾道五年，太常少卿林栗等言：「本寺已擇九月十四日，依旨設位，望祭應天府大火，以商丘宣明王配。二十一日內火，祀大辰，以閼伯配。大辰卽大火，閼伯卽商丘宣明王也。緣國朝以宋建號，以火紀德，推原發祥之所自，崇建商丘之祠，府曰應天，廟曰光德，加封王爵，錫謚宣明，所以追嚴者備矣。今有司旬日之間舉行二祭，一稱其號，一斥其名，義所未安。乞自今祀熒惑、大辰，其配位稱閼伯，祝文、位板並依應天府大火禮例，改稱宣明王，以稱國家崇奉火正之意。』

諸星祠，有壽星、周伯、靈星之祭。大中祥符二年，翰林天文邢中和言：「景德中，周伯星出亢宿下。按天文志，角、亢爲太山之根，果符上封之應。望於親郊日特置周伯星位於亢宿間。」詔禮官與司天監定議，且言：「周伯星出氐三度，然亢、氐相去不遠，並鄭分。兗州，壽星之次，宜如中和奏，設位氐宿之間，以爲永式。」景德三年，詔定壽星之祀。太常禮院言：「按月令：『八月命有司享壽星於南郊。』注云：『秋分日，祭壽星於南郊。壽星，南極老人星也。』爾雅云：『壽星，角、亢也。』注云：『數起角、亢，列宿之長，故云壽星。』唐開元中，特置壽星壇，常以千秋節日祭老人星及角、亢七宿。請用祀靈星小祠禮，其壇亦如靈星壇制，築於南郊，以秋分日祭之。」

元豐中，禮文所言：「時令秋分〔四〕，享壽星于南郊。熙寧祀儀：於壇上設壽星一位，南向。又於壇下卯陛之南設角、亢、氐、房、心、尾、箕七位，東向。按爾雅所謂『壽星角、亢』，非此所謂秋分所享壽星也。今於壇下設角、亢位，以氐、房、心、尾、箕同祀，尤爲無名。又按晉天文志：『老人一星在弧南，一曰南極，常以秋分之旦見于丙，春分之夕沒于丁，見則治平，主壽昌，常以秋分候之南郊。』後漢於國都南郊立老人星廟，常以仲秋祀之，則壽星謂老人矣。請依後漢，於壇上設壽星一位，南向，祀老人星。其壇下七宿位不宜復設。」慶曆以立秋後辰日祀靈星，其壇東西丈三尺，南北丈二尺，壽星壇方丈八尺。皇祐定如唐制，二壇皆周八步四尺。其享禮，籩八，豆八，在神位前左右，重三行。俎二，在籩、豆外。簠、簋一，在二俎間。象尊二，在壇上東南隅，北向西上。七宿位，各設籩一，豆一，在神位前左右。俎一，在籩、豆外，中設簠一，簋一，在俎左右。爵一，在神位正前。壺尊二，在神位右。光祿實以法酒。

政和新儀改定：壇高三尺〔二五〕，東西袤丈三尺，南北袤丈二尺，四出陛，一壝，二十五步。初乾興祀靈星，值屠牲有禁，乃屠於城外。至是，敕有司：「凡祭祀牲牢，無避禁日，著爲令。」南渡後，靈星、壽星、風師、雨師、雷師及七祀、司寒、馬祖，並仍舊制。

風伯、雨師，諸州亦致祭。大中祥符初，詔惟邊地要劇者，令通判致祭，餘皆長吏親享。未幾，澤州請立風伯、雨師廟，乃令禮官考儀式頒之。有司言：「唐制，諸郡置風伯壇社壇之東，雨師壇于西，各稍北數十步，卑下於社壇。祠用羊一，籩、豆各八，簠、簋各二。」元豐詳定局言：「周禮：『小宗伯之職，兆五帝於四郊，四類亦如之。』鄭氏曰：『兆爲壇之營域。四類，日、月、星、辰，運行無常，以氣類爲之位，兆日於東郊，兆月與風師於西郊，兆司中、司命於南郊，兆雨師於北郊。』各以氣類祭之，謂之四類。漢儀，縣邑常以丙戌日祠風伯於戌地，以己丑日祀雨師於丑地，亦從其類故也。熙寧祀儀：兆日東郊，兆月西郊，是以氣類爲之位。至於兆風師於國城東北，兆雨師於國城西北，司中、司命於國城西北亥地，則是各從其星位，而不以氣類也。請稽舊禮，兆風師於西郊，祠以立春後丑日；兆雨師於北郊，祠以立夏後申日；兆司中、司命、司祿於南郊，祠以立冬後亥日。其壇兆則從其氣類，其祭辰則從其星位，仍依熙寧儀，以雷師從雨師之位，以司民從司中、司命、司祿之位。」

舊制，風師壇高四尺，東西四步三尺，南北減一尺。皇祐定高三尺，周三十三步；雨師壇、雷師壇高三尺，方一丈九尺。皇祐定周六步。政和之制，風壇廣二十三步，雨、雷壇廣十五步，皆高三尺，四陛，並一壝，二十五步。其雨師、雷師一壇同壝。司中、司命、司民〔一六〕、司祿爲四壇，各廣二十五步同壝。

又言：「周禮：『大宗伯以槱燎祀司中、司命、風師、雨師。』所謂周人尚臭，升煙以報陽也〔一七〕。今天神之祀皆燔牲首，風師、雨師請用柏柴升煙，以爲歆神之始。」又言：「周禮樂師之職曰：『凡國之小事用樂者，令奏鐘鼓。』說者曰：『小祀也。』小師職注：『小祭祀謂司中、司命、風師。』是也。既已有鐘鼓，則是有樂明矣。請有司祀司中、司命、風師、雨師用樂，仍製樂章以爲降神之節。」又言：「周禮小司徒之職：『凡小祭祀奉牛牲羞其肆。』又肆師云：『小祭祀用牲。』所謂小祭祀，卽司中、司命、司民、司祿、宮中七祀之類是也。後世以有司攝事，難於純用太牢，猶宜下同大夫禮，用羊、豕可也。今祀儀，馬祖、先牧、司中、司命、司民、司祿、司寒，歲用羊、豕一。祠令：小祠，牲入滌一月，所以備潔養之法。今每位肉以豕，又取諸市，與令文相戾。請諸小祠祭以少牢，仍用體解。」又言：「社稷五祀，先薦爓，次薦熟；至於羣小祀，薦熟而已。請四方百物、宮中七祀、司中、司命、風師、雨師止薦熟。」並從之。

司寒之祭，常以四月，命官率太祝，用牲、幣及黑牡、秬黍祭玄冥之神，乃開冰以薦太廟。建隆二年，置藏冰署而修其祀焉。祕書監李至言：「案詩豳七月曰：『四之日獻羔祭韭。』蓋謂周以十一月爲正，其四月卽今之二月也。春秋傳曰：『日在北陸而藏冰。』謂夏十二月，日在危也。『獻羔而啓之』，謂二月春分，獻羔祭韭，始開冰室也。『火出而畢賦』，火星昏見，謂四月中也。又案月令：『天子獻羔開冰，先薦寢廟。』詳其開冰之祭，當在春分，乃有司之失也。」帝覽奏曰：「今四月，韭可苦屋矣，何謂薦新？」遂正其禮。天聖新令：「春分開冰，祭司寒於冰井務，卜日薦冰於太廟；季冬藏冰，設祭亦如之。」

元豐，詳定所言：「熙寧祀儀，孟冬選吉日祀司寒。按古享司寒，惟以藏冰啓冰之日，孟冬非有事於冰，則不應祭享。今請惟季冬藏冰則享司寒，牲用黑牡羊，穀用黑秬黍；仲春開冰，則但用羔。孔穎達注月令曰：『藏冰則用牡黍，啓唯告而已。』祭禮大、告禮小故也。且開冰將以御至尊，當有桃弧、棘矢以禳除凶邪。設於神坐，則非禮也。當從孔氏說，出冰之時，置弓矢於凌室之戶。」

大觀，禮局言：「春秋左氏傳，以少昊有四叔，其二爲玄冥。杜預、鄭玄皆以玄冥爲水官，故歷代祀爲司寒，則玄冥非天神矣。今儀注，禮畢有司取祝幣瘞坎，贊者贊幣燔燎，是以祀天神之禮享人鬼也。請罷燔燎而埋祝幣。」詔從其請。

大蜡之禮，自魏以來始定議。王者各隨其行，社以其盛，臘以其終。建隆初，以有司言：「周木德，木生火，宜以火德王，色尙赤。」遂以戌日爲臘。三年，戊戌臘，有司畫日，以七日辛卯。和峴奏議曰：「按蜡始於伊耆，後歷三代及漢，其名雖改而其實一也。漢火行，用戌臘，臘者接也，新故相接，畋獵禽獸以享百神，報終成之功也。王者因之，上享宗廟，旁及五祀，展其孝心，盡物示恭也。魏、晉以降，悉沿其制。唐乘土德，貞觀之際，以前寅日蜡百神，卯日祭社宮，辰日享宗廟。開元定禮，三祭皆於臘辰，以應土德。今以戌日爲臘，而以前七日辛卯行蜡禮，恐未爲宜。況宗廟社稷並遵臘享，獨蜡不以臘，請下禮官議。」議如峴言，今後蜡百神、祀社稷、享宗廟皆用戌臘一日。天聖三年，同知禮院陳詁言：「蜡祭一百九十二位，祝文內載一百八十二位，唯五方田畯、五方郵表畷一十位不載祝文。又郊祀錄、正辭錄、司天監神位圖皆以虎爲於菟，乃避唐諱，請仍爲虎。五方祝文，衆族之下增入田畯、郵表畷云。」

元豐，詳定所言：「記曰：『八蜡以祀四方，年不順成，八蜡不通。』歷代蜡祭，獨在南郊爲一壇，惟周、隋四郊之兆，乃合禮意。又禮記月令以蜡與息民爲二祭，故隋、唐息民祭在蜡之後日。請蜡祭，四郊各爲一壇，以祀其方之神，有不順成之方則不修報。其息民祭仍在蜡祭之後。」先是，太常寺言：「四郊蜡祭，宜依百神制度築壇，其東西有不順成之方，卽祭日月。其神農以下，更不設祭。又舊儀，神農、后稷並設位壇下，當移壇上。按禮記正義，伊耆氏，神農也。今壇下更設伊耆氏位，合除去之。」

政和新儀：臘前一日蜡百神。四方蜡壇廣四丈，高八尺，四出陛，兩壝，每壝二十五步。東方設大明位，西方設夜明位，以神農氏、后稷氏配，配位以北爲上。南北壇設神農位，以后稷配，五星、二十八宿、十二辰、五官、五嶽、五鎭、四海、四瀆及五方山林、川澤、丘陵、墳衍、原隰、井泉、田畯，倉龍、朱鳥、麒麟、白虎、玄武，五水庸、五坊、五虎、五鱗、五羽、五介、五毛、五郵表畷、五贏、五猫、五昆蟲從祀，各依其方設位。中方鎭星、后土、田畯設於南方蜡壇酉階之西，中方嶽鎭以下設於南方蜡壇午階之西。伊耆設於北方蜡壇卯階之南，其位次於辰星。

紹興十九年，有司檢會五禮新儀，臘前一日蜡東方、西方爲大祀，蜡南方、北方爲中祀，並用牲牢。乾道四年，太常少卿王瀹又請於四郊各爲一壇，以祀其方之神，東西以日月爲主，各以神農、后稷配；南北皆以神農爲主，以后稷配。自五帝、星辰、嶽鎭、海瀆以至猫虎、昆蟲，各隨其方，分爲從祀。其後南蜡仍於圓壇望祭殿，北蜡於餘杭門外精進寺行禮。

太廟司命、戶、竈、中霤、門、厲、行七祀，熙寧八年，始置位版。太常禮院請禘享徧祭七祀。詳定所言：「周禮：天子六服，自鷩冕而下，各隨所祭而服。今既不親祀，則諸臣攝事日，當從王所祭之服，其攝事之臣不繫其官。」又言：「禮祭法曰：『王自爲立七祀：曰司命，曰中霤，曰國行，曰泰厲，曰門，曰戶，曰竈。』孟春祀戶，祭先脾；孟夏祀竈，祭先肺；中央土祀中霤，祭先心；孟秋祀門，祭先肝；孟冬祀行，祭先腎。又傳曰：『春祀司命，秋祠厲。』此所祀之位，所祀之時，所用之俎也。周禮：『司服掌王之吉服，祭羣小祀則服玄冕。』注謂宮中七祀之屬。禮記曰：『一獻熟。』注謂宮中羣小神七祀之等。周禮大宗伯：『若王不與祭祀則攝位。』此所祀之服，所獻之禮，所攝之官也。近世因禘祫則徧祭七祀，其四時則隨時享分祭，攝事以廟卿行禮而服七旒之冕，分太廟牲以爲俎，一獻而不薦熟，皆非禮制。請以立春祭戶於廟室戶外之西，祭司命於廟門之西，制脾於俎；立夏祭竈於廟門之東，制肺於俎；季夏土王日祭中霤於廟庭之中，制心於俎；立秋祭門及厲於廟門外之西，制肝於俎；立冬祭司命及行於廟門外之西，制腎於俎，皆用特牲，更不隨時享分祭。有司攝事，以太廟令攝禮官，服必玄冕，獻必薦熟。親祀及臘享，卽依舊禮徧祭之。」政和新儀定太廟七祀，四時分祭，如元豐儀，臘享祫享則徧祭，設位於殿下橫街之北、道西，東向，北上。

馬祖。祀典，仲春祀馬祖，仲夏享先牧，仲秋祭馬社，仲冬祭馬步，並擇日。壇壝之制，三壇各廣九步，高三尺，四陛，一壝。

又有酺神之祀。慶曆中上封事者言：「螟蝗爲害，乞內外並修祭酺。」禮院言：「按周禮：『族師，春秋祭酺。』酺爲人物災害之神。鄭玄云：『校人職有冬祭馬步。』則未知此酺者，蝝螟之酺歟，人鬼之步歟？蓋亦爲壇位如雩禜云。』然則校人職有冬步，是與馬爲害者，此酺蓋人物之害也。漢有蝝螟之酺神，又有人鬼之步神。歷代書史，悉無祭酺儀式。欲準祭馬步儀，壇在國城西北，差官就馬壇致祭，稱爲酺神。

若外州者卽略依禜禮。其儀注，先擇便方除地，設營纘爲位，營纘謂立表施繩以代壇。其致齋、行禮、器物，並如小祠。先祭一日致齋，祭日設神坐內向，用尊及籩一、豆一，實以酒酺，設於神坐左。又設罍洗及篚於酒尊之左，俱內向。執事者位於其後，皆以近神爲上。薦神用白幣一丈八尺在篚。將祭，贊祀官拜，就盥洗訖，進至神坐前，上香、奠幣。退詣罍盥洗，實以酒，再詣神坐前奠爵，讀祝，再拜，退而瘞幣。其酺神祝文曰：「維年歲次月朔某日，州縣具官某，敢昭告于酺神：蝗蝝荐生，害於嘉穀，惟神降祐，應時消殄。請以清酒、制幣嘉薦，昭告于神，尙享。」

紹興祀令：蟲蝗爲害，則祭酺神。嘉定八年六月，以飛蝗入臨安界，詔差官祭告。又詔兩浙、淮東西路州縣，遇有蝗入境，守臣祭告酺神。

校勘記

〔一〕遂行夕拜之祭以祀月　「月」原作「日」，據長編卷八九改。

〔二〕如唐則坎深　「深」，玉海卷一〇一、通考卷七九郊社考都作「狹」。

〔三〕降入坎深　「深」，五禮新儀卷一、玉海卷一〇一、通考卷七九郊社考都作「中」，疑作「中」是。

〔四〕九小壇　「九」字原脫，據太常因革禮卷四八、長編卷一一六、宋會要禮一九之四補。

〔五〕經禮不載　「禮」原作「理」，據宋會要禮一九之四、長編卷一一六、通考卷八〇郊社考改。

〔六〕隨氣考祥　「祥」原作「神」，據宋會要禮一九之五、長編卷一一六、通考卷八〇郊社考改。

〔七〕再詳星經　「再」原作「載」，據宋會要禮一九之八、通考卷八〇郊社考改。

〔八〕十六度　「度」，宋會要禮一九之八、通考卷八〇郊社考都作「神」。

〔九〕直符在東北　「東北」，五禮新儀卷二、通考卷八〇郊社考都作「北」。

〔一〇〕一成縱廣十四丈　原脫「一」字，據五禮新儀卷一補。

〔一一〕各高一尺五寸　「尺」原作「丈」，據五禮新儀卷一、宋會要禮一九之三改。

〔一二〕詣正配位　「詣」原作「諸」，據太常因革禮卷七九、五禮新儀卷五四改。

〔一三〕以簡狄姜嫄從祀　「祀」原作「配」，據玉海卷九九、通考卷八五郊社考改。

〔一四〕時令秋分　「分」原作「冬」，據太常因革禮卷八〇、長編卷三一七、長編紀事本末卷七八改。

〔一五〕壇高三尺　按五禮新儀卷一、通考卷八〇郊社考，「壇」上有「壽星」二字。

〔一六〕司民　二字原脫，據五禮新儀卷一、長編卷三一七補。

〔一七〕升煙以報陽也　「煙」原作「陽」，據長編卷三一七、宋會要禮一四之五一改。

宋史卷一百四

志第五十七

禮七 吉禮七

封禪　汾陰后土　朝謁太淸宮　天書九鼎

封禪。太宗即位之八年，泰山父老千餘人詣闕，請東封。帝謙讓未遑，厚賜以遣之。明年，宰臣宋琪率文武官、僧道、耆壽三上表以請，乃詔以十一月二十一日有事于泰山，命翰林學士扈蒙等詳定儀注。既而乾元、文明二殿災，詔停封禪，而以是日有事于南郊。

眞宗大中祥符元年，兗州父老呂良等千二百八十七人及諸道貢舉之士八百四十六人詣闕陳請，而宰臣王旦等又率百官、諸軍將校、州縣官吏、蕃夷、僧道、父老二萬四千三百七十人五上表請，始詔今年十月有事于泰山。遣官告天地、宗廟、社稷、太一宮及在京祠廟、嶽瀆，命翰林、太常禮院詳定儀注，知樞密院王欽若、參知政事趙安仁爲封禪經度制置使並判兗州，三司使丁謂計度糧草，引進使曹利用、宣政使李神福修行宮道路，皇城使劉承珪等計度發運。詔禁緣路采捕及車騎蹂踐田稼，以行宮側官舍、佛寺爲百官宿頓之所，調兗、鄆兵充山下丁役。行宮除前後殿外，並張幕爲屋，覆以油帊。仍增自京至泰山驛馬，令三司沿汴、蔡、御河入廣濟河運儀仗什物赴兗州，發上供木，由黃河浮筏至鄆州，給置頓費用，省輦送之役。以王旦爲大禮使，王欽若爲禮儀使，參知政事馮拯爲儀仗使，知樞密院陳堯叟爲鹵簿使，趙安仁爲橋道頓遞使，仍鑄五使印及經度制置使印給之。遣使詣岳州，采三脊茅三十束，有老人黃皓識之，補州助教，賜以粟帛。

初，太平興國中，有得唐玄宗社首玉册、蒼璧，至是令瘞於舊所。其前代封禪壇址摧圮者，命修完之。山上置圜臺，徑五丈，高九尺，四陛，上飾以青，四面如其方色；一壝，廣一丈，圍以青繩三周。燎壇在其東南，高丈二尺，方一丈，開上南出戶，方六尺。山下封祀壇，四成，十二陛，如圜丘制，上飾以玄，四面如方色；外爲三壝，燎壇如山上壇制。社首壇，八角；三成，每等高四尺，上闊十六步；八陛，上等廣八尺，中等廣一丈，下等廣一丈二尺；三壝四門：如方丘制。又爲瘞埳於壬地外壝之內。以玉爲五牒，牒各長尺二寸，廣五寸，厚一寸，刻字而塡以金，聯以金繩，緘以玉匱，置石𥗍中。金脆難用，以金塗繩代之。正坐、配坐，用玉册六副，每簡長一尺二寸，廣一寸二分，厚三分，簡數量文多少。匱長一尺三寸。檢長如匱，厚二寸，闊五寸，纏金繩五周，當纏繩處刻爲五道，而封以金泥，泥和金粉、乳香爲之。印以受命寶。封匱當寶處，刻深二分，用石䃭藏之。其䃭用石再累，各方五尺，厚一尺，鑿中廣深，令容玉匱。䃭旁施檢處，皆刻深七寸，闊一尺，南北各三，東西各二，去隅皆七寸，纏繩處皆刻三道，廣一寸五分，深三分。爲石檢十以擫䃭，皆長三尺，闊一尺，厚七寸，刻三道，廣深如纏繩。其當封處，刻深二寸，取足容寶，皆有小石蓋，與封刻相應。其檢立䃭旁，當刻處又爲金繩三以纏䃭，皆五周，徑三分，爲石泥封䃭。泥用石末和方色土爲之。用金鑄寶，曰「天下同文」，如御前寶，以封䃭際。距石十二分，距四隅皆闊二尺，厚一尺，長一丈，斜刻其道〔一〕，與䃭隅相應，皆再累，爲五色土圜封䃭，上徑一丈二尺，下徑三丈九尺。命直史館劉鍇、內侍張承素領徒封圜臺石䃭，直集賢院宋皐、內侍郝昭信封社首石䃭，並先往規度之。

詳定所言：「朝覲壇在行宮南，方九丈六尺，高九尺，四陛。陛，南面兩陛，餘三面各一陛。一壝，二分在南，一分在北。又按唐封禪，備法駕。準故事，乘輿出京，並用法駕，所過州縣不備儀仗。其圜臺上設登歌、鍾、磬各一虡〔二〕，封祀壇宮架二十虡，四隅立建鼓、二舞。社首壇設登歌如圜臺，壇下宮架、二舞如封祀壇。朝覲壇宮架二十虡，不用熊羆十二案。又按六典，南郊合祀天地，服衮冕，垂白珠十有二，黝衣纁裳十二章。欲望封禪日依南郊例。洎禮畢，御朝覲壇。諸州所貢方物，陳列如元正儀。令尚書戶部告示，並先集泰山下。」仍詔出京日，具小駕儀仗：太常寺三百二十五人，兵部五百六十六人，殿中省九十一人，太僕寺二百九十九人，六軍諸衞四百六十八人，左右金吾仗各一百七十六人，司天監三十七人。

有司言：「南郊惟昊天、皇地祇、配帝、日月、五方、神州各用幣，內官而下別設六十六段分充。按開寶通禮，嶽鎮、海瀆幣從方色，卽明皆有制幣。今請封祀壇內官至外官三百一十八位，社首壇嶽鎮以下一十八位，並用方色幣。又南郊牲，正坐、配坐用犢，五方帝、日月、神州共用羊豕二十二，從祀七百三十七位，仍以前數分充。今請神州而上十二位用犢，其舊供羊豕，改充從祀牲。又景德中，升天皇、北極在第一等，今請亦於從祀牲內體薦。」

舊制，郊祀正坐、配坐褥以黃，皇帝拜褥以緋。至是，詔配坐以緋，拜褥以紫。又以靈山清潔，命祀官差減其數，或令兼攝，有期喪未滿、餘服未卒哭者，不得預祭。內侍諸司官，除掌事宿衞外，從升者裁二十四人，諸司職掌九十三人。其文武官升山者，皆公服。

詳定所言：「漢書八神與歷代封禪帝王及所禪山，並於前祀七日遣官致祭，以太牢祀泰山，少牢祀社首。」九月，詔審刑院、開封府毋奏大辟案。帝習儀于崇德殿。初，禮官言無帝王親習之文，帝曰：「朕以達寅恭之意，豈憚勞也。」旣畢，帝見禮文有未便，諭宰臣與禮官再議。於是詳定所言：「按開寶禮，則燔燎畢封册；開元故事，則封禋後燔燎。今如不對神封册，則未稱寅恭，或封禋後送神，則併爲諠瀆。欲望俟終獻畢，皇帝升壇，封玉匱，置禋中，泥印訖，復位，飲福，送神，樂止，舉燎火。次天書降，次金匱降。禮儀使奏禮畢，皇帝還大次，俟封禋畢，皇帝再升壇省視。緣祀禮已畢，更不舉樂。省訖，降壇。」仍詔山上亞獻、終獻，登歌作樂。

十月戊子朔，禁天下屠殺一月。帝自告廟，卽屏葷蔬食，自進發至行禮前，並禁音樂。有司請登封日圜臺立黃麾仗，至山下壇設權火。將行禮，然炬相屬，又出朱字漆牌，遣執仗者傳付山下。牌至，公卿就位，皇帝就望燎位，山上傳呼萬歲，下卽舉燎。皇帝還大次，解嚴，又傳呼而下，祀官始退。社首瘞坎，亦設權火三爲準。遣司天設漏壺山之上下，命中官覆校日景，復於壇側擊板相應。自太平頂、天門、黃峴嶺、岱嶽觀，各豎長竿，揭籠燈下照，以相參候。

辛卯，發京師，以玉輅載天書先行。次日如之。至鄆州，令從官、衞士蔬食。丁未，次奉高宮。戊申，齋于穆清殿，諸升山者官給衣，令祀日沐浴服之。庚戌，帝服通天冠、絳紗袍，乘金輅，備法駕，至山門幄次，改服鞾袍，乘步輦登山，鹵簿、儀衞列山下，天書仗不上山，與法駕仗間立。知制誥朱巽奉玉册牒及圜臺行事官先升，且以回馬嶺至天門路峻絕，人給橫板二，長三尺許，繫綵兩端，施於背，膺選從卒，推引而上。衞士皆給釘鞵，供奉馬止於中路。自山趾盤道至太平頂，凡兩步一人，綵繡相間，樹當道者不伐，止縈以繒。帝每經陿險，必降輦徒步。亞獻寧王元偓，終獻舒王元偁，鹵簿使陳堯叟從。祀官、點饌習儀於圜壇。是夕，山下罷警場。

辛亥，設昊天上帝位于圜臺，奉天書于坐左，太祖、太宗並配西北側向，帝服袞冕，升臺奠獻，悉去侍衞，拂翟止於壝門，籠燭前導亦徹之。玉册文曰：「嗣天子臣某，敢昭告于昊天上帝：臣嗣膺景命，昭事上穹。昔太祖揖讓開基，太宗憂勤致治，廓清寰宇，混一車書，固抑升中，以延積慶。元符錫祚，衆寶效祥，異域咸懷，豐年屢應。虔修封祀，祈福黎元。謹以玉帛、犧牲、粢盛、庶品，備茲禋燎，式薦至誠。皇伯考太祖皇帝、皇考太宗皇帝配神作主。尚饗。」玉牒文曰：「有宋嗣天子臣某，敢昭告于昊天上帝：啓運大同，惟宋受命，太祖肇基，功成治定；太宗膺圖，重熙累盛。粤惟沖人，丕承列聖，寅恭奉天，憂勤聽政。一紀于茲，四隩來曁，丕貺殊尤，元符章示，儲慶發祥，淸淨可致，時和年豐，羣生咸遂。仰荷顧懷，敢忘繼志，僉議大封，聿申昭事。躬陟喬嶽，對越上天，率禮祗肅，備物吉蠲，以仁守位，以孝奉先。祈福逮下，侑神昭德，惠綏黎元，懋建皇極，天祿無疆，靈休允迪，萬葉其昌，永保純錫。」命羣官享五方帝及諸神於山下封祀壇。上飮福酒，攝中書令王旦跪稱曰：「天賜皇帝太一神策，周而復始，永綏兆人。」三獻畢，封金、玉匱。王旦奉玉匱，置於石𥕏，攝太尉馮拯奉金匱以降，將作監領徒封𥕏。帝登圜臺閱視訖，還御幄。宰臣率從官稱賀，山下傳呼萬歲，聲動山谷。卽日仗還奉高宮，百官奉迎于谷口。帝復齋于穆淸殿。

壬子，禪祭皇地祇于社首山，奉天書升壇，以祖宗配。玉册文曰：「嗣天子臣某，敢昭告于皇地祇：無私垂祐，有宋肇基，命惟天啓，慶賴坤儀。太祖神武，威震萬㝢；太宗聖文，德綏九土。臣恭膺寶命，纂承丕緒，穹昊降祥，靈符下付，景祚延鴻，祕文昭著。八表以寧，五兵不試，九穀豐穰，百姓親比，方輿所資，凉德是愧。溥率同詞，搢紳協議，因以時巡，亦旣肆類。躬陳典禮，祗事厚載，致孝祖宗，潔誠嚴配。以伸大報，聿修明祀，本支百世，黎元受祉。謹以玉帛、犧牲、粢盛、庶品，備兹瘞瘞，式薦至誠。皇伯考太祖皇帝、皇考太宗皇帝配神作主。尙饗。」帝至山下，服鞾袍，步出大次。

癸丑，有司設仗衞、宮縣于壇下，帝服袞冕，御封禪壇上之壽昌殿受朝賀，大赦天下，文武遞進官勳，減免賦稅、工役各有差，改乾封縣曰奉符縣，宴百官卿監以上于穆淸殿、泰山父老于殿門。甲寅，發奉符，始進常膳。

帝之巡祭也，往還四十七日，未嘗遇雨雪，嚴冬之候，景氣恬和，祥應紛委。前祀之夕，陰霧風勁，不可以燭，及行事，風頓止，天宇澄霽，燭焰凝然，封𥕏訖，紫氣蒙壇，黃光如帛，繞天書匣。悉縱四方所獻珍鳥異獸山下。法駕還奉高宮，日重輪，五色雲見。鼓吹振作，觀者塞路，歡呼動天地。改奉高宮曰會眞宮。九天司命上卿加號保生天尊，青帝加號廣生帝君，天齊王加號仁聖，各遣使祭告。詔王旦撰封祀壇頌，王欽若撰社首壇頌，陳堯叟撰朝覲壇頌。圜臺奉祀官並於山上刻名，封祀、九宮、社首壇奉祀官並於社首頌碑陰刻名，扈從升朝官及內殿崇班、軍校領刺史以上與蕃夷酋長並於朝覲頌碑陰刻名。

明年二月，詔知兗州李迪、京東轉運使馬元方等同修圜封，以呂良首請，命攝兗州助教。

政和三年，兗、鄆耆壽、道釋等及知開德府張爲等五十二人表請東封，優詔不允。六年，知兗州宋康年請下祕閣檢尋祥符東封典故付臣經畫。時蔡京當國，將講封禪以文太平，預具金繩、玉檢及他物甚備，造舟四千艘，雨具亦千萬計，迄不能行。

汾陰后土。眞宗東封之又明年，河中府言：「進士薛南及父老、僧道千二百人列狀乞赴闕，請親祠后土。」詔不允。已而，南又請，河南尹寧王元偓亦表請，文武百僚詣東上閤門三表以請。詔明年春有事於汾陰后土，命知樞密院陳堯叟爲祀汾陰經度制置使，翰林學士李宗諤副之，樞密直學士戚綸、昭宣使劉承珪計度發運，河北轉運使李士衡、鹽鐵副使林特計度糧草，龍圖閣待制王曙、西京左藏庫使張景宗、供備庫使藍繼宗修治行宮、道路，宰臣王旦爲大禮使，知樞密院王欽若爲禮儀使，參知政事馮拯爲儀仗使，趙安仁爲鹵簿使，陳堯叟爲橋道頓遞使。又以旦爲天書儀衞使，欽若、安仁副之，丁謂爲扶侍使，藍繼宗爲扶侍都監，內侍周懷政、皇甫繼明爲夾侍。發陝西、河東兵五千人赴汾陰給役，出廐馬，增傳置，命翰林、禮院詳定儀注，造玉册、祭器。先令堯叟詣后土祠祭告，分遣常參官告天地、廟社、嶽鎭、海瀆。

詳定所言：「祀汾陰后土，請如封禪，以太祖、太宗並配。其方丘之制，八角，三成，每等高四尺，上闊十六步。八陛，上陛廣八尺，中廣一丈，下廣一丈二尺。三重壝，四面開門。爲瘞坎於壇之壬地外壝之內，方深取足容物。其后土壇別無方色。正坐玉册，玉匱一副；配坐玉册，金匱二副；金泥，金繩。所用石匱幷蓋三層，方廣五尺，下層高二尺，上開牙縫一周，闊四寸，深五寸，中容玉匱，其闊一尺，長一尺六寸。匱刻金繩道三周，各相去五寸，每纏繩處，闊一寸，深五分。上層厚一尺，仍於上四角更刻牙縫，長八寸，深四寸。每纏金繩處深四寸，方三寸五分，取容封寶。先卽廟庭規地爲坎，深五尺，闊容石匱及封固者。先以金繩三道南北絡石匱，候祀畢封匱訖，中書侍郎奉匱至廟，與太尉同置石匱中，將作監加蓋，繫金繩畢，各塡以石泥，印以『天下同文』之寶，如社首封磩制。帝省視後，將作監率執事更加蓋頂石蓋，然後封固如法。上爲小壇，如方丘狀，廣厚皆五尺。」

經度制置使詣脽上築壇如方丘，廟北古雙柏旁有堆阜，卽其地爲之。有司請祭前七日遣祀河中府境內伏羲、神農、帝舜、成湯、周文武、漢文帝、周公廟及於脽下祭漢、唐六帝。四年正月，帝習儀于崇德殿。丁酉，法駕發京師。二月丙辰，至寶鼎縣奉祇宮。戊午，致齋。己未，遣入內都知鄧永遷詣祠上衣服、供具。庚申，百官宿祀所。是夜一鼓，扶侍使奉天書升玉輅，先至脽上。二鼓，帝乘金輅，法駕詣壇，夾路設燎火，盤道回曲，周以黃麾仗。初，路出廟南，帝以未修謁，不欲乘輿輦過其前，令鑿路由廟後至壇次。翼日，帝服袞冕登壇，祀后土地祇，備三獻，奉天書於神坐之左次，以太祖、太宗配侑。

册文曰：「維大中祥符四年，歲次辛亥，二月乙巳朔，十七日辛酉，嗣天子臣某，敢昭告于后土地祇：恭惟位配穹昊，化敷品彙。瞻言分壤，是宅景靈。備禮親祠，抑惟令典。肇啓皇宋，混一方輿，祖禰紹隆，承平茲久。眇躬纘嗣，勵翼靡遑，厚德資生，繇區允穆，淸寧孚祐，戴履蒙休。申錫寶符，震以珍物，虔遵時邁，已建天封。明察禮均，有所未答，櫛沐祇事，用致其恭。夷夏駿奔，瑄牲以薦，肅然鄈上，對越坤元。式祈年豐，⿰禾林昭政本，兆民樂育，百福蕃滋，介祉無疆，敢忘祇畏。恭以琮幣、犧牲、粢盛、庶品，備茲瘞禮。皇伯考太祖皇帝、皇考太宗皇帝侑神作主。尙饗。」親封玉册，正坐於玉匱，配坐於金匱，攝太尉奉之以降，置於石匱，將作監封固之。

帝還次，改服通天冠、絳紗袍，乘輦謁后土廟，設登歌奠獻，遣官分奠諸神。至庭中，視所封石匱。還奉祇宮，鈞容樂、太常鼓吹始振作。是日，詔改奉祇曰太寧宮。壬戌，御朝覲壇受朝賀，肆赦，宴羣臣于穆清殿、父老于宮門。穆清殿，奉祇宮之前殿也。詔五使、從臣刻名碑陰。謁西嶽廟，從官皆刻名廟中，仗衞儀物大略如東封之制。命薛南試將作監主簿，以首請祠汾陰故也。

太清宮。大中祥符六年，亳州父老、道釋、舉人三千三百十六人詣闕，請車駕朝謁太清宮，宰臣帥百官表請。詔以明年春親行朝謁禮。命參知政事丁謂爲奉祀經度制置使、判亳州，翰林學士陳彭年副之，權三司使林特計度糧草。禮儀院言：「按唐太清宮令，奠獻用碧幣，同人靈，故不用玉。今詳太上老君，宜同天神用玉。昨薦獻聖祖大帝用四圭有邸。」詔用蒼璧，太清宮用竹册一副。丁謂言：「太清宮封藏太上老君寶册，請用玉匱各一副，長廣一尺，高如之，檢厚一寸二分，長廣如匱。刻金繩道五，封處深二分，方取容受命寶。石匱三層，各長五尺三寸，闊四尺二寸，下層高二尺，中容玉匱，鑿深尺二寸，長二尺五寸，闊尺三寸，中層高一尺，南北刻金繩道三，相距各五寸，闊一寸，深五分。繫金繩處各深四分，方取容「天下同文」寶，上層爲盝頂蓋。」以王旦爲奉祀大禮使，向敏中爲儀仗使，王欽若爲禮儀使，陳堯叟爲鹵簿使，丁謂爲橋道頓遞使。又以王旦爲天書儀衞使，王欽若同儀衞使，丁謂副之，兵部侍郎趙安仁爲扶侍使，入內副都知張繼能爲扶侍都監。帝朝謁玉淸昭應宮，賜亳州眞源縣行宮名曰奉元，殿曰迎禧。

七年正月十五日，發京師。十九日，至奉元宮，齋于迎禧殿。二十一日，帝服通天冠、絳紗袍，奉上太上老君混元上德皇帝加號册寶。夜漏上五刻，天書扶侍使奉天書赴太淸宮。二鼓，帝乘玉輅，駐大次。三鼓，奉天書升殿，改服袞冕，行朝謁之禮，相王元偓爲亞獻，榮王元儼爲終獻。帝還大次，太尉奉册寶于玉匱，纏以金繩，封以金泥，印以受命之寶，納於醮壇石匱，將作監加石蓋其上。羣臣稱賀於大次。分命輔臣薦獻諸殿，改奉元宮曰明道宮，奉安玉皇大帝像，改眞源曰衞眞縣。車駕次亳州城西，詣新立聖祖殿朝拜。至應天府朝拜聖祖殿，詔號曰鴻慶宮，仍奉安太祖、太宗像。駕至自亳州，百官迎對于太一宮西之幄殿，有司以衞眞靈芝二百輿洎白鹿前導天書而入。帝服鞾袍，乘大輦，備儀衞還宮。

先是，大中祥符元年正月乙丑，帝謂輔臣曰：「朕去年十一月二十七日夜將半，方就寢，忽室中光曜，見神人星冠、絳衣，告曰：『來月三日，宜於正殿建黃籙道場一月，將降天書大中祥符三篇。』朕竦然起對，已復無見，命筆識之。自十二月朔，卽齋戒於朝元殿，建道場以佇神貺。適皇城司奏，左承天門屋南角有黃帛曳鴟尾上，帛長二丈許，緘物如書卷，纏以青縷三道，封處有字隱隱，蓋神人所謂天降之書也。」王旦等皆再拜稱賀。帝卽步至承天門，瞻望再拜，遣二內臣升屋，奉之下。旦跪奉而進，帝再拜受之，親奉安輿，導至道場，付陳堯叟啓封。帛上有文曰：「趙受命，興於宋，付於眘〔三〕。居其器，守於正。世七百，九九定。」緘書甚密，抉以利刀方起。帝跪受，復授堯叟讀之。其書黃字三幅，詞類書洪範、老子道德經，始言帝能以至孝至道紹世，次諭以淸淨簡儉，終述世祚延永之意。讀訖，帝復跪奉，蘊以所緘帛，盛以金匱。旦等稱賀於殿之北廡。丙寅，羣臣入賀，於崇政殿賜宴，帝與輔臣皆蔬食。遣官奏告天地、宗廟、社稷及京城祠廟。丁卯，有司設大次朝元殿之西廊，黃麾仗，宮縣、登歌，文武官陪列，帝服鞾袍升殿，酌獻三淸天書。禮畢，步導入內。戊辰，大赦，改元，百官並加恩，改左承天門爲左承天祥符。

四月辛卯朔，天書再降內中功德閣。六月八日，封祀制置使王欽若言：「泰山西南垂刀山上，有紅紫雲氣，漸成華蓋，至地而散。其日，木工董祚於靈液亭北，見黃素書曳林木之上，有字不能識，言於皇城使王居正，居正覩上有御名，馳告欽若，遂迎至官舍，授中使捧詣闕。」帝御崇正殿，趣召輔臣曰：「朕五月丙子夜，復夢鄉者神人言：『來月上旬，當賜天書於泰山，宜齋戒祇受。』朕雖荷降告，未敢宣露，惟密諭王欽若等，凡有祥異卽上聞。朕今得其奏，果與夢協。上天眷佑，惟懼不稱。」王旦等曰：「陛下至德動天，感應昭著，臣等不勝大慶。」再拜稱賀。己亥，迎導天書，安於含芳園之正殿。辛丑，帝致齋。翼日，備法駕詣殿再拜受，授陳堯叟啓封。其文曰：「汝崇孝奉吾，育民廣福。錫爾嘉瑞，黎庶咸知。祕守斯言，善解吾意。國祚延永，壽歷遐歲。」讀訖，復奉以升殿。

九月甲子，告太廟，奉安天書朝元殿，建道場，扶侍使上香，庭中奏法曲，將行禮，詣幄殿酌獻訖，奉以玉輅，中設几褥，夾侍立旁，周以黃麾仗，前後部鼓吹，道門威儀，扶侍使以下前導，封禪日皆奉以升壇，置正位之東。自是凡舉大禮，皆如此制。於是製行殿供物，定儀仗千六百人。每歲元日，召宰臣、宗室至禁中朝拜。前一日，卻去葷茹。帝自製誓文，刻石，置玉清昭應宮寶符閣下，摹刻天書奉安昭應宮刻玉殿，行酌獻禮，令刻玉使日赴殿行香，副使已下，日莅事焉。

天禧元年正月，詔以十五日行宣讀天書之禮。前二日，齋于長春殿，以王欽若爲宣讀天書禮儀使。有司設次天安殿，中位玉皇像，置錄本天書於東，聖祖板位于西，建金籙道場三晝夜。其日三鼓，帝服通天冠、絳紗袍，詣道場焚香再拜，西向立，百官朝服升殿。攝中書令任中正跪奏：「嗣天子臣某，謹與宰臣等宣讀天書，講求聖意，虔思睿訓，撫育生民。」儀衞使王旦跪取左承天門天書置案上，攝殿中監張景宗、張繼能捧案，攝司徒王曾、攝司空張知白跪展天書，攝太尉向敏中宣讀，每句已，即詳繹其旨，言上天訓諭之意，攝中書令王欽若錄之。宣讀畢，攝侍中張旻跪奏：「嗣天子臣某，敢不虔遵天命。」儀衞使受天書，跪納匣中。又取功德閣天書、泰山天書宣讀如上儀。王欽若跪進所錄天書，帝跪受之，登歌酌獻。禮畢，奉天書還內。帝自作欽承寶訓述以示中外。是月之朔，又奉天書升太初殿，恭上玉皇大天帝聖號寶册、袞服焉。

帝於大中祥符五年十月，語輔臣曰：「朕夢先降神人傳玉皇之命云：『先令汝祖趙某授汝天書，令再見汝，如唐朝恭奉玄元皇帝。』翼日，復夢神人傳天尊言：『吾坐西，斜設六位以候。』是日，卽於延恩殿設道場。五鼓一籌，先聞異香，頃之，黃光滿殿，蔽燈燭，覩靈仙儀衞天尊至，朕再拜殿下。俄黃霧起，須臾霧散，由西陛升，見侍從在東陛。天尊就坐，有六人揖天尊而後坐。朕欲拜六人，天尊止令揖，命朕前，曰：『吾人皇九人中一人也，是趙之始祖，再降，乃軒轅皇帝，凡世所知少典之子，非也。母感電夢天人，生於壽丘。後唐時，奉玉帝命，七月一日下降，總治下方，主趙氏之族，今已百年。皇帝善爲撫育蒼生，無怠前志。』卽離坐，乘雲而去。」王旦等皆再拜稱賀。卽召旦等至延恩殿，歷觀臨降之所，并布告天下，命參知政事丁謂、翰林學士李宗諤、龍圖閣待制陳彭年與禮官修崇奉儀注。閏十月，制九天司命保生天尊號曰聖祖上靈高道九天司命保生天尊大帝，聖祖母號曰元天大聖后，遣官就南郊設昊天及四位告之。

七年九月，卽滋福殿設玉皇像，奉聖號匣，安於朝元殿後天書刻玉幄次。詔以來年正月上玉帝聖號，帝親撰文，及天書下，亦以此日奏告，仍定儀式班之。以王旦爲奏告大禮使，向敏中爲儀仗使，寇準爲鹵簿使，丁謂爲禮儀使，王嗣宗爲橋道頓遞使。

八年正月朔，駕詣玉清昭應宮奉表奏告，上玉皇大帝聖號曰太上開天執符御曆含眞體道玉皇大天帝，奉刻玉天書安於寶符閣，以帝御容侍立于側，升閣酌獻。復朝拜明慶二聖殿。禮畢還宮，易常服，御崇德殿，百官稱賀。

九年，詔以來年正月朔詣玉清昭應宮上玉皇聖號寶册；二日詣景靈宮上聖祖天尊大帝徽號。十二月己亥，奉寶册、仙衣安于文德殿，乃齋于天安殿後室。四鼓，帝詣天安殿酌獻天書畢，大駕赴玉清昭應宮，衮冕升太初殿，奉册訖，奠玉幣，薦饌三獻，飲福，登歌，二舞，望燎，如祀昊天上帝儀。畢，詣二聖殿，奉上絳紗袍，奉幣進酒，分遣攝殿中監上紫微大帝絳紗袍、七元輔弼眞君紅綃衣、翊聖保德眞君皁袍。帝改服鞾袍，詣紫微殿、寶符閣焚香，羣臣詣集禧殿門表賀。是日，天書赴景靈宮，大駕次至，齋于明福殿。二日，帝服衮冕，詣天興殿奉上聖祖天尊大帝册寶、仙衣，薦獻如上儀。乃改服詣保寧閣焚香，還宮，羣臣入賀于崇德殿。命諸州設羅天大醮，先建道場二十七日。命王旦爲兗州太極觀奉上寶册使，趙安仁副之，遣官攝中書侍郎、殿中監，押當册寶、仙衣。二月丁亥，帝齋于長春殿。翼日，有司設聖母板位文德殿，行酌獻禮，拜授册寶于王旦、仙衣于趙安仁，以升金輅，具鹵簿儀衞，所過禁屠宰。三月乙巳，旦等詣觀奉册上懿號曰聖祖母元天大聖后。其日，帝不視朝。禮畢，羣臣入賀，賜飲崇德殿。

徽宗政和六年九月朔，復奉玉册、玉寶，上玉帝尊號曰太上開天執符御曆含眞體道昊天玉皇上帝，蓋以論者析玉皇大天帝、昊天上帝言之，不能致一故也。又詔以王者父天母地，乃者祇率萬邦黎庶，强爲之名，以玉册、玉寶昭告上帝，而地祇未有稱謂，謹上徽號曰承天效法厚德光大后土皇地祇。

明年五月，詣玉淸和陽宮奉上寶册，所用之禮，以瘞坎易燎柴，設望瘞位，玉以黃琮及兩珪有邸，幣以黃，舞以八成，其餘並如奉上玉皇尊號之儀。徽宗崇尚道教，制郊祀大禮，以方士百人執威儀前引，分列兩序，立於壇下。

政和三年十一月五日，恭上神宗、哲宗徽號于太廟。翌日，祀昊天上帝于圜丘。太師蔡京奏：「天神降格，實爲大慶，乞付史館。」帝出手詔，播告天下。羣臣詣東上閤門拜表稱賀，御製天眞示現記，尋以天神降日爲天應節，卽其地建迎眞宮。明年夏至，躬祀方丘，又製神應記，略云：「羽衞多士，奉輦武夫，與陪祀官，顧瞻中天，有形有象，若人若鬼，持矛執戟，列於空際，見者駭愕。」仍遣使奏告陵廟，詔天下。

又用方士魏漢津之說，備百物之象，鑄鼎九，於中太一宮南爲殿奉安之，各周以垣，上施埤堄，墁如方色，外築垣環之，曰九成宮。中央曰帝鼐，其色黃，祭以土王日，爲大祠，幣用黃，樂用宮架。北方曰寶鼎，其色黑，祭以冬至，幣用皁。東北方曰牡鼎，其色青，祭以立春，幣用皁。東方曰蒼鼎，其色碧，祭以春分，幣用青。東南曰岡鼎，其色綠，祭以立夏，幣用緋。南方曰彤鼎，其色紫，祭以夏至，幣用緋。西南曰阜鼎，其色黑，祭以立秋，幣用白。西方曰晶鼎，其色赤，祭以秋分，幣用白。西北曰魁鼎，其色白，祭以立冬，幣用皁。八鼎皆爲中祠，樂用登歌，享用素饌，復於帝鼐之宮立大角鼎星祠。崇寧四年八月，奉安九鼎，以蔡京爲定鼎禮儀使。帝幸九成宮酌獻。九月朔，百官稱賀于大慶殿，如大朝會儀。鄭居中言：「亳州太淸宮道士王與之進黃帝崇天祀鼎儀訣，皆本於天元玉册、九宮太一，合於漢津所授上帝錫夏禹隱文。同修爲祭鼎儀範，修成鼎書十七卷，祭鼎儀範六卷。」先是，詔曰：「九鼎以奠九州，以禦神姦，其用有法，後失其傳。閎王與之所上祀儀，推鼎之意，施於有用，蓋非今人所能作。去古綿邈，文字雜糅，可擇其當理合經，修爲定制，班付有司。」至是書成，并以每歲祀鼎常典，付有司行之。

又詔以鑄鼎之地作寶成宮，總屋七十一區，中置殿曰神靈，以祠黃帝；東廡殿曰成功，祀夏后氏；西廡殿曰持盈，祠周成王及周公、召公；後置堂曰昭應，祀唐李良及隱士嘉成侯魏漢津。太常禮部言：「每歲欲於大樂告成崇政殿元進樂日，秋八月二十七日舉祀事，祀黃帝依感生帝、神州地祇爲大祠，幣用黃，樂用宮架，祝文依祀聖祖稱嗣皇帝臣名。其成功、持盈二殿，禮用中祀，幣各用白。昭應堂禮用小祀，並以素饌。」從之。

政和六年，用方士王仔昔議，定鼎閣於天章閣，自九成宮徙九鼎奉安之。又詔改帝鼐爲隆鼐，正南彤鼎爲明鼎，西南阜鼎爲順鼎，正西皛鼎爲蘊鼎，西北魁鼎爲健鼎，正北寶鼎如舊，東北牡鼎爲龢鼎，正東蒼鼎爲育鼎，東南岡鼎爲潔鼎，鼎閣爲圜象徽調之閣〔四〕。閣上神像，左周鼎星君，中帝席星君，右大角星君；閣下鼎鼐神像，各守逐鼎布列，亦用仔昔議也。駕詣鼎閣奉安神像，明日復詣閣行香，百僚陪位。其後，又詔九鼎新名乃狂人妄改，皆無依據，宜復舊名，惟圜象徽調閣仍舊。

八年，用方士言，鑄神霄九鼎成，曰太極飛雲洞劫之鼒、蒼壺祀天貯醇酒之鼎、山嶽五神之鼎、精明洞淵之鼎、天地陰陽之鼎、混沌之鼎、浮光洞天之鼎、靈光晃耀煉神之鼎、蒼龜火蛇蟲魚金輪之鼎，奉安於上清寶籙宮神霄殿，與魏漢津所鑄，凡十八鼎焉。

校勘記

〔一〕斜刻其道　「道」，宋會要禮二二之九、通考卷八四郊社考都作「首」，疑作「首」是。

〔二〕其圜臺上設登歌鍾磬各一虡　「虡」原作「具」，據太常因革禮卷四二、宋會要禮二二之五改。

〔三〕付於脊　「脊」，長編卷六八、宋會要瑞異一之三〇都作「恒」。

〔四〕鼎閣爲圜象徽調之閣　上「閣」字原作「角」，據長編紀事本末卷一二八、宋會要輿服六之一六、玉海卷八八改。

宋史卷一百五

志第五十八

禮八 吉禮八

文宣王廟　武成王廟　先代陵廟　諸神祠

至聖文宣王。唐開元末升爲中祠，設從祀，禮令攝三公行事。朱梁喪亂，從祀遂廢。後唐長興二年，仍復從祀。周顯德二年，別營國子監，置學舍。宋因增脩之，塑先聖、亞聖、十哲像，畫七十二賢及先儒二十一人像于東西廡之木壁，太祖親撰先聖、亞聖贊，十哲以下命文臣分贊之。建隆中，凡三幸國子監，謁文宣王廟。太宗亦三謁廟。詔繪三禮器物、制度于國學講論堂木壁。又命河南府建國子監文宣王廟，置官講說及賜九經書。

眞宗大中祥符元年，封泰山，詔以十一月一日幸曲阜，備禮謁文宣王廟。內外設黃麾仗，孔氏宗屬並陪位，帝服鞾袍，行酌獻禮。又幸叔梁紇堂，命官分奠七十二弟子、先儒洎叔梁紇、顏氏。初有司定儀肅揖，帝特展拜，以表嚴師崇儒之意，親製贊，刻石廟中。復幸孔林，以樹擁道，降輿乘馬，至文宣王墓設奠再拜。詔追謚曰玄聖文宣王，祝文進署，祭以太牢，脩飾祠宇，給便近十戶奉塋廟。仍追封叔梁紇爲齊國公，顏氏魯國太夫人〔一〕，伯魚母开官氏〔二〕鄆國夫人。

二年五月乙卯，詔追封十哲爲公，七十二弟子爲侯，先儒爲伯或贈官。親製玄聖文宣王贊，命宰相等撰顏子以下贊，留親奠祭器於廟中，從官立石刻名。既以國諱，改謚至聖文宣王。賜孔氏錢帛，錄親屬五人並賜出身，又賜太宗御製、御書一百五十卷，銀器八百兩。詔太常禮院定州縣釋奠器數：先聖、先師每坐酒尊二、籩豆八、簋二、簠二、俎三、罍一、洗一、篚一，尊皆加勺、冪，各置於坫，巾共二，燭二，爵共四，坫〔三〕。有從祀之處，諸坐各籩二、豆二、簋一、簠一、俎一、燭一、爵一。仁宗再幸國子監，謁文宣王廟，皆再拜焉。

熙寧七年，判國子監常秩等請立孟軻、揚雄像於廟廷，仍賜爵號；又請追尊孔子以帝號。下兩制禮官詳定，以爲非是而止。

京兆府學教授蔣夔請以顏回爲兗國公，毋稱先師，而祭不讀祝，儀物一切降殺，而進閔子騫九人亦在祀典。禮官以孔子、顏子稱號，歷代各有據依，難輒更改，儀物祝獻，亦難降殺，所請九人，已在祀典。熙寧祀儀，十哲皆爲從祀，惟州縣釋奠未載。請自今三京及諸州春秋釋奠，並準熙寧祀儀。

詔封孟軻鄒國公。晉州州學教授陸長愈請春秋釋奠，孟子宜與顏子並配。議者以謂凡配享、從祀，皆孔子同時之人，今以孟軻並配，非是。禮官言：「唐貞觀以漢伏勝高堂生、晉杜預范寧之徒與顏子俱配享，至今從祀，豈必同時。孟子於孔門當在顏子之列，至於荀況、揚雄、韓愈皆發明先聖之道，有益學者，久未配食，誠闕典也。請自今春秋釋奠，以孟子配食，荀況、揚雄、韓愈並加封爵，以世次先後，從祀於左丘明二十一賢之間。自國子監及天下學廟，皆塑鄒國公像，冠服同兗國公。仍繪荀況等像於從祀：荀況，左丘明下；揚雄，劉向下；韓愈，范寧下。冠服各從封爵。」詔如禮部議，荀況封蘭陵伯，揚雄封成都伯，韓愈封昌黎伯，令學士院撰贊文。又詔太常寺脩四孟釋菜儀。

元祐六年，幸太學，先詣國子監至聖文宣王殿行釋奠禮，一獻再拜。

崇寧初，封孔鯉爲泗水侯，孔伋爲沂水侯。詔：「古者，學必祭先師，況都城近郊，大闢黌舍，聚四方之士，多且數千，宜建文宣王廟，以便薦獻。」又詔：「王安石可配享孔子廟，位於鄒國公之次。」國子監丞趙子櫟言：「唐封孔子爲文宣王，其廟像，內出王者袞冕衣之。今乃循五代故制，服上公之服。七十二子皆周人，而衣冠率用漢制，非是。」詔孔子仍舊，七十二子易以周之冕服。又詔辟廱文宣王殿以「大成」爲名。帝幸國子監，謁文宣王殿，皆再拜行酌獻禮，遣官分奠兗國公而下。國子司業蔣靜言：「先聖與門人通被冕服，無別。配享、從祀之人，當從所封之爵，服周之服，公之袞冕九章，侯、伯之鷩冕七章。袞，公服也，達於上。鄭氏謂公袞無升龍，誤矣。考周官司服所掌，則公之冕與王同；弁師所掌，則公之冕與王異。今旣考正配享、從祀之服，亦宜考正先聖之冕服。」於是增文宣王冕爲十有二旒。

大觀二年，從通仕郎侯孟請，繪子思像，從祀於左丘明二十四賢之間。議禮局言：「建隆三年，詔國子監廟門立戟十六，用正一品禮。大中祥符二年，賜曲阜廟桓圭，從上公之制。又史記弟子傳曰，受業身通六藝者七十有七人，自顏回至公孫龍三十五人頗有年名及受業見於書傳，四十二人姓名僅存。家語曰，七十二弟子皆升堂入室者。按唐會要七十七人，而開元禮止七十二人，又復去取不一。本朝議臣，斷以七十二子之說，取琴張等五人，而去公夏首等十人。今以家語、史記參定，公夏首、后處、公肩定、顏祖、鄡單、罕父黑、秦商、原抗、樂欬、廉潔，唐會要、開元禮亦互見之，皆有伯爵，載於祀典。請追贈侯爵，使預祭享。」詔封公夏首鉅平侯，后處膠東侯，公肩定梁父侯，顏祖富陽侯，鄡單聊城侯，罕父黑祈鄉侯，秦商馮翊侯，原抗樂平侯，樂欬建成侯，廉潔胙城侯。又詔改封曾參武城侯，顓孫師潁川侯，南宮縚汶陽侯，司馬耕睢陽侯，琴張陽平侯，左丘明中都伯，穀梁赤睢陵伯，戴聖考城伯，以所封犯先聖諱也。

政和三年，詔封王安石舒王，配享；安石子雱臨川伯，從祀。新儀成，以孟春元日釋菜，仲春、仲秋上丁日釋奠。以兗國公顏回、鄒國公孟軻、舒王王安石配享殿上；琅邪公閔損、東平公冉耕、下邳公冉雍、臨淄公宰予、黎陽公端木賜並西向，彭城公冉求、河內公仲由、丹陽公言偃、河東公卜商、武城侯曾參並東向；東廡，潁川侯顓孫師以下至成都伯揚雄四十九人並西向，西廡，長山侯林放以下至臨川伯王雱四十八人並東向。頒辟雍大成殿名於諸路州學。

五年，太常寺言：「兗州鄒縣孟子廟，詔以樂正子配享，公孫丑以下從祀，皆擬定其封爵：樂正子克利國侯，公孫丑壽光伯，萬章博興伯，告子不害東阿伯，孟仲子新泰伯，陳臻蓬萊伯，充虞昌樂伯，屋廬連奉符伯，徐辟仙源伯，陳代沂水伯，彭更雷澤伯，公都子平陰伯，咸丘蒙須城伯，高子泗水伯，桃應膠水伯，盆成括萊陽伯，季孫豐城伯，子叔承陽伯。」大晟樂成，詔下國子學選諸生肄習，上丁釋奠，奏于堂上，以祀先聖。

靖康元年，右諫議大夫楊時言王安石學術之謬，請追奪王爵，明詔中外，毀去配享之像，使邪說淫辭不爲學者之惑。詔降安石從祀廟廷。尚書傅墨卿言：「釋奠禮饌，宜依元豐祀儀陳設，其五禮新儀勿復遵用。」

時又有算學。大觀三年，禮部、太常寺請以文宣王爲先師，兗、鄒、荆三國公配享，十哲從祀；自昔著名算數者畫像兩廡，請加賜五等爵，隨所封以定其服。於是中書舍人張邦昌定算學：封風后上谷公，箕子遼東公，周大夫商高郁夷公，大撓涿鹿公，隸首陽周公，容成平都公，常儀原都公，鬼俞區宜都公，商巫咸河東公，晉史蘇晉陽伯，秦卜徒父潁陽伯，晉卜偃平陽伯，魯梓慎汝陽伯，晉史趙高都伯，魯卜楚丘昌衍伯，鄭裨竈滎陽伯，趙史墨易陽伯，周榮方美陽伯，齊甘德菑川伯，魏石申隆慮伯，漢鮮于妄人清泉伯，耿壽昌安定伯，夏侯勝任城伯，京房樂平伯，翼奉良成伯，李尋平陵伯，張衡西鄂伯，周興慎陽伯，單颺湖陸伯，樊英魯陽伯，晉郭璞聞喜伯，宋何承天昌盧伯，北齊宋景業廣宗伯，隋蕭吉臨湘伯，臨孝恭新豐伯，張胄玄東光伯，周王朴東平伯，漢鄧平新野子，劉洪蒙陰子，魏管輅平原子，吳趙達(四)穀城子，宋祖沖之范陽子，後魏商紹長樂子，北齊信都芳樂城子，北齊許遵高陽子，隋耿詢湖熟子，劉焯昌亭子，劉炫景城子，唐傅仁均博平子，王孝通介休子，瞿曇羅居延子，李淳風昌樂子，王希明瑯琊子，李鼎祚贊皇子，邊岡成安子，漢郎顗觀陽子，襄楷隰陰子，司馬季主夏陽男，落下閎閬中男，嚴君平廣都男，魏劉徽淄鄉男，晉姜岌成紀男，張丘建信成男，夏侯陽平陸男，後周甄鸞無極男，隋盧大翼成平男。尋詔以黃帝爲先師。

禮部員外郎吳時言：「書畫之學，教養生徒，使知以孔子爲師，此道德之所以一也。若每學建立殿宇，則配食、從祀，難於其人。請春秋釋奠，止令書畫博士量率職事生員，陪預執事，庶使知所宗師。醫學亦準此。」詔皆從之。

其釋奠之禮：景德四年，同判太常禮院李維言：「按開寶通禮，諸州釋奠，並刺史致齋三日，從祭之官，齋於公館。祭日，刺史爲初獻，上佐爲亞獻，博士爲終獻。今諸州長吏不親行祀，非尊師重教之道。」詔太常禮院檢討以聞。按五禮精義，州縣釋奠，刺史、縣令初獻，上佐、縣丞亞獻，州博士、縣主簿終獻；有故，以次官攝之。大中祥符三年，判國子監孫奭言：「上丁釋奠，舊禮以祭酒、司業、博士充三獻官，新禮以三公行事，近歲止命獻官兩員臨時通攝，未副崇祀向學之意。望自今備差太尉、太常、光祿卿以充三獻。」又命崇文院刊釋奠儀注及祭器圖頒之諸路。熙寧五年，國子監言：「舊例遇貢舉歲，禮部貢院集諸州府所貢第一人謁奠先聖，如春秋釋奠儀。況春秋自有釋奠禮，請罷貢舉人謁奠。」崇寧，議禮局言：「太學獻官、太祝、奉禮，皆以法服，至於郡邑，則用常服。望命有司降祭服于州縣，凡獻官、祝、禮，各服其服，以盡事神之儀。」詔以衣服制度頒使州縣自造焉。

其謁先師之禮：建隆二年，禮院準禮部貢院移，按禮閣新儀云：「舊儀無貢舉人謁先師之文。開元二十六年，詔諸州貢舉人見訖，就國子監謁先師，官爲開講，質問疑義，所司設食。昭文、崇文兩館學士及監內諸舉人，亦準此。」自後諸州府貢舉人，十一月朔日正衙見訖，擇日謁先師，遂爲常禮。大觀初，大司成強淵明言：「考之禮經，士始入學，有釋菜之儀。

請自今每歲貢士始入辟雍，並以元日釋菜于先聖。」其儀：獻官一員，以丞或博士；分奠官八員，以博士、正錄；大祝一員，以正錄。應祀官前釋菜一日赴學，各宿其次。至日，詣文宣王殿常服行禮，貢士初入學者陪位于庭，其他亦略倣釋奠之儀。紹興十年，詔與大社、大稷並爲大祀。淳熙四年，去王雱畫像。淳祐元年正月，理宗幸太學，詔以周敦頤、張載、程顥、程頤、朱熹從祀，黜王安石。景定二年，皇太子詣學，請以張栻、呂祖謙從祀。從之。

咸淳三年，詔封曾參郕國公，孔伋沂國公，配享先聖；封顓孫師陳國公，升十哲位；復以邵雍、司馬光列從祀。其序：兗國公、郕國公、沂國公、鄒國公，居正位之東面，西向北上，爲配位；費公閔損、薛公冉雍、黎公端木賜、衞公仲由、魏公卜商，居殿上東面，西向北上，鄆公冉耕、齊公宰予、徐公冉求、吳公言偃、陳公顓孫師，居殿上西面，東向北上，爲從祀；東廡，金鄉侯澹臺滅明、任城侯原憲、汝陽侯南宮适、萊蕪侯曾點、須昌侯商瞿、平輿侯漆雕開、睢陽侯司馬耕、平陰侯有若、東阿侯巫馬施、陽穀侯顏辛、上蔡侯曹卹、枝江侯公孫龍、馮翊侯秦祖、雷澤侯顏高、上邽侯壤駟赤、成邑侯石作蜀、鉅平侯公夏首、膠東侯后處、濟陽侯奚容點、富陽侯顏祖、滏陽侯句井疆、鄄城侯秦商、即墨侯公祖句茲、武城侯縣成、汧源侯燕伋、宛句侯顏之僕、建成侯樂欬、堂邑侯顏何、林慮侯狄黑〔五〕、鄆城侯孔忠、徐城侯公西點、臨濮侯施之常、華亭侯秦非、文登侯申棖、濟陰侯顏噲、泗水侯孔鯉、蘭陵伯荀況、睢陵伯穀梁赤、萊蕪伯高堂生、樂壽伯毛萇、彭城伯劉向、中牟伯鄭衆、緱氏伯杜子春、良鄉伯盧植、滎陽伯服虔、司空王肅、司徒杜預、昌黎伯韓愈、河南伯程顥、新安伯邵雍、溫國公司馬光、華陽伯張栻，凡五十二人，並西向；西廡，單父侯宓不齊、高密侯公冶長、北海侯公晳哀、曲阜侯顏無繇、共城侯高柴、壽張侯公伯寮、益都侯樊須、鉅野侯公西赤、千乘侯梁鱣、臨沂侯冉孺、沐陽侯伯虔、諸城侯冉季、濮陽侯漆雕哆、高苑侯漆雕徒父、鄒平侯商澤、當陽侯任不齊、牟平侯公良孺、新息侯秦冉、梁父侯公肩定、聊城侯鄡單、祁鄉侯罕父黑、淄川侯申黨、厭次侯榮旂、南華侯左人郢、朐山侯鄭國、樂平侯原亢、胙城侯廉潔、博平侯叔仲會、高堂侯邽巽、臨朐侯公西輿如、內黃侯蘧瑗、長山侯林放、南頓侯陳亢、陽平侯琴張、博昌侯步叔乘、中都伯左丘明、臨淄伯公羊高、乘氏伯伏勝、考城伯戴聖、曲阜伯孔安國、成都伯揚雄、岐陽伯賈逵、扶風伯馬融、高密伯鄭玄、任城伯何休、偃師伯王弼、新野伯范甯、汝南伯周敦頤、伊陽伯程頤、郿伯張載、徽國公朱熹、開封伯呂祖謙，凡五十二人，並東向。

昭烈武成王。自唐立太公廟，春秋仲月上戊日行祭禮。上元初，封爲武成王，始置亞聖、十哲等，後又加七十二弟子。梁廢從祀之祭，後唐復之。太祖建隆三年，詔修武成王廟，與國學相對，命左諫議大夫崔頌董其役，仍令頌檢閱唐末以來謀臣、名將勳績尤著者以聞。四年四月，帝幸廟，歷觀圖壁，指白起曰：「此人殺已降，不武之甚，何受享於此？」命去之。景德四年，詔西京擇地建廟，如東京制。大中祥符元年，加謚昭烈。

初，建隆議升歷代功臣二十三人，舊配享者退二十二人。慶曆儀，自張良、管仲而下依舊配享，不用建隆升降之次。元豐中，國子司業朱服言：「釋奠文宣王，以國子祭酒、司業爲初獻，丞爲亞獻，博士爲終獻，太祝、奉禮並以監學官充。及上戊釋奠武成王，以祭酒、司業爲初獻，其亞獻、終獻及讀祝、捧幣，令三班院差使臣充之。官制未行，武學隸樞密院，學官員數少，故差右選。今武學隸國子監，長、貳、丞、簿，官屬已多，請並以本監官充攝行事，仍令太常寺修入祀儀。」

政和二年，武學諭張滋言：「詩云『赫赫南仲』、『維師尙父』、『文武吉甫』、『顯允方叔』、『王命召虎』、『程伯休父』，是均爲周將，功著聲詩，今昔所尊惟一尙父，而南仲、吉甫之徒不預配食，餘如郤穀之閱禮樂、敦詩書，尉繚以言爲學者師法，不當棄而不錄，請並配食。」博士孫宗鑑亦請以黃石公配。後有司討論不定，國子監丞趙子崧復言之。

宣和五年，禮部言：「武成王廟從祀，除本傳已有封爵者，其未經封爵之人，齊相管仲擬封涿水侯，大司馬田穰苴橫山侯，吳大將軍孫武滬瀆侯，越相范蠡遂武侯，燕將樂毅平虜侯，蜀丞相諸葛亮順興侯，魏西河守吳起封廣宗伯，齊將孫臏武淸伯，田單昌平伯，趙將廉頗臨城伯，秦將王翦鎭山伯，漢前將軍李廣懷柔伯，吳將軍周瑜平虜伯。」於是釋奠日，以張良配享殿上，管仲、孫武、樂毅、諸葛亮、李勣並西向，田穰苴、范蠡、韓信、李靖、郭子儀，並東向。東廡，白起、孫臏、廉頗、李牧、曹參、周勃、李廣、霍去病、鄧禹、馮異、吳漢、馬援、皇甫嵩、鄧艾、張飛、呂蒙、陸抗、杜預、陶侃、慕容恪、宇文憲、韋孝寬、楊素、賀若弼、李孝恭、蘇定方、王孝傑、王晙、李光弼，並西向；西廡，吳起、田單、趙奢、王翦、彭越、周亞夫、衞靑、趙充國、寇恂、賈復、耿弇、段熲〔六〕、張遼、關羽、周瑜、陸遜、羊祜、王濬、謝玄、王猛、王鎭惡、斛律光、王僧辯、于謹、吳明徹、韓擒虎、史萬歲、尉遲敬德、裴行儉、張仁亶、郭元振、李晟，並東向。凡七十二將云。

紹興七年五月，太常博士黃積厚乞以仲春、仲秋上戊日行禮。十一年五月，國子監丞林保奏：「竊見昭烈武成王享以酒脯而不用牲牢，雖曰時方多事，禮用綿蕝，然非所以右武而勵將士也。乞今後上戊釋奠用牲牢，以管仲至郭子儀十八人祀於殿上。」從之。

乾道六年〔七〕，詔武成王廟升李晟於堂上，降李勣於李晟位次，仍以曹彬從祀。先是，紹興間，右正言都民望言：「李勣邪說誤國，唐祀幾滅，李晟有再造王室之勳；宜升李晟于堂上，置李勣於河間王孝恭之下。」至是，著作郎傅伯壽言：「武成廟從祀，出於唐開元間，一時銓次，失於太雜。如尹吉甫之伐玁狁，召虎之平淮夷，寔亞鷹揚之烈；陳湯、傅介子、馮奉世、班超之流，皆爲有漢之雋功；在晉則謝安、祖逖，在唐則王忠嗣、張巡輩，皆不得預從祀之列。竊聞邇日議臣請以本朝名將從祀，謂宜併詔有司，討論歷代諸將，爲之去取，然後與本朝名將，繪於殿廡，亦乞取建隆、建炎以來驍俊忠槩之臣，功烈暴于天下者，參陪廟祀。」故有是命。

先代陵廟及錄名臣後。建隆元年，詔：「前代帝王陵寢、忠臣賢士丘壟，或樵采不禁、風雨不芘，宜以郡國置戶以守，隳毁者修葺之。」乾德初，詔：「歷代帝王，國有常享，著于甲令，可舉而行。自五代亂離，百司廢墜，匱神乏祀，闕孰甚焉。按祠令，先代帝王，每三年一享，以仲春之月，牲用太牢，祀官以本州長官，有故則上佐行事。官造祭器，送諸陵廟。」又詔：「先代帝王，載在祀典，或廟貌猶在，久廢牲牢，或陵墓雖存，不禁樵采。其太昊、炎帝、黄帝、高辛、唐堯、虞舜、夏禹、成湯、周文王、武王、漢高帝光武、唐高祖太宗，各置守陵五戶，歲春秋祠以太牢；商中宗太戊高宗武丁、周成王康王、漢文帝宣帝、魏太祖、晉武帝、後周太祖、隋高祖，各置三戶，歲一享以太牢；秦始皇帝、漢景帝武帝明帝章帝、魏文帝、後魏孝文帝、唐玄宗憲宗肅宗宣宗、梁太祖、後唐莊宗明宗、晉高祖，各置守陵兩戶，三年一祭以太牢；周桓王景王威烈王、漢元帝成帝哀帝平帝和帝殤帝安帝順帝沖帝質帝獻帝、魏明帝高貴鄉公陳留王、晉惠帝懷帝愍帝、西魏文帝、東魏孝靜帝、唐高宗中宗睿宗德宗順宗穆宗代宗敬宗文宗武宗懿宗僖宗昭宗、梁少帝、後唐末帝諸陵，常禁樵采。」尋又禁河南府民耕晉、漢廟壖地。凡諸陵有經開發者，有司造袞冕服、常服各一襲，具棺槨以葬，掩坎日〔九〕，所在長吏致祭。

又詔，前代功臣、烈士，詳其勳業優劣以聞。有司言：「齊孫臏晏嬰、晉程嬰公孫杵臼、燕樂毅、漢曹參陳平韓信周亞夫衞青霍去病霍光、蜀昭烈帝關羽張飛諸葛亮、唐房玄齡長孫無忌魏徵李靖李勣尉遲恭渾瑊段秀實等，皆勳德高邁，爲當時之冠；晉趙簡子、齊孟嘗君、趙趙奢、漢邴吉、唐高士廉唐儉岑文本馬周爲之次；南燕慕容德、唐裴寂、元稹又次之。」詔孫臏等各置守冢三戶，趙簡子等各二戶，慕容德等禁樵采；其有開毀者，皆具棺槨、朝服以葬，掩坎日致祭，長吏奉行其事。

景德元年，詔：「前代帝王陵寢，名臣賢士、義夫節婦墳壠，並禁樵采，摧毀者官爲脩築；無主者碑碣、石獸之類，敢有壞者論如律。仍每歲首所在舉行此令。」鄭州給唐相裴度守墳三戶，賜秦國忠懿王錢俶守墳三戶。加謚太公望昭烈武成王，建廟青州，周公旦追封文憲王，建廟兗州，春秋委長吏致祭。

熙寧元年，從知濮州韓鐸請：「堯陵在雷澤縣東穀林山，陵南有堯母慶都靈臺廟，請敕本州春秋致祭，置守陵五戶，免其租，奉洒掃。」又以中丞鄧潤甫言，唐諸陵除已定頃畝外，其餘許耕佃爲守陵戶，餘並禁止。先是，仁宗嘗錄唐張九齡九代孫錫，狄仁傑裔孫國寶，郭子儀孫元亨，長孫無忌孫宏，皆命以官。神宗又錄魏徵孫道嚴，段秀實十二世孫昊、八世孫文酉，仍復其家。

元祐六年，詔相州商王河亶甲冢、沂州費縣顏眞卿墓並載祀典。先是，乾德中，定先代帝王配享儀，下諸州以時薦祭，牲用羊豕，政和議禮局遂爲定制。

紹興元年，命祠禹於越州，及祠越王句踐，以范蠡配。淳熙四年，靜江守臣張栻奏所領州〔九〕有唐帝祠，其山曰堯山；有虞帝祠，其山曰虞山；請著之祀典。十四年，衡州守臣劉淸之奏：「史載炎帝陵在長沙茶陵，祖宗時給近陵七戶守視，禁其樵牧，宜復建廟，給戶如故事。」淳祐八年，湖南安撫大使、知潭州陳韡再言，從之。

初，紹興二年，駕部員外郎李愿奏：「程嬰、公孫杵臼於趙最爲功臣，神宗皇嗣未建，封嬰爲成信侯，杵臼爲忠智侯，命絳州立廟，歲時奉祀，其後皇嗣衆多。今廟宇隔絕，祭亦弗舉，宜於行在所設位望祭。」從之。十一年，中書舍人朱翌言：「謹按晉國屠岸賈之亂，韓厥正言以拒之，而嬰、杵臼皆以死匿其孤，卒立趙武，而趙祀不絕，厥之功也。宜載之祀典，與嬰、杵臼並享春秋之祀，亦足爲忠義無窮之勸。」禮寺亦言：「崇寧間已封厥義成侯，今宜依舊立祚德廟致祭。」十六年，加嬰忠節成信侯，杵臼通勇忠智侯，厥忠定義成侯。後改封嬰疆濟公，杵臼英略公，厥啓佑公〔一〇〕，升爲中祀。

諸祠廟。自開寶、皇祐以來，凡天下名在地志，功及生民，宮觀陵廟，名山大川能興雲雨者，並加崇飾，增入祀典。熙寧復詔應祠廟祈禱靈驗，而未有爵號，並以名聞。於是太常博士王古〔一一〕請：「自今諸神祠無爵號者賜廟額，已賜額者加封爵，初封侯，再封公，次封王，生有爵位者從其本封。婦人之神封夫人，再封妃。其封號者初二字，再加四字。如此，則錫命馭神，恩禮有序。欲更增神仙封號，初眞人，次眞君。」大觀中，尙書省言，神祠加封爵等，未有定制，乃並給告、賜額、降敕。已而詔開封府毀神祠一千三十八區，遷其像入寺觀及本廟，仍禁軍民擅立大小祠。祕書監何志同言：「諸州祠廟多有封爵未正之處，如屈原廟，在歸州者封清烈公，在潭州者封忠潔侯。永康軍李冰廟，已封廣濟王，近乃封靈應公。如此之類，皆未有祀典，致前後差誤。宜加稽考，取一高爵爲定，悉改正之。他皆倣此。」故凡祠廟賜額、封號，多在熙寧、元祐、崇寧、宣和之時。

其新立廟：若何承矩、李允則守雄州，曹瑋帥秦州，李繼和節度鎭戎軍，則以有功一方者也；韓琦在中山，范仲淹在慶州，孫冕在海州，則以政有威惠者也；王承偉築祁州河隄，工部員外郞張夏築錢塘江岸，則以爲人除患者也；封州曹覲、德慶府趙師旦、邕州蘇緘、恩州通判董元亨、指揮使馬遂，則死於亂賊者也；若王韶於熙河，李憲於蘭州，劉滬於水洛城，郭成於懷慶軍，折御卿於嵐州，作坊使王吉於麟州神堂砦，各以功業建廟。寇準死雷州，人憐其忠，而趙普祠中山，韓琦祠相州，則以鄉里，皆載祀典焉。其他州縣嶽瀆、城隍、仙佛、山神、龍神、水泉江河之神及諸小祠，皆由禱祈感應，而封賜之多，不能盡錄云。

校勘記

〔一〕魯國太夫人　「太」字原脫，據太常因革禮卷八一、長編卷七〇、宋大詔令集卷一五六補。

〔二〕开官氏　「开」，長編卷七〇同，通考卷四三學校考作「丌」，太常因革禮卷八一作「幵」，宋大詔令集卷一五六作「幷」。考異卷七〇據漢禮器碑等石刻，認爲當作「幷」，「开」或「丌」、「幵」，乃傳寫之誤。

〔三〕爵共四坫　通考卷四三學校考作「爵共四，坫共二」。此處「坫」下當有脫文。

〔四〕吳趙達　「達」原作「逵」，據容齋三筆卷一三大觀算學、宋會要崇儒三之四及三之五改。三國志吳書有趙達傳。

〔五〕狄黑　原作「狄墨」，據史記卷六七仲尼弟子列傳、通典卷五三禮一三、通考卷四三學校考改。

〔六〕段熲　「熲」原作「潁」。按上下文武將名次，此人應爲後漢的段熲，後漢書有傳，據改。

〔七〕乾道六年　按此年所載之事玉海卷一一三、中興聖政卷五五、宋中興編年通鑑卷九都繫於淳熙四年，此處紀年誤。

〔八〕掩坎日　「坎」原作「次」，據通考卷一〇三宗廟考改。下同。

〔九〕所領州　「所」原作「初」，據通考卷一〇三宗廟考改。

〔一〇〕後改封嬰疆濟公杵臼英略公厥啓侑公　「疆」，宋會要禮二〇之二七、宋史全文卷二二作「彊」。「侑」，宋會要禮二〇之二七、宋史全文卷二二、通考卷一〇三宗廟考都作「佑」。

〔一一〕王古　原作「王右」，據宋會要禮二〇之六、長編卷三三六改。

宋史卷一百六

志第五十九

禮九 吉禮九

宗廟之制

宗廟之制。建隆元年，有司請立宗廟，詔下其議。兵部尙書張昭等奏：「謹案堯、舜、禹皆立五廟，蓋二昭二穆與其始祖也。有商建國，改立六廟，蓋昭穆之外，祀契與湯也。周立七廟，蓋親廟之外，祀太祖與文王、武王也。漢初立廟，悉不如禮。魏、晉始復七廟之制，江左相承不改。然七廟之室，隋文但立高、曾、祖、禰四廟而已。唐因立親廟，梁氏而下，不易其法。稽古之道，斯爲折衷。伏請追尊高、曾四代，崇建廟室。」於是判太常寺竇儼奏上皇高祖文安府君曰文獻皇帝，廟號僖祖；皇曾祖中丞府君曰惠元皇帝，廟號順祖；皇祖曉衞府君曰簡恭皇帝，廟號翼祖；皇考武淸府君曰昭武皇帝，廟號宣祖；皇高祖妣崔氏曰文懿皇后；皇曾祖妣桑氏曰惠明皇后；皇祖妣京兆郡太夫人劉氏曰簡穆皇后。太祖御崇元殿，備禮册四親廟，奉安神主，行上謚之禮。二年十月，祔明憲皇后杜氏於宣祖室。

太平興國二年，有司言：「唐制，長安太廟，凡九廟，同殿異室。其制：二十一間皆四柱，東西夾室各一，前後面各三階，東西各二側階。本朝太廟四室，室三間。今太祖升祔，共成五室，請依長安之制，東西留夾室外，餘十間分爲五室，室二間。」從之。四月己卯，奉神主祔廟，以孝明皇后王氏配。

至道三年十一月甲子，奉太宗神主祔廟，以懿德皇后符氏配。咸平元年，判太常禮院李宗訥等言：「僖祖稱曾高祖，太祖稱伯；文懿、惠明、簡穆、昭憲皇后並稱祖妣，孝明、孝惠、孝章皇后〔一〕並稱伯妣。按爾雅有考妣、王父母、曾祖王父母、高祖王父母及世父之別。以此觀之，唯父母得稱考妣。今請僖祖止稱廟號，順祖而下，卽依爾雅之文。」事下尙書省議，戶部尙書張齊賢等言：「王制『天子七廟』。謂三昭三穆與太祖之廟而七。前代或有兄弟繼及，亦移昭穆之列，是以漢書『爲人後者爲之子』，所以尊本祖而重正統也。又禮云〔二〕：『天子絕朞喪。』安得宗廟中有伯氏之稱乎？其唐及五代有所稱者，蓋禮官之失，非正典也。請自今有事於太廟，則太祖幷諸祖室，稱孝孫、孝曾孫嗣皇帝；太宗室，稱孝子嗣皇帝。其爾雅『考妣』、『王父』之文，本不爲宗廟言也。歷代旣無所取，於今亦不可行。」

詔下禮官議。議曰：「按春秋正義『躋魯僖公』云：『禮，父子異昭穆，兄弟昭穆同。』此明兄弟繼統，同爲一代。又魯隱、桓繼及，皆當穆位。又尙書盤庚有商及王，史記云陽甲至小乙兄弟四人相承，故不稱嗣子而曰及王，明不繼兄之統也。又唐中、睿皆處昭位，敬、文、武昭穆同爲一世。伏請僖祖室止稱廟號，后曰祖妣，順祖室曰高祖，后曰高祖妣，翼祖室曰曾祖，后曰曾祖妣，祝文皆稱孝曾孫。宣祖室曰皇祖考，后曰皇祖妣，祝文稱孝孫。太祖室曰皇伯考妣，太宗室曰皇考妣。每大祭，太祖、太宗昭穆同位，祝文並稱孝子。其別廟稱謂，亦請依此。」

詔都省復集議，曰：「古者，祖有功，宗有德，皆先有其實而後正其名。今太祖受命開基，太宗纘承大寶，則百世不祧之廟矣。豈有祖宗之廟已分二世，昭穆之位翻爲一代？如臣等議，禮『爲人後者爲之子』，以正父子之道，以定昭、穆之義，則無疑也；必若同爲一代，則太宗不得自爲世數，而何以得爲宗乎？不得爲宗，又何以得爲百世不祧之主乎？春秋正義亦不言昭穆不可異，此又不可以爲證也。今若序爲六世，以一昭一穆言之，則上無毀廟之嫌，下有善繼之美，於禮爲大順，於時爲合宜，何嫌而謂不可乎？」翰林學士宋湜言：「三代而下，兄弟相繼則多，昭穆異位未之見也。今詳都省所議，皇帝於太祖室稱孫，竊有疑焉。」

詔令禮官再議。禮官言：「按祭統曰：『祭有昭穆者，所以別父子遠近長幼親疎之序而無亂也。』公羊傳，公孫嬰齊爲兄歸父之後，春秋謂之仲嬰齊。何休云：『弟無後兄之義，爲亂昭穆之序，失父子之親，故不言仲孫，明不以子爲父孫。』晉賀循議兄弟不合繼位昭穆云：『商人六廟，親廟四幷契、湯而六，比有兄弟四人相襲爲君者，便當上毀四廟乎？如此，四世之親盡，無復祖禰之神矣。』温嶠議兄弟相繼、藏主夾室之事云：『若以一帝爲一世，則當不得祭於禰，乃不及庶人之祭也。』夫兄弟同世，於恩旣順，於義無否。玄宗朝禘祫，皇伯考中宗，皇考睿宗，同列於穆位。德宗亦以中宗爲高伯祖。晉王導、荀崧議『大宗無子，則立支子』，又曰『爲人後者爲之子』，無兄弟相爲之文。所以舍至親取遠屬者，蓋以兄弟一體，無父子之道故也。竊以七廟之制，百王是尊。至於祖有功，宗有德，則百世不遷之廟也；父爲昭，子爲穆，則千古不刊之典也。今議者引漢書曰：『爲人後者爲之子。』殊不知弟不爲兄後，子不爲父孫，春秋之深旨。父謂之昭，子謂之穆，禮記之明文也。又按太宗享祀太祖二十有二載，稱曰『孝弟』，此不易之制，又安可追改乎？唐玄宗謂中宗爲皇伯考，德宗謂中宗爲高伯祖，則伯氏之稱復何不可。臣等參議：自今合祭日，太祖、太宗依典禮同位異坐，皇帝於太祖仍稱孝子，餘並遵舊制。」

景德元年，有司詳定明德皇太后李氏升祔之禮：「按唐睿宗昭成、肅明二后，先天初，以昭成配；開元末，以肅明祔。此時儒官名臣，步武相接，宗廟重事，必有據依。推之閨門，亦可擬議。晉驃騎將軍温嶠有三夫人，嶠薨，詔問學官陳舒。舒謂秦、漢之後，廢一娶九女之制，妻卒更娶，無復繼室，生既加禮，亡不應貶。朝旨以李氏卒於嶠之微時，不霑贈典；王、何二氏追加章綬。唐太子少傅鄭餘慶將立家廟，祖有二夫人。禮官韋公肅〔三〕議與舒同。略稽禮文，參諸故事，二夫人並祔，於理爲宜。恭惟懿德皇后久從升祔，雖先後有殊，在尊親則一，請同列太宗室，以先後次之。」詔尚書省集議，咸如禮官之請，祔神主於太廟。

乾興元年十月〔四〕，奉真宗神主祔廟，以章穆皇后郭氏配。康定元年，直秘閣趙希言奏：「太廟自來有寢無廟，因堂爲室，東西十六間，內十四間爲七室，兩首各一夾室。按禮，天子七廟，親廟五、祧廟二。據古則僖、順二祖當遷。國家道觀佛寺，並建別殿，奉安神御，豈若每主爲一廟一寢。或前立一廟，以今十六間爲寢，更立一祧廟，逐室各題廟號。鉬寶神御物，宜銷毀之。」同判太常寺宋祁言：「周制有廟有寢，以象人君前有朝後有寢也。廟藏木主，寢藏衣冠。至秦乃出寢於墓側，故陵上更稱寢殿，後世因之。今宗廟無寢，蓋本於兹。鄭康成謂周制立二昭二穆，與太祖、文、武共爲七廟，此一家之說，未足援正。自荀卿、王肅等皆云天子七廟，諸侯五，大夫三，士一，降殺以兩。則國家七世之數，不用康成之說也。

僖祖至眞宗方及六世，不應便立祧廟。自周、漢每帝各立廟，晉、宋以來多同殿異室，國朝以七室代七廟，相承已久，不可輕改。周禮：『天府掌祖廟之守藏。』寶物世傳者皆在焉。其神御法物、寶盝、鈿床，請別爲庫藏之。」自是室題廟號，而建神御庫焉。

嘉祐年，仁宗將祔廟〔五〕，脩奉太廟使蔡襄上八室圖，爲十八間。初，禮院請增廟室，孫抃等以爲：「七世之廟，據父子而言，兄弟則昭穆同，不得以世數之。廟有始祖、有太宗、有中宗，若以一君爲一世，則小乙之祭不及其父。故晉之廟十一室而六世，唐之廟十一室而九世。國朝太祖之室，太宗稱孝弟，眞宗稱孝子，大行稱孝孫。而禘祫圖：太祖、太宗同居昭位，南向；眞宗居穆位，北向。蓋先朝稽用古禮，著之祀典。大行神主祔廟，請增爲八室，以備天子事七世之禮。」盧士宗、司馬光以爲：「太祖已上之主，雖屬尊於太祖，親盡則遷。故漢元之世，太上廟主瘞於寢園；魏明之世，處士廟主遷於園邑；晉武祔廟，遷征西府君；惠帝祔廟，遷豫章府君。自是以下，大抵過六世則遷。蓋太祖未正東向，故上祀三昭三穆；已正東向，則并昭穆爲七世。唐初祀四世，太宗增祀六世。及太宗祔廟，則遷弘農府君，高宗祔廟〔六〕，又遷宣帝，皆祀六世，前世成法也。玄宗立九室祀八世，事不經見。若以太祖、太宗爲一世，則大行祔廟，僖祖親盡，當遷夾室，祀三昭三穆，於先王典禮及近世之制，無不符合。」抃等復議曰：「自唐至周，廟制不同，而皆七世。自周以上，所謂太祖，非始受命之主，特始封之君而已。今僖祖雖非始封之君，要爲立廟之祖，方廟數未過七世，遂毀其廟，遷其主，攷之三代，禮未有此。漢、魏及唐一時之議，恐未合先王制禮之意。」乃存僖祖室以備七室。

治平四年，英宗將祔廟，太常禮院請以神主祔第八室，祧藏僖祖及文懿皇后神主於西夾室。自仁宗而上，以次遞遷。翰林承旨張方平等議：「同堂八室，廟制已定，僖祖當祧，合於典禮。」乃於九月奉安八室神主，祧僖祖及后，祔英宗，罷僖祖諱及文懿皇后忌日。

熙寧五年，中書門下言：「僖祖以上世次，不可得而知，則僖祖有廟，與商周契、稷疑無以異。今毀其廟而藏主夾室，替祖考之尊而下祔于子孫，殆非所以順祖宗孝心、事亡如存之義。請以所奏付兩制議，取其當者。」時王安石爲相，不主祧遷之說，故復有是請。

翰林學士元絳等上議曰：「自古受命之王，既以功德享有天下，皆推其本統以尊事其祖。故商、周以契、稷有功於唐、虞之際，故謂之祖有功，若必以有功而爲祖，則夏后氏不郊鯀矣。今太祖受命之初，立親廟，自僖祖以上世次，既不可知，則僖祖之爲始祖無疑矣。儻謂僖祖不當比契、稷爲始祖，是使天下之人不復知尊祖，而子孫得以有功加其祖考也。傳曰：『毀廟之主，陳于太祖；未毀廟之主，皆升，合食于太祖。』今遷僖祖之主，藏于太祖之室，則是四祖祫祭之日，皆降而合食也。請以僖祖之廟爲太祖，則合於先王禮意。」翰林學士韓維議曰：「昔先王有天下，迹其基業之所起，奉以爲太祖。故子夏序詩，稱文、武之功起於后稷。後世有天下者，特起無所因，故遂爲一代太祖。太祖皇帝功德卓然，爲宋太祖，無少議者。僖祖雖爲高祖，然仰跡功業，未見所因，上尋世系，又不知所以始，若以所事契、稷奉之，竊恐於古無攷，而於今亦所未安。今之廟室與古殊制，古者每廟異宮，今祖宗同處一室，而西夾室在順祖之右，攷之尊卑之次，似亦無嫌。」

天章閣待制孫固請：「特爲僖祖立室，由太祖而上，親盡迭毀之主皆藏之。當禘祫時以僖祖權居東向之位，太祖順昭穆之列而從之，取毀廟之主而合食，則僖祖之尊自有所申。以僖祖立廟爲非，則周人別廟姜嫄，不可謂非禮。」秘閣校理王介請：「依周官守祧之制，剏祧廟以奉僖祖，庶不下祔子孫夾室，以替遠祖之尊。」

帝以維之說近是；而安石以維言夾室在右爲尊爲非理，帝亦然之。又安石以尊僖祖爲始祖，則郊祀當以配天，若宗祀明堂，則太祖、太宗當迭配帝；又疑明堂以英宗配天，與僖祖爲非始祖之說。遂下禮官詳定。

同判太常寺兼禮儀事張師顏等議：「昔商、周之興，本於契、稷，故奉之爲太祖。後世受命之君，功業特起，不因先代，則親廟迭毀，身自爲祖。鄭玄云『夏五廟無太祖，禹與二昭二穆而已』，張薦云『夏后以禹始封，遂爲不遷之祖』，是也。若始封世近，上有親廟，則擬祖上遷，而太祖不毁。魏祖武帝則處士迭毁，唐祖景帝則弘農迭毁，此前世祖其始封之君，以法契、稷之明例也。唐韓愈有言：『事異商、周，禮從而變。』晉琅邪王德文曰：『七廟之義，自由德厚流光，享祀及遠，非是爲太祖申尊祖之祀。』其說是也。禮，天子七廟，而太祖之遠近不可以必，但云三昭三穆與太祖之廟而七，未嘗言親廟之首，必爲始祖也。國家以僖祖親盡而祧之，奉景祐之詔，以太祖爲帝者之祖，是合於禮矣。張昭、任徹之徒，不能遠推隆極之制，因緣近比，請建四廟，遂使天子之禮下同諸侯。若使廟數備六，則更當上推兩世，而僖祖次在第三，亦未可謂之始祖也。謹按建隆四年，親郊崇配不及僖祖。開國以來，大祭虛其東向，斯乃祖宗已行之意。請略倣周官守祧之制，築別廟以藏僖祖神主，大祭之歲，祀於其室。太廟則一依舊制，虛東向之位。郊配之禮，則仍其舊。」

同知太常禮院蘇梲〔七〕請：「即景靈宮祔僖祖，即與唐祔獻、懿二祖於興聖、明德廟，禮意無異。」同判禮院周孟陽等言：「自僖祖而上，世次莫知，則僖祖爲始祖無疑，宜以僖祖配感生帝。」章衡請：「尊僖祖爲始祖，而次祧順祖，以合子爲父屈之義。推僖祖侑感生之祀，而罷宣祖配位，以合祖以孫尊之義，餘且如舊制。」而馮京欲以太祖正東向之位，安石力主元絳初議，遂從之。帝問：「配天孰始？」安石曰：「宣祖見配感生帝，欲改以僖祖配。」帝然之。於是請奉僖祖神主爲始祖〔八〕，遷順祖神主夾室，以僖祖配感生帝祀。詔下太常禮院詳定儀注。安石本議以僖祖配天，帝不許，故更以配感生帝焉。

元豐元年，詳定郊廟禮文所圖上八廟異宮之制，以始祖居中，分昭穆爲左右。自北而南，僖祖爲始祖；翼祖、太祖、太宗、仁宗爲穆，在右；宣祖、眞宗、英宗爲昭，在左。皆南面北上。陸佃言：「太祖之廟百世不遷，三昭三穆，親盡則迭毁。如周以后稷爲太祖，王季爲昭，文王爲穆，武王爲昭，成王爲穆，康王爲昭，昭王爲穆，其後穆王入廟，王季親盡而遷，則文王宜居昭位，武王宜居穆位，成王、昭王宜居昭位，康王、穆王宜居穆位，所謂父昭子穆是也。說者以昭常爲昭，穆常爲穆，則尊卑失序。」復圖上八廟昭穆之制，以翼祖、太祖、太宗、仁宗爲昭，在左；宣祖、眞宗、英宗爲穆，在右。皆南面北上。

何洵直圖上八廟異宮，引熙寧儀：僖祖正東向之位，順祖、宣祖、眞宗、英宗南面爲昭，翼祖、太祖、太宗、仁宗北面爲穆，正得祖宗繼序、德厚流光之本意。又以晉孫毓、唐賈公彥言：始祖居中，三昭在左，南面西上；三穆在右，南面東上，爲兩圖上之。又援祭法，言：「翼祖、宣祖在二祧之位，猶同祖禰之廟，皆月祭之，與親廟一等，無親疏遠近之殺。順祖實去祧之主，若有四時祈禱，猶當就壇受祭。請自今二祧神主，殺於親廟，四時之祭，享嘗乃止，不及大烝，不薦新物。去祧神主，有禱則爲壇而祭，庶合典禮。」又請建新廟於始祖之西，略如古方明壇制。有詔，俟廟制成日取旨。

三年，禮文所言：「古者宗廟爲石室以藏主，謂之宗祏。夫婦一體，同几共牢。一室之中，有左主、右主之別，正廟之主，各藏廟室西壁之中；遷廟之主，藏於太祖太室北壁之中，其埳去地六尺一寸。今太廟藏主之室，帝后異處，遷主仍藏西夾室，求之於禮，有所未合。請新廟成，並遵古制。」從之。二月，慈聖光獻皇后祔廟，前二日，告天地、社稷、太廟、皇后廟如故事。至日，奉神主先詣僖祖室，次翼祖室，次宣祖室，次太祖室，次太宗室。次太宗與懿德皇后、明德皇后同一祝，次享元德皇后。慈聖光獻皇后，異饌位、異祝，行祔謁禮。次眞宗室，次仁宗室，次英宗室。禮畢，奉神主歸仁宗室。

元豐六年六月，孝惠、孝章、淑德、章懷四后升祔，準章獻明肅、章懿二后，升祔禮畢，遍享太廟，止行升祔享禮及祭七祀，權罷孟冬薦享，仍以配繼先後爲序。八年，禮部太常寺言：「詔書定七世八室之制。今神宗皇帝祟祔，翼祖在七世之外，與簡穆皇后祧藏於西夾室，置石室中。」十一月丁酉，祔神宗神主于第八室。自英宗上至宣祖以次升遷。紹聖元年二月，祔宣仁聖烈皇后于太廟。

元符三年，禮部太常寺言：「哲宗升祔，宜如晉成帝故事，於太廟殿增一室，候祔廟日，神主祔第九室。」詔下侍從官議，皆如所言。蔡京議：「以哲宗嗣神宗大統，父子相承，自當爲世。今若不祧遠祖，不以哲宗爲世，則三昭四穆與太祖之廟而八。宜深玫載籍，遷祔如禮。」陸佃、曾肇等議：「國朝自僖祖而下始備七廟，故英宗祔廟，則遷順祖，神宗祔廟，則遷翼祖。今哲宗於神宗，父子也，如禮官議，則廟中當有八世。況唐文宗卽位則遷肅宗，以敬宗爲一世，故事不遠。哲宗祔廟，當以神宗爲昭，上遷宣祖，以合古三昭三穆之義。」先是，李清臣爲禮部尚書，首建增室之議，侍郎趙挺之等和之。會清臣爲門下侍郎，論者多從其議，惟京、佃等議異。二議既上，清臣辯說甚力，帝迄從焉。

六月，禮部請用太廟東夾室奉安哲宗神主。太常少卿孫傑言：「先帝神主，錯之夾室，卽是不得祔於正廟，與前詔增建一室之議不同。昨用嘉祐故事，專置使脩奉，請以夾室奉安神主，亦與元置使之意相違。請如太常前議，增建一室。」尚書省以廟室未備，行禮有期，權宜升祔，隨卽增脩，比之前代設幄行事者，不爲不至。詔依初旨行之，迺祔哲宗神主于夾室。

崇寧二年，祧宣祖與昭憲皇后神主藏西夾室，居翼祖、簡穆皇后石室之次。五年，詔曰：「去古既遠，諸儒之說不同。鄭氏謂：『太祖及文、武不祧之廟與親廟四，爲七。』是不祧之宗，在七廟之內。王氏謂：『非太祖而不毀，不爲常數。』是不祧之宗，在七廟之外。本朝今已五宗，則七廟當祧者，二宗而已。遷毀之禮，近及祖考，殆非先王尊祖之意，宜令有司復議。」禮官言：「先王之制，廟止於七，後王以義起禮，乃有增置九廟者。」禮部尚書徐鐸又言：

「唐之獻祖、中宗、代宗與本朝僖祖，皆嘗祧而復。今存宣祖於當祧之際，復翼祖於已祧之後，以備九廟，禮無不稱。」乃命鐸爲脩奉使，增太廟殿爲十室。四年十二月，復翼祖、宣祖廟，行奉安禮，惟不用前期誓戒及亞、終獻之樂舞焉。

高宗建炎二年，奉太廟神主于揚州壽寧寺。三年，幸杭州，奉安于温州。紹興五年，司封郎中林待聘言：「太廟神主，宜在國都。今新邑未奠，當如古行師載主之義，遷之行闕，以彰聖孝。」於是始建太廟于臨安，奉迎安置。

校勘記

〔一〕孝明孝惠孝章皇后　「孝惠」原作「孝憲」，據本書卷二四二太祖孝惠賀皇后傳、宋會要禮一五之二四改。

〔二〕又禮云　原脫「禮」字，據通考卷九三宗廟考、宋會要禮一五之二四補。

〔三〕禮官韋公肅　「韋公肅」原作「韋肅」，據新唐書卷二〇〇韋公肅傳、宋會要禮一五之二七補「公」字。

〔四〕乾興元年十月　「元年」原作「五年」，據本書卷九仁宗紀、宋會要禮一五之二九改。

〔五〕嘉祐年仁宗將祔廟　按本書卷一二仁宗紀，嘉祐八年三月，宋仁宗死，英宗即位；長編卷一九

八、宋會要禮一五之三四、玉海卷九七蔡襄、孫抃、盧士宗、司馬光等仁宗祔廟之議，均繫於嘉祐八年六月，「嘉祐」下疑脫「八」字。

〔六〕高宗祔廟　「高宗」原作「高祖」，據通考卷九三宗廟考、宋會要禮一五之三五改。

〔七〕蘇棁　「棁」原作「稅」，據宋會要禮一五之四五、長編卷二四〇、玉海卷九七改。

〔八〕始祖　原作「從祖」，據宋會要禮一五之四九、長編卷二四〇、通考卷九四宗廟考改。

宋史卷一百七

志第六十

禮十 吉禮十

禘祫

宗廟之禮。每歲以四孟月及季冬，凡五享，朔望則上食、薦新。三年一祫，以孟冬；五年一禘，以孟夏，唯親郊、封祀〔一〕。又有朝享、告謝及新主祔謁，皆大祀也。二薦，則行一獻禮。其祔祭，春祀司命及戶，夏祀竈，季夏祀中霤，秋祀門及厲，冬祀行，惟臘享、禘祫則偏祀焉。

禘祫之禮。眞宗咸平二年八月，太常禮院言：「今年冬祭畫日，以十月六日薦享太廟。按禮，三年一祫，以孟冬。又疑義云：三年喪畢，遭禘則禘，遭祫則祫。宜改孟冬薦享爲祫享。」仁宗天聖元年，禮官言：「眞宗神主祔廟，已行吉祭，三年之制，又從易月之文，自天禧二年四月禘享，至今已及五年，合行禘禮。」遂以孟夏薦享爲禘享。八年九月，太常禮院言：「自天聖六年夏行禘享之禮，至此年十月，請以孟冬薦享爲祫享。」詔恭依。

嘉祐四年十月，仁宗親詣太廟行祫享禮，以宰臣富弼爲祫享大禮使，韓琦爲禮儀使，樞密使宋庠爲儀仗使，參知政事曾公亮爲橋道頓遞使，樞密副使程戡爲鹵簿使。同判宗正寺趙良規請正太祖東向位，禮官不敢決。觀文殿學士王舉正等議曰：「大祫之禮所以合昭穆，辨尊卑，必以受命之祖居東向之位。本朝以太祖爲受命之君，然僖祖以降，四廟在上，故每遇大祫，止列昭穆而虛東向。魏、晉以來，亦用此禮。今親享之盛，宜如舊便。」

禮官張洞、韓維言：「國朝每遇禘祫，奉別廟四后之主合食太廟。唐郊祀志載禘祫祝文，自獻祖至肅宗所配皆一后，惟睿宗二后，蓋昭成，明皇母也。續曲臺禮有別廟皇后合食之文，蓋未有本室，遇祫享卽祔祖姑下。所以大順中，三太后配列禘祭，議者議其非禮。臣謂每室既有定配，則餘后不當參列，義當革正。」

學士孫抃等議：「春秋傳曰：『大祫者何，合祭也。未毀廟之主皆升合食于太祖。』是以國朝事宗廟百有餘年，至祫之日，別廟后主皆升合食，非無典據。大中祥符中已嘗定議，禮官著酌中之論，先帝有『恭依』之詔。他年有司攝事，四后皆預。今甫欲親祫而四后見黜，不亦疑於以禮之煩故邪？宗廟之禮，至尊至重，苟未能盡祖宗之意，則莫若守舊禮。臣等愚以謂如故便。」

學士歐陽脩等曰：「古者宗廟之制，皆一帝一后。後世有以子貴者，始著並祔之文，其不當祔者，則有別廟之祭。本朝禘祫，乃以別廟之后列于配后之下，非惟於古無文，於今又四不可。淑德，太宗之元配，列于元德之下；章懷，眞宗之元配，列于章懿之下，一也。升祔之后，統以帝樂；別廟之后，則以本室樂章自隨，二也。升祔之后，同牢而祭，牲器祝冊亦統于帝；別廟諸后，乃從專享，三也。升祔之后，聯席而坐；別廟之后，位乃相絕，四也。章獻、章懿在奉慈廟，每遇禘祫，本廟致享，最爲得禮。若四后各祭于廟，則其尊自申，而於禮無失。以爲行之已久，重於改作，則是失禮之舉，無復是正也。請從禮官。」

詔：「四后祫享依舊，須大禮畢，別加討論。」仍詔：「祫享前一日，皇帝詣景靈宮，如南郊禮，衞士毋得迎駕呼萬歲。」有司言：「諸司奉禮，攝廩犧令省牲，依通禮改正祀儀。散齋四日於別殿，致齋二日於大慶殿，一日於太廟。尚舍直殿下，設小次，御坐不設黃道褥位。七室各用一太牢，每坐簠簋二，甒鉶三，籩豆爲後，無黼扆、席几。出三閣瑞石、篆書玉璽印、青玉環、金山陳于庭。別廟四后合食，牲樂奠拜無異儀。故事，七祀、功臣無牲，止於廟牲肉分割，知廟卿行事。請依續曲臺禮，共料一羊，而獻官三員，功臣單席，如大中祥符加褥。」

十月二日，命樞密副使張昇望告昊天上帝、皇地祇。帝齋大慶殿。十一日，服通天冠、絳紗袍，執圭，乘輿，至大慶殿門外降輿，乘大輦，至天興殿，薦享畢，齋於太廟。明日，帝常服至大次，改衮冕，行禮畢，質明乘大輦還宮，更服鞾袍，御紫宸殿，宰臣百官賀，升宣德門肆赦。二十一日，詣諸觀寺行恭謝禮。二十六日，御集英殿爲飲福宴。

治平元年，有司「準晝日，孟冬薦享改爲祫祭〔三〕。按春秋，閔公喪未除而行吉禘，三傳譏之。眞宗以咸平二年六月喪除，至十月乃祫祭。天聖元年在諒陰，有司誤通天禧舊禘之數，在再期內按行禘祭。以理推之，是二年冬應祫，而誤禘於元年夏，故四十九年間九禘八祫〔三〕，例皆太速。事失於始，則歲月相乘，不得而正。今在大祥內，禮未應祫，明年未禫，亦未應禘，至六月卽吉，十月合行祫祭，乞依舊時享，庶合典禮。」

二年二月，翰林學士王珪等上議曰：「同知太常禮院呂夏卿狀：古者新君踐阼之三年，先君之喪二十七月爲禫祭，然後新主祔廟，特行禘祭，謂之始禘。是冬十月行祫祭，明年又行禘祭，自此五年，再爲禘祫。喪除必有禘祫者，爲再大祭之本也。今當祫祭，緣陛下未終三年之制，納有司之說，十月依舊時享。然享廟、祫祭，其禮不同。故事，郊享之年遇祫未嘗權罷，唯罷臘祭。是則孟享與享廟嘗併行於季冬矣。其禘祫年數，乞一依太常禮院請，今年十月行祫祭，明年四月行禘祭。仍如夏卿議，權罷今年臘享。」

熙寧八年，有司言：「已尊僖祖爲太廟始祖，孟夏禘祭，當正東向之位。」又言：「太廟禘祭神位，已尊始祖居東向之位，自順祖而下，昭穆各以南北爲序。自今禘祫，著爲定禮。」

元豐四年〔四〕，詳定郊廟禮文所言：「禘祫之義，存於周禮、春秋，而不著其名。行禮之年，經皆無文，唯公羊傳曰：『五年而再盛祭。』禮緯曰：『三年一祫，五年一禘。』而又分爲二說：鄭氏則曰：『前三後二』，謂禘後四十二月而祫，祫後十八月而禘。徐邈則曰：『前二後三』，謂二祭相去各三十月。以二說考之，惟鄭氏曰：『魯禮，三年喪畢，祫於太廟，明年禘于羣廟，自後五年而再盛祭，一祫一禘。』實爲有據。本朝慶曆初用徐邈說，每三十月一祭。熙寧八年，旣禘而祫，此有司之失也。請今十八月而禘，禘四十二月而祫，庶幾舉禮不煩，事神不瀆。」太常禮院言：「本朝自慶曆以來皆三十月而一祭，至熙寧五年後，始不通計，遂至八年禘祫併在一歲。昨元豐三年四月已行禘禮，今年若依舊例，十月行祫享，卽比年頻祫〔五〕，復踵前失。請依慶曆以來之制，通計年數，皆三十月而祭。」詔如見行典禮。

詳定所又言：「古者祼獻、饋食，禴、祠、烝、嘗，並爲先王之享，未嘗廢一時之祭。故孔氏正義以爲：『天子夏爲大祭之禘，不廢時祭之礿〔六〕；秋爲大祭之祫，不廢時祭之嘗。』則王禮三年一祫與禘享，更爲時祭。本朝沿襲故常，久未釐正，請每禘祫之月雖已大祭，仍行時享，以嚴天子備禮，所以丕崇祖宗之義。其郊禮、親祠準此。」

又言：「禮，不王不禘。虞、夏、商、周四代所禘，皆以帝有天下，其世系所出者明，故追祭所及者遠也。太祖受命，祭四親廟，推僖祖而上所自出者，譜失其傳，有司因仍舊說，禘祫皆合羣廟之主，綴食於始祖，失禮莫甚。今國家世系與四代不同，既求其祖之所自出而不得，則禘禮當闕，必推見祖系乃可以行。」神宗謂輔臣曰：「禘者，本以審禘祖之所自出，故禮，不王不禘。秦、漢以後，譜牒不明，莫知其祖之所自出，則禘禮可廢也。」

已而詳定所言：「古者天子祭宗廟，有堂事焉，有室事焉。按禮，祝延尸入奧，灌後乃出延牲，延尸主出于室，坐于堂上，始祖南面，昭在東，穆在西，乃行朝踐之禮，是堂事也。設饌于堂，復延主入室，始祖東面，昭南穆北，徙堂上之饌于室中，乃行饋食之禮，是室事也。請每行大祫，堂上設南面之位，室中設東面之位。」禮部言：「合食之禮，始祖東面、昭南穆北者，本室中之位也。今設位戶外，祖宗昭穆別爲幄次，殆非合食之義。請自今祫享，卽前楹通設帳幕，以應室中之位。」

大觀四年，議禮局請：「每大祫，堂上設南面之位，室中設東面之位，始祖南面則昭穆東西相向，始祖東面則昭穆南北相向，以應古義。」又請：「陳瑞物及代國之寶與貢物可出而陳者，並令有司依嘉祐、元豐詔旨，凡親祠太廟準此。」從之。

南渡之後，有祫而無禘。高宗建炎二年，祫享于洪州。紹興二年，祫享于温州。時儀文草創，奉遷祖宗及祧廟神主、別廟神主，各設幄合食于太廟。始祖東向，昭穆以次南北相向。

五年，吏部員外郎董弅言〔七〕：「臣聞戎、祀，國之大事，而宗廟之祭，又祀之大者也。大祀，禘祫爲重，祫大禘小，則祫爲莫大焉。今戎事方殷，祭祀之禮未暇徧舉，然事有違經戾古，上不當天地神祇之意，下未合億兆黎庶之心，特出於一時大臣好勝之臆說，而行之六十年未有知其非者。顧雖治兵禦戎之際，正厥違誤，宜不可緩。仰惟太祖受天明命，混一區宇，卽其功德所起，宜祫享以正東向之尊。逮至仁宗，親行祫享，嘗議太祖東向，用昭正統之緒。當時在廷之臣，僉謂自古必以受命之祖乃居東向之位，本朝太祖乃受命之君，若論七廟之次，有僖祖以降四廟在上，當時大祫，止列昭穆而虛東向〔八〕，蓋終不敢以非受命之祖而居之也。曁熙寧之初，僖祖以世次當祧，禮官韓維等據經有請，適王安石用事，奮其臆說，乃俾章衡建議，尊僖祖爲始祖，肇居東向。馮京奏謂士大夫以太祖不得東向爲恨，安石肆言以折之。已而又欲罷太祖郊配，神宗以太祖開基受命，不許，安石終不以爲然。元祐之初，翼祖既祧，正合典禮。至於崇寧，宣祖當祧，適蔡京用事，一遵安石之術，乃建言請立九廟，自我作古，其已祧翼祖、宣祖並卽依舊。循沿至今，太祖尙居第四室，遇大祫處昭穆之列。今若正太祖東向之尊，委合禮經。」

太常寺丞王普又言：「弁所奏深得禮意，而其言尙有未盡。臣竊以古者廟制異宮，則太祖居中，而羣廟列其左右；後世廟制同堂，則太祖居右，而諸室皆列其左。古者祫享，朝踐于堂，則太祖南向，而昭穆位于東西；饋食于室，則太祖東向，而昭穆位于南北。後世祫享一于堂上，而用室中之位，故唯以東向爲太祖之尊焉。若夫羣廟迭毀，而太祖不遷，則其禮尙矣。臣故知太祖卽廟之始祖，是爲廟號，非謚號也。惟我太宗嗣服之初，太祖廟號已定，雖更累朝，世次猶近，每於祫享，必虛東向之位，以其非太祖必不可居也。迨至熙寧，又尊僖祖爲廟之始祖，百世不遷，祫享東向，而太祖常居穆位，則名實舛矣。儻以熙寧之禮爲是，僖祖當稱太祖，而太祖當改廟號。然則太祖之名不正，前日之失大矣。今宜奉太祖神主居第一室，永爲廟之始祖。每歲五享、告朔、薦新，止於七廟。三年一祫，則太祖正東向之位。太宗、仁宗、神宗南向爲昭，眞宗、英宗、哲宗北向爲穆。五年一禘，則迎宣祖神主享于太廟，而以太祖配焉。如是，則宗廟之事盡合禮經，無復前日之失矣。」上曰：「太祖皇帝開基創業，始受天命，祫享宜居東向之位。」宰相趙鼎等奏曰：「三昭三穆，與太祖之廟而七，載在禮經，無可疑者。」

紹熙五年九月，太常少卿曾三復亦言：請祧宣祖，就正太祖東向之位，其言甚切。既而吏部尙書鄭僑等亦乞因大行祔廟之際，定宗廟萬世之禮，慰太祖在天之靈，破熙寧不經之論。今太祖爲始祖，則太宗爲昭，眞宗爲穆，自是而下以至孝宗，四昭四穆與太祖之廟而九。上參古禮，而不廢崇寧九廟之制，於義爲允。又言：「治平四年，僖祖祧遷，藏在西夾室。至熙寧五年，王安石以私意使章衡等議，乃復祔僖祖以爲始祖，又將推以配天，欲罷太祖郊配。韓維、司馬光等力爭，而安石主其說愈堅。孫固慮其罷太祖配天，建議以僖祖權居東向之位。既曰權居，則當釐正明矣。」詔從之。

閏十月，權禮部侍郎許及之言：「僖、順、翼、宣四祖，爲太祖之祖考，所遷之主，恐不得藏于子孫之廟。今順、翼二祖藏于西夾室，實居太廟太祖之右。遇祫享，則於夾室之前，設位以昭穆焉〔九〕。」於是詔有司集議，吏部尚書兼侍讀鄭僑等言：「僖祖當用唐興聖之制，立爲別廟，順祖、翼祖、宣祖之主皆祔藏焉。如此，則僖祖自居別廟之尊，三祖不祔子孫之廟。自漢、魏以來，太祖而上，毀廟之主皆不合食，今遇祫，則卽廟而享，於禮尤稱。」諸儒如樓鑰、陳傅良皆以爲可，詔從之。

時朱熹在講筵，獨入議狀，條其不可者四，大略云：「準尚書吏部牒，集議四祖祧主宜有所歸。今詳羣議雖多，而皆有可疑。若曰藏之夾室，則是以祖宗之主下藏於子孫之夾室〔一〇〕。至於祫祭，設幄於夾室之前，則亦不得謂之祫。欲別立一廟，則喪事卽遠，有毀無立。欲藏之天興殿，則宗廟、原廟不可相雜。議者皆知其不安，特以其心欲尊奉太祖三年一祫時暫東向之故，其實無益於太祖之尊，而徒使僖祖、太祖兩朝威靈，相與校強弱于冥冥之中。今但以太祖當日追尊帝號之令而默推之，則知今日太祖在天之靈，必有所不忍而不敢當矣。又況僖祖祧主遷於治平，不過數年，神宗復奉以爲始祖，已爲得禮之正而合於人心，所謂『有其舉之，莫敢廢者』。」又言：「當以僖祖爲始祖，如周之后稷，太祖如周之文王，太宗如周之武王，與仁宗之廟，皆萬世不祧；昭穆而次，以至高宗之廟亦萬世不祧。」又言：「元祐大儒程頤以爲王安石言『僖祖不當祧』，復立廟爲得禮。竊詳頤之議論與安石不同，至論此事則深服之，足以見義理人心之所同，固有不約而合者。特以司馬光、韓維之徒皆是大賢，人所敬信，其議偶不出此，而安石乃以變亂穿鑿得罪於公議，故欲堅守二賢之說，并安石所當取者而盡廢之。今以程頤之說考之，則是非可判矣。」

議既上，召對，令細陳其說。熹先以所論畫爲圖本，貼說詳盡，至是出以奏陳久之，上再三稱善。且曰：「僖祖自不當祧，高宗卽位時不曾祧，壽皇卽位，太上卽位，亦不曾祧，今日豈可容易〔三〕？可於榻前撰數語，徑自批出。」熹方懲內批之弊，因乞降出箚子，再令臣僚集議，上亦然之。熹既退，卽進擬詔意，以上意諭廟堂，則聞已毀四祖廟而遷之矣。

時宰臣趙汝愚既以安石之論爲非，異議者懼其軋己，藉以求勝，事竟不行。熹時以得罪，遺汝愚書曰：「相公以宗子入輔王室，而無故輕納妄議，拆祖宗之廟以快其私，欲望神靈降歆，垂休錫羡，以永國祚於無窮，其可得乎？」時太廟殿已爲十二室，故孝宗升祔，而東室尚虛。熹以爲非所以祝延壽康之意，深不然之，因自劾不堪言語侍從之選，乞追奪待制，不許。及光宗祔廟，遂復爲九世十二室。蓋自昌陵祔廟，踰二百年而後正太祖之位。慶元二年四月，禮部太常寺言：「已於太廟之西，別建僖祖廟，及告遷僖、順、翼、宣帝后神主詣僖祖廟奉安。所有今年孟冬祫享，先詣四祖廟室行禮，次詣太廟，逐幄次行禮。」

理宗紹定四年九月丙戌，京師大火，延及太廟。太常少卿度正言：「伏見近世大儒侍講朱熹詳考古禮，尚論宗廟之制，畫而爲圖，其說甚備。然其爲制，務倣於古而頗更本朝之制，故學士大夫皆有異論，遂不能行。今天降災異，火發民家，延及宗廟，舉而行之，莫此時爲宜。臣於向來備聞其說，今備員禮寺，適當此變，若遂隱默，則爲有負，謹爲二說以獻。其一，純用朱熹之說，謂本朝廟制未合於古，因畫爲圖，謂僖祖如周后稷當爲本朝始祖。夫尊僖祖以爲始祖，是乃順太祖皇帝之孝心也。始祖之廟居于中，左昭右穆各爲一廟，門皆南向，位皆東向。祧廟之主藏于始祖之廟夾室，昭常爲昭，穆常爲穆，自不相亂。三年合食，則併出祧廟之主，合享於始祖之廟。始祖東向，羣昭之主皆位北而南向，羣穆之主皆位南而北向。昭穆既分，尊卑以定。其說合于古而宜于今，盡美盡善，舉而行之，祖宗在天之靈必歆享于此，而垂祐于無窮也。其一說，則因本朝之制，而參以朱熹之說。蓋本朝廟制，神宗嘗命禮官陸佃討論，欲復古制，未及施行。渡江以來，稽古禮文之事，多所未暇。今欲驟行更革，恐未足以成其事，而徒爲紛紛。或且仍遵本朝之制，自西徂東並爲一列，惟於每室之後，量展一間，以藏祧廟之主。每室之前，量展二間，遇三年祫享，則以帷幄幕之，通爲一室，盡出諸廟主及祧廟主並爲一列，合食其上。前乎此廟爲一室，凡遇祫享，合祭於其室，名爲祫享，而實未嘗合。今量展此三間，後有藏祧主之所，前有祖宗合食之地，於本朝之制，初無大段更革，而頗已得三年大祫之義。今來朝廷若能舉行朱熹前議，固無以加；如其不然，姑從後說，亦爲允當，不失禮意。然宗廟之禮，儻無其故，何敢妄議。今因大火之後，若加損益，亦惟其時，乞賜詳議。」有旨，令侍從、禮部、太常集議，後竟不行。

校勘記

〔一〕唯親郊封祀　按文義，此處疑有脫誤。

〔二〕有司準畫日孟冬薦享改爲祫祭　「有司」下疑脫「奏」字。長編卷二〇二作：「禮院奏：『準畫日，孟冬薦饗太廟改爲祫祭。』」

〔三〕故四十九年間九禘八祫　「四十九年」，長編卷二〇二作「四十二年」。按此處指宋仁宗天聖以後禘祫之誤。宋仁宗即位於乾興元年二月，死於嘉祐八年三月，在位四十二年。疑作「四十二年」是。

〔四〕元豐四年　「四年」原作「元年」，據下文和長編卷三一六、通考卷一〇二宗廟考改。

〔五〕卽比年頻祫　「比」原作「此」，據長編卷三一六、通考卷一〇二宗廟考改。

〔六〕不廢時祭之礿　「礿」原作「初」，據通考卷一〇二宗廟考改。

〔七〕董弅　原作「董棻」，據宋會要禮一七之三七、繫年要錄卷九二、兩朝綱目卷三改。下同。

〔八〕止列昭穆而虛東向　「止」原作「上」，據上文嘉祐四年王舉正等議和繫年要錄卷九二、通考卷一〇二宗廟考改。

〔九〕設位以昭穆焉　「昭穆」下疑脫「祭」字，宋會要禮一五之六二作：「設位以昭穆祭焉。」

〔一〇〕下藏於子孫之夾室　「下」原作「不」，據通考卷九四宗廟考、兩朝綱目卷三改。

〔一一〕豈可容易　原作「豈不容易」，據同上二書同卷改。

宋史卷一百八

志第六十一

禮十一 吉禮十一

時享　薦新　加上祖宗謚號　廟諱

時享。太祖乾德六年十月，判太常寺和峴上言：「按禮閣新儀，唐天寶五年，詔享太廟宜祭料外，每室加常食一牙盤。將來享廟，欲每室加牙盤食，禘祫、時享亦準此制。」

太宗太平興國六年十二月，太常禮院言：「今月二十三日，臘享太廟。緣孟冬已行時享，冬至又嘗親祀。按禮每歲五享，其禘祫之月卽不行時享，慮成煩數，有爽恭虔。今請罷臘日薦享之禮，其孝惠别廟卽如式。」從之。

淳化三年十月八日，太常禮院言：「今年冬至，親祀南郊，前期朝享太廟，及奏告宣祖、太祖室。常例，每遇親祀，設朔望兩祭，乃是十一月內三祭，太廟兩室又行奏告之禮，煩則不恭。又十一月二十日，皇帝朝享，去臘享日月相隔，未爲煩數。欲望權停是月朔望之祭，其臘享如常儀。」從之。

眞宗景德三年正月，晝日乙卯孟享太廟。其日以鄆王外欑，改用辛酉。十月十日，孟冬薦享。其月，明德皇后園陵，有司言：「故事，大祠與國忌日同日者，其樂備而不作，今請如例。」從之。四年七月，以莊穆皇后祔享，權停孟享。

大中祥符三年十二月，帝謂王旦等言：「來年正月十一日孟享太廟，而有司擇八日宴，已在享廟致齋中。又七日上辛，祀昊天上帝。」王欽若言：「若移宴日避祀事，卽自天慶節以來皆有所妨。」馮拯言：「上辛不可移，薦享宗廟是有司擇日，於禮無嫌。」帝曰：「當詢禮官。」終以契丹使發有常期，又將西巡，故不及改。

八年，兼宗正卿趙安仁言：「準詔以太廟朔望上食品味，令臣詳定。望自今委御廚取親享廟日所上牙盤例，參以四時珍膳，選上局食手十人，赴廟饌造，上副聖心，式表精慤。」詔：「所上食味，委宮闈令監造訖，安仁省視之。」

神宗元豐三年十月，詳定郊廟奉祀禮文所言：「祠禴嘗蒸之名，春夏則物未成而祭薄，秋冬則物成而祭備。今太廟四時雖有薦新，而孟享禮料無祠禴蒸嘗之別。伏請春加韭、卵，夏加麥、魚，秋加黍、豚，冬加稻、鴈，當饋熟之節，薦於神主。其籩豆於常數之外，別加時物之薦，豐約各因其時，以應古禮。」從之。

六年十一月，帝親祠南郊。前期三日，奉仁宗、英宗徽號册寶于太廟。是日，齋于大慶殿。翌日，薦享于景靈宮。禮畢，帝服通天冠、絳紗袍，乘玉輅至太廟，宰臣、百官班迎于廟門。侍中跪請降輅，帝却乘輿，步入廟，趨至齋宮。翌日，帝服韡袍至大次。有司奏中嚴外辦，禮儀使跪奏請行事。帝服袞冕以出，至東門外，殿中監進大圭，帝執以入，宮架樂作，升東階，樂止。登歌樂作，至位，樂止。太祝、宮闈令奉諸室神主于坐，禮儀使贊曰：「有司謹具，請行事。」帝再拜，詣罍洗，登歌樂作，降階，樂止。宮架樂作，至洗南，北向，樂止。帝搢圭，盥帨，洗瓚、拭瓚訖，執圭。宮架樂作，升堂，樂止。登歌樂作，殿中監進鎮圭。帝搢大圭，執鎮圭，詣僖祖室，樂止。登歌奏瑞安之曲。至神坐前，北向跪，奠鎮圭于繅藉，執大圭跪，三上香，執瓚祼地，奠瓚，奉幣〔一〕。奠訖，執圭，俛伏，興，出戶外，北向再拜。內侍舉鎮圭以授殿中監。至次室行事，皆如前儀。帝還位，登歌樂作，至位，樂止。宮架興安之樂作，文舞九成，止。禮部、戶部尚書以次官奉逐室俎豆，宮架豐安樂作，奠訖，樂止。帝再詣罍洗，登歌樂作，降階，樂止。宮架樂作，至洗南，北向立，樂止。帝搢圭，盥帨，洗爵、拭爵訖，執圭。宮架樂作，帝升東階，樂止。登歌樂作，至僖祖室，樂止。宮架樂作，帝搢圭跪，受爵，祭酒，三奠爵，執圭，俛伏，興，出戶外，北向立，樂止。太祝讀册文，帝再拜。詣次室，皆如前儀。帝還位，登歌樂作，至位，樂止。文舞退，武舞進，宮架正安之樂作，亞獻以次行事如前儀，樂止。帝詣飮福位，登歌樂作，至位，樂止。宮架僖安樂作，帝再拜，搢圭跪，受爵，祭酒，三啐酒，奠爵，受俎，奠俎，受摶黍，奠黍豆，再受爵，飮福酒訖，奠爵，執圭，俛伏，興，再拜，樂止。帝還位，登歌樂作，至位，樂止。太常博士徧祭七祀、配享功臣。戶部、禮部尙書徹俎豆，登歌豐安樂作，徹訖，樂止。禮直官曰「賜胙」，行事、陪祠官皆再拜，宮架興安樂作，一成，止。太祝、宮闈令奉神主入諸祏室。禮儀使跪奏禮畢，登歌樂作，帝降階，樂止。宮架樂作，出東門，殿中監受大圭，歸大次，樂止。有司奏解嚴，轉仗赴南郊。

初，國朝親享太廟，儀物有制。熙寧以來，率循舊典，元豐命官詳定，始多損益。元年，詳定郊廟禮文所言：「古者納牲之時，王親執鸞刀，啓其毛，而祝以血毛詔於室。今請改正儀注，諸太祝以毛血薦於神坐訖，徹之而退。唐崔沔議曰：『毛血盛於盤。』開元、開寶通禮及今儀注皆盛以豆。禮以豆盛葅醢，其薦毛血當盛以盤。」又言：「三牲骨體俎外，當加牛羊腸胃、豕膚俎各一。又古者祭祀無迎神、送神之禮，其初祭及末，皆不當拜。又宜令戶部陳歲貢以充庭實，如古禮，仍以龜爲前，金次之，玉帛又次之，餘居後。又周禮大宗伯之職，凡享，涖玉鬯。今以門下侍郎取瓚進皇帝，侍中酌鬯進瓚，皆未合禮。請命禮部尚書奉瓚臨鬯，禮部侍郎奉槃，以次進，皇帝酌鬯祼地訖，侍郎受瓚并槃而退。」又言：「皇帝至阼階，乃令太祝、宮闈令始奉神主置于坐，行禮畢，皇帝俟納神主，然後降階。」並從之。

又言：「神坐當陳于室之奧東面。當行事時，皇帝立于戶內西向，卽拜于戶內。有司攝事，晨祼饋食，亦立于戶內西向，更不出戶而拜。其堂上薦腥，則設神坐于扆前南向，皇帝立于中堂北向。有司攝事同此。」詔俟廟制成取旨。

又請：「諸廟各設莞筵紛純，加繅席畫純，于戶內之東西面，皇帝行三獻禮畢，於此受嘏。」又言：「每室所用几席，當如周禮，改用莞筵紛純，加繅席畫純，加次席黼純，左右玉几。凡祭祀，皆繅次各加一重，并莞筵一重爲五重。」又言：「古者宗廟九獻，皇及后各四〔二〕，諸臣一。自漢以來爲三獻，后無入廟之事，沿襲至今。若時享則有事於室，而無事於堂；禘祫則有事於堂，而無事於室。室中神位不在奧，堂上神位不當扆，有饋食而無朝踐。度今之宜，以備古九獻之意，請室中設神位于奧東面，堂上設神位于戶外之西南面，皇帝立于戶內西面，祼鬯爲一獻；出戶立于扆前，北向，行朝踐薦腥之禮爲再獻；皇帝立于戶內西面，行饋食薦熟之禮爲三獻。」詔並俟廟制成取旨。

又請：「三年親祠，并祫享及有司攝事，每室並用太牢及制幣。宗廟堂上焫蕭以求陽，而有司行事焫茅香，宜易用蕭。灌鬯於地以求陰，宜束茅沃酒以象神之飲。凡幣皆埋于西階東，册則藏有司之匱。」又請：「除去殿下板位及小次，而設皇帝板位于東階之上，西向。」又請：「凡奏告、祈禱、報謝，用牲牢祭饌，並出帝后神主，以明天地一體之義。又古者祭祀，兼薦上古、中古及當世之食，唐天寶中，始詔薦享每室加常食一牙盤，議者以爲宴私之饌可薦寢宮，而不可瀆於太廟，宜罷之。古者吉祭必以其妃配，不特拜，請奠副爵無特拜。儀禮曰：『嗣舉奠。』請皇帝祭太廟，既祼之後，太祝以斝酌奠于鉶之南，俟正祭嘏訖，命皇子舉奠而飲。」

又請：「命刑部尚書一員以奉太牲，兵部尚書一員奉魚十有五。仍令腥熟之薦，朝享及四孟、臘享，皆設神位于戶內南向。其祼將于室，朝踐于堂，饋熟于室，則於奧設莞筵紛純，加繅席畫純，加次席黼純，左右玉几。當筵前，設饋食之豆八，加豆八，以南爲上。鉶三，設于豆之南。南陳牛鉶居北，羊鉶在牛鉶之南，豕鉶在羊鉶之南。羞豆二，曰酏食、糝食，設于薦豆之北。大羹湆盛以登，設于羞豆之北。九俎設于豆之東，三三爲列，以南爲上。肵俎一，當臘俎之北，縱設之。牲首俎在北牖下，簠簋設于俎南，西上。籩十有八，設于簠簋之南，北上。戶外之東設尊彝，西上，南肆。阼階之東設六罍，其三在西，以盛玄酒，其三在東，以盛三酒。堂下陳鼎之位，在東序之南，居洗之西，皆西面北上。匕皆加于鼎之東，俎皆設于鼎之西，西肆。脈俎在北，亦西肆。若廟門外，則陳鼎于東方，各當其鑊，而在其鑊之西，皆北面北上。」

又請：「既晨祼，諸太祝入，以血毛奠神坐。太官令取肝，以鸞刀制之，洗于鬱鬯，貫以膋，燎于爐炭。祝以肝膋入，詔神于室，又出以隋祭于戶外之左，三祭于茅葅。當饋熟之時，祝取菹擩于醢，祭于神坐前，豆間三。又取黍稷肺祭，祭如初，藉以白茅。既祭，宮闈令東而瘞之于西階東。若郊祀天地，則當進熟之時，祝取菹及黍稷肺，祭于正配神坐前，各三祭，畢，郊社令束茅菹而燔瘞之。祀天燔，祭地瘞，縮酒之茅，或燔或瘞，當與隋祭之菹同。」

又言：「古者吉祭有配，皆一尸。其始祝洗酌奠，奠于鉶南，止有一爵。及主人獻尸，主婦亞獻，賓長三獻，亦止一爵。請罷諸室奠副爵。其祫享別廟，皇后自如常禮。應祠告天地、宗廟、社稷，並用牲幣。如唐置太廟局令，以宗正丞充，罷攝知廟少卿，而宮闈令不預祠事。」又言：「晨祼之時，皇帝先搢大圭，上香、祼鬯、復位，俟作樂饋食畢，再搢大圭，執鎮圭，奠於繅藉。次奠幣、執爵，庶禮神並在降神之後。」從之。

八年，太常寺言：「故事，山陵前，宗廟輟祭享，朔望以內臣行薦食之禮，俟祔廟畢仍舊。今景靈宮神御殿已行上食〔三〕，太廟朔望薦食自當請罷。」從之。

元祐七年，詔復用牙盤食。舊制，並於禮饌外設，元豐中罷之，禮官呂希純建議曰：「先王之祭，皆備上古、中古及今世之食。所設禮饌，卽上古、中古之食，牙盤常食，卽今世之食。議者乃以爲宗廟牙盤原於秦、漢陵寢上食，殊不知三代以來，自備古今之食。請依祖宗舊制，薦一牙盤。」從之，乃更其名曰薦羞。希純又請：「帝后各奠一爵，后爵謂之副爵。今帝后惟奠一爵共享，瀆禮莫甚。請設副爵，亦如其儀。」

大觀四年，議禮局言：「太廟每享，各設大尊二，則是以追享、朝享之尊，施之於禴祠蒸嘗，失禮尤甚。請今四時之享，不設大尊。」又言：「圭瓚之制，親祀以塗金銀瓚，有司行事以銅瓚，其大小長短之制皆不如禮，請改以應古制。」又言：「太廟圭瓚、別廟璋瓚，舊用珉石，請改用玉。」又言：「新定太廟陳設之儀，盡依周制，籩豆各用二十有六，簠簋各八。以籩二十有六爲四行，以右爲上，羞籩二爲第一行，朝事籩八次之，饋食籩八又次之，加籩八又次之。豆二十有六爲四行，以左爲上，羞豆二爲第一行，朝事豆八次之，饋食豆八又次之，加豆八又次之。簠八爲二行，在籩之外，簋八爲二行，在豆之外。籩豆所實之物，悉如周禮籩人、醢人之制，惟簠以稻粱，簋以黍稷，而茅菹以蓴，蚳醢以蜂子代之。」又言：「宗廟之祭用太牢而三鉶，實牛羊豕之羹，固無可論者。至於大羹止設一登，以少牢饋食禮考之，則少牢者羊豕之牲也。佐食羞兩鉶，司士進湆二豆。三牲之祭，鉶旣設三，則登亦如其數。請太廟設三登，實牛羊豕之湆以爲太羹，明堂亦如之。」

高宗建炎三年〔四〕，奉安神主于温州，權用酒脯。紹興五年，臨安府建太廟，始用特羊，十年改用少牢。其廟享之禮，七年祀明堂于建康，以徽宗之喪，太常少卿吳表臣援熙寧故事，謂當時英宗喪未除，不廢景靈宮、太廟之禮。翰林學士朱震以爲不然，謂：「王制，『喪三年不祭，惟天地、社稷越紼行事。』孰謂三年之喪，而可以見宗廟行吉禮乎？」吏部尚書孫近等言：「按春秋，『君薨，卒哭而祔，祔而作主，特祀於寢，蒸嘗禘於廟。』杜預謂：『新主既特祀於寢，則宗廟常祀，自當如舊。』又熙寧元年，神宗諒闇，用景德故事，躬行郊廟之禮。今明堂大禮，已在以日易月服除之後，皇帝合享太廟，所有鹵簿、鼓吹及樓前宮架、諸軍音樂皆備而不作。」

三十二年，孝宗卽位，擇日朝享太廟。禮部言：「牲牢、禮料、酒、齊等物，並如五享行之。」紹熙五年，寧宗卽位，時有孝宗之喪。閏十月，浙東提舉李大性言：「自漢文帝以來，皆卽位而謁廟。陛下龍飛已閱三月，未嘗一至宗廟行禮。鑾輿屢出，過太廟門而不入，揆之人情，似爲闕典。乞早擇日，恭謁太廟。」詔酒遵用三年之制。吏部員外郎李謙請以來年正月上日躬行告廟之禮。禮寺以爲俟皇帝從吉，討論施行。理宗卽位，行三年之喪，初行明堂朝享，以大臣攝事，卽吉後，始行親享之禮。

薦新。太宗雍熙二年十一月，宗正寺言：「準詔，送兔十頭充享太廟。按開寶通禮，薦新之儀，詣僖祖室戶前，盥洗酌獻訖，再拜，次獻諸室如上禮。」遂詔曰：「夫順時蒐狩，禮有舊章，非樂畋遊，將薦宗廟，久隳前制，闕孰甚焉。爰遵時令，暫狩近郊，既躬獲禽，用以薦俎。其今月十一日畋獵，親射所獲田禽，並付所司，以備太廟四時薦享，著爲令。」

景祐二年〔五〕，宗正丞趙良規言：「通禮著薦新凡五十餘物，今太廟祭享之外唯薦冰，其餘薦新之禮，皆寢不行。宜以品物時新，所司送宗正，令尚食簡擇滋味與新物相宜者，配以薦之。」於是禮官、宗正條定：「逐室時薦，以京都新物，略依時訓，協用典章。請每歲春孟月薦蔬，以韭以菘，配以卵；仲月薦冰，季月薦蔬以筍，果以含桃；夏孟月嘗麥，配以彘，仲月薦果，以瓜以來禽，季月薦果，以芡以菱；秋孟月嘗粟嘗穄，配以鷄，果以棗以梨，仲月嘗酒嘗稻，蔬以茭筍，季月嘗豆嘗蕎麥；冬孟月羞以兔，果以栗，蔬以藷藇，仲月羞以鴈以麞，季月羞以魚。凡二十八種，所司烹治。自彘以下，令御廚於四時牙盤食烹饌，卜日薦獻，一如開寶通禮。」又太常禮院言：「自來薦冰，惟薦太廟逐室帝主，后主皆闕。謹按朔望每室牙盤食，帝后同薦。又按禮，『有薦新如朔奠』。詳此獻祀，帝后主別無異等之義。今後前廟逐室后主，欲乞四時薦新，並如朔望牙盤例，后廟、奉慈廟如太廟之禮。」

皇祐三年，太常寺王洙言：「每內降新物，有司皆擇吉日，至涉三四日，而物已損敗。自今令禮部預爲關報，於次日薦之，更不擇日。」

元豐元年，宗正寺奏：「據太常寺報，選日薦新兔、藷薁、栗黃。今三物久粥於市，而廟猶未薦，頗違禮意。蓋節序有蚤晏，品物有後先，自當變通，安能齊一。又唐開元禮，薦新不出神主。今兩廟薦新〔六〕，及朔望上食，並出神主。請下禮官參定所宜。」

詳定所言：「古者薦新于廟之寢，無尸，不卜日，不出神主，奠而不祭。近時擇日而薦，非也。天子諸侯，物熟則薦，不以孟仲季爲限。呂氏月令，一歲之間八薦新物，開元禮加以五十餘品。景祐中，禮官議以呂紀簡而近薄，唐令雜而不經，於是更定四時所薦，凡二十八物，除依詩、禮、月令〔七〕外，又增多十有七品。雖出一時之議，然歲時登薦，行之已久。依於古則太略，違於經則無法。今欲稍加刊定，取其間先王所嘗享用膳羞之物，見於經者存之，不經者去之。請自今孟春薦韭以卵，羞以葑；仲春薦冰，季春薦筍，羞以含桃；孟夏嘗麥以彘，仲夏嘗雛以黍，羞以瓜，季夏羞以芡以菱；孟秋嘗粟與稷，羞以棗以梨，仲秋嘗麻嘗稻，羞以蒲，季秋嘗菽，羞以兔以栗；孟冬羞以鴈，仲冬羞以麕，季冬羞以魚。今春不薦鮪，誠爲闕典。請季春薦鮪，無則闕之。舊有林檎、蕎麥、藷薁之類，及季秋嘗酒，並合删去。凡新物及時出者，卽日登獻，既非正祭，則不當卜日。漢儀嘗韭之屬，皆於廟而不在寢，故韋玄成傳、以爲廟歲二十五祠，而薦新在焉。自漢至于隋、唐，因仍其失，薦新雖在廟，然皆不出神主。今出神主，失禮尤甚。請依五禮精義，但設神座〔八〕，仍俟廟成，薦新于寢。」詔依所定，如鮪闕，即以魴鯉代之。既而知宗正丞趙彥若言：「禮院以仲秋菱葥不經，易以蒲白。今仲秋蒲無白，改從春獻。」

大觀，禮局亦言：「薦新雖繫以月，如櫻、筍三月當進，或萌實未成，轉至孟夏之類，自當隨時之宜，取新以薦。」政和四年，比部員外郎何天衢言：「祭不欲數，數則煩；祭不欲疏，疏則怠。先王建祭祀之禮，必得疏數之中，未聞一日之間，遂行兩祭者也。今太廟薦新，有與朔祭同日者。夫朔祭行於一月之首，不可易也。若夫薦新，則未嘗卜日，一月之內，皆可薦也。新物未備，猶許次月薦之，亦何必同朔日哉。」自是薦新偶與朔祭同日，詔用次日焉。中興仍舊制。

加上祖宗謚號。太祖建隆元年九月，太常禮院言：「謹按唐大中初，追尊順宗、憲宗謚號，皇帝於宣政殿授玉册，遣宰臣以下持節奉册赴太廟。授册日，帝既御殿，百僚拜訖，降階跪授册於太尉，候太尉奉册出宣政門，然後升殿。凡皇帝行禮，皆太常卿贊導奉引。」奏可。是月二十七日，帝御崇元殿，備禮遣使奉册上四廟謚號。皇帝高祖府君册曰：「孝曾孫嗣皇帝臣某，再拜稽首上言：伏以昊天有命，皇宋勃興，括厚載以開階，宅中區而撫運，夷夏蠻貊，罔不獻誠，山川鬼神，罔不受職。非臣否德，肇此丕圖，實賴先正儲休，上玄降鑒，既虔膺於大寶，乃眇覿於遐源，敢遵歷代之規，式薦配天之號。謹遣使司空兼門下侍郎同中書門下平章事王溥、副使兵部尚書李濤奉寶册，上尊謚曰文獻皇帝，廟號僖祖，皇帝高祖母崔氏曰文懿皇后〔九〕。」皇曾祖府君册曰：「伏以天命匪忱，惟歸於有德，人文設教，必始於貽謀。乘時既肇於興王，報本敢稽於尊祖。非隆徽稱，則大享何以配神，非鏤良珉，則洪烈何由垂世。方作猗那之頌，永嚴昭穆之容。謹遣使王溥、副使李濤奉册寶，上尊謚曰惠元皇帝，廟號順祖，皇曾祖母桑氏曰惠明皇后。」皇祖驍衞府君册曰：「伏以人瞻烏止，運叶龍飛。非發源之長，析派不能通上漢；非積基之厚，嗣孫不能有中區。今人紀肇脩，孝思罔極，酌百王之損益，薦四廟之蒸嘗。謹遣使王溥、副使李濤奉寶册，上尊謚曰簡恭皇帝，廟號翼祖，皇祖母京兆郡太夫人劉氏曰簡穆皇后。」聖考太尉府君册曰：「昔者流火開祥，周發薦文王之號，黃星應運，曹丕揚魏祖之功。咸因致孝之誠，式展尊親之義，爰遵大典，亟上尊稱。謹遣使王溥、副使李濤奉册寶，上尊謚曰昭武皇帝，廟號宣祖。」禮畢，羣臣進表奉慰。

太宗太平興國二年正月甲戌，上太祖英武聖文神德皇帝。眞宗大中祥符元年十一月二十七日，帝於朝元殿備禮，奉祖宗尊謚册寶，再拜授攝太尉王旦奉之以出，安太祖册寶於玉輅，太宗册寶於金輅，詣太廟，奉上太祖曰啓運立極英武聖文神德玄功大孝皇帝，太宗曰至仁應道神功聖德文武大明廣孝皇帝。禮畢，親行朝享之禮。天禧元年正月九日，加上六室尊謚二字：僖祖曰文獻睿和皇帝，順祖曰惠元睿明皇帝，翼祖曰簡恭睿德皇帝，宣祖曰昭武睿聖皇帝，太祖曰啓運立極英武睿文神德聖功至明大孝皇帝，太宗曰至仁應道神功聖德睿烈大明廣孝皇帝。禮畢，羣臣拜表稱賀。十一日，帝行朝享之禮。

仁宗天聖二年十一月二十五日，加上眞宗謚曰文明武定章聖元孝皇帝。慶曆七年十一月二十五日，加上眞宗謚曰膺符稽古成功讓德文明武定章聖元孝皇帝。

神宗元豐六年五月，改加上尊謚作奉上徽號。十一月二日，奉上仁宗徽號曰體天法道極功全德神文聖武睿哲明孝皇帝，又上英宗徽號曰體乾膺曆隆功盛德憲文肅武睿神宣孝皇帝〔10〕。

哲宗紹聖二年正月，帝謂輔臣曰：「祖宗謚號，各加至十六字。神宗皇帝今止初謚，尚未增加，宜考求典故以聞。」宰臣章惇等對曰：「祖宗加謚，歲月不定。眞廟初加八字，是天聖二年。今神宗附廟已十年，故事加徽號必在南郊前，謹如聖旨討閱以聞。」四月二十七日，詔加上神宗皇帝徽號，於大禮前三日行禮。九月十六日，奉上册寶曰神宗紹天法古運德建功英文烈武欽仁聖孝皇帝。

徽宗崇寧三年十一月二十三日，更定神宗徽號曰體元顯道帝德王功英文烈武欽仁聖孝皇帝，又奉哲宗徽號曰憲元繼道顯德定功欽文睿武齊聖昭孝皇帝。大觀元年九月，加上僖祖徽號爲十六字，曰立道肇基積德起功懿文憲武睿和至孝皇帝。政和三年十一月五日，加上神宗、哲宗徽號。前二日，皇帝御大慶殿，奉神宗册寶授太師、魯國公蔡京，載以玉輅，奉哲宗册寶授少師、太宰何執中，載以金輅，並詣太廟幄殿，奉安以俟。四日，皇帝詣景靈宮行禮，赴太廟宿齋。五日，服袞冕，恭上神宗册寶于本室，曰體元顯道法古立憲帝德王功英文烈武欽仁聖孝皇帝，又上哲宗册寶于本室，曰憲元繼道世德揚功欽文睿武齊聖昭孝皇帝。次行朝享，禮畢，赴南郊青城宮。

紹興十二年十一月，詔議加上徽宗徽號曰體神合道駿烈遜功聖文仁德憲慈顯孝皇帝〔二〕。十三年正月九日，皇帝御文德殿，命宰臣秦檜奏請太廟。十日，內殿宿齋，文武百僚集於發册寶殿門幕次，次禮儀使、閤門官、太常博士、禮直官分立御幄前，次分引百僚入就殿下，東西相向立定，禮直官引奉册寶使、侍中、中書令、舉寶舉册官詣殿下西階之西東向立。俟齋室簾降，皇帝服通天冠、絳紗袍，禮部侍郎奏中嚴外辦。次禮直官、太常博士引禮儀使當幄前俛伏跪奏：「禮儀使臣某言，請皇帝行奉上徽宗皇帝發册寶之禮。」奏訖，俛伏，興。簾卷，前導官前導皇帝出幄，執大圭，詣册寶幄東褥位西向立。禮儀使奏請再拜，皇帝再拜，三上香，再拜，在位官皆再拜。前導還褥位西向立，侍中、中書令、舉册舉寶官升殿，入册寶幄。舉册寶官俱搢笏跪，舉册寶與侍中、中書令奉册寶進行，皇帝後從，降自西階，至殿下褥位南向立。禮儀使奏皇帝再拜，舉册官奉册，舉寶官奉寶，皇帝搢大圭，跪奉受册寶使，皇帝執大圭再拜，在位官皆再拜。持節者持節導册寶進行，出殿正門。禮儀使奏禮畢。皇帝釋大圭，升自東階，入齋室。禮部郎中奏解嚴。次册寶出北宮門，奉册寶使以下騎從，至太廟靈星門外下馬，步從至太廟南神門外。次日，文武百僚集於太廟幕次，分引詣殿下再拜，册寶使詣各室行奠獻禮。次贊者引舉册官舉册，舉寶官舉寶，禮直官引侍中、中書令前導册寶入自南正門，至殿西階下權置定，各再拜。次詣徽宗室，册寶使俛伏跪奏稱：「嗣皇帝臣某，謹遣臣等奉徽號册寶。」奏訖，俛伏，興。舉册官舉册進，中書令跪讀册文，舉寶官舉寶進，侍中跪讀寶文，册寶使以下各再拜，至册寶幄安奉。禮畢，以次退。次文武百僚奉表稱賀。

紹熙二年八月，詔上高宗徽號曰受命中興全功至德聖神武文昭仁憲孝皇帝。慶元三年，上孝宗徽號曰紹統同道冠德昭功哲文神武明聖成孝皇帝。嘉泰三年，上光宗徽號曰循道憲仁明功茂德温文順武聖哲慈孝皇帝。寶慶三年，上寧宗徽號曰法天備道純德茂功仁文哲武聖睿恭孝皇帝〔三〕。咸淳二年，上理宗徽號曰建道備德大功復興烈文仁武聖明安孝皇帝。並如紹興十三年儀注。

廟諱。紹興二年十一月，禮部、太常寺言：「淵聖皇帝御名，見於經傳義訓者，或以威武爲義，或以回旋爲義，又爲植立之象，又爲亭郵表名，又爲圭名，又爲姓氏，又爲木名，當各以其義類求之。以威武爲義者，今欲讀曰『威』；以回旋爲義者，今欲讀曰『旋』；以植立爲義者，今欲讀曰『植』；若姓氏之類，欲去『木』爲『亘』。又緣漢法，『邦』之字曰『國』，『盈』之字曰『滿』，止是讀曰『國』、曰『滿』，其本字見於經傳者未嘗改易。司馬遷漢人也，作史記，曰：『先王之制，邦內畿服，邦外侯服。』又曰：『盈而不持則傾。』於『邦』字、『盈』字亦不改易。今來淵聖皇帝御名，欲定讀如前外，其經傳本字，卽不當改易，庶幾萬世之下，有所考證，推求義類，別無未盡。」三十二年正月，禮部、太常寺言：「欽宗祔廟，翼祖當遷。於正月九日，告遷翼祖皇帝、簡穆皇后神主奉藏於夾室。所有以後翼祖皇帝諱，依禮不諱。」詔恭依。

紹熙元年四月，詔：「今後臣庶命名，並不許犯祧廟正諱。如名字見有犯祧廟正諱者，並合改易。」嘉定十三年十月，司農寺丞岳珂言：「孝宗舊諱從『伯』從『玉』從『宗』。攷國朝之制，祖宗舊諱二字者，皆著令不許並用。」又言「欽宗舊諱二字，其一從『亶』從『旦』，其一從『火』從『亘』，皆合回避。乞併下禮、寺討論，頒降施行。」既而禮、寺討論：「所有欽宗、孝宗舊諱，若二字連用，並合回避，宜從本官所請，刊入施行。」從之。

校勘記

〔一〕奉幣　「幣」原作「帛」，據宋會要禮一七之三三、通考卷九八宗廟考改。

〔二〕古者宗廟九獻皇及后各四　「皇」，宋會要禮一七之三四、通考宗廟考卷九八都作「王」，當以作「王」爲是。

〔三〕今景靈宮神御殿已行上食　「今」原作「令」，據宋會要禮一七之三六、通考卷九八宗廟考改

〔四〕建炎三年　「三年」原作「四年」，據宋會要禮一七之三七和通考卷九四、九八宗廟考改。

〔五〕景祐二年　「二年」原作「三年」，據宋會要禮一七之八六、長編卷一一六改。

〔六〕今兩廟薦新　「廟」原作「朝」，據宋會要禮一七之八八改。

〔七〕詩禮月令　「詩」原作「時」，據宋會要禮一七之八八、長編卷二九九改。

〔八〕神座　原作「神主」，據宋會要禮一七之九〇、長編卷二九九改。

〔九〕文懿皇后　「文懿」原作「懿文」，據宋會要禮五八之二、后妃一之一和長編卷一改。

〔一〇〕體乾膺曆隆功聖德憲文肅武睿神宣孝皇帝　「聖德」，本書卷一六神宗紀、宋會要帝系一之一都作「盛德」。

〔一一〕體神合道駿烈遜功聖文仁德憲慈顯孝皇帝　「體神」原作「體仁」，據本書卷三〇高宗紀、繫年要錄卷一四八、宋會要帝系一之一六改。

〔一二〕法天備道純德茂功仁文哲武聖睿恭孝皇帝　「純德」原作「統德」，據本書卷四〇寧宗紀、卷四一理宗紀和宋會要禮四九之九七改。

宋史卷一百九

志第六十二

禮十二 吉禮十二

后廟 景靈宮 神御殿 功臣配侑 羣臣家廟

后廟之制。建隆三年，追册會稽郡夫人賀氏曰孝惠皇后，止就陵所置祠殿奉安神主，薦常饌，不設牙盤祭器。乾德元年，孝明皇后王氏崩，始議置廟及二后先後之次。太常博士和峴請共殿別室，以孝明正位內朝，請居上室；孝惠緣改葬，不造虞主，與孝明同祔，宜居次室。禮院又言：「后廟祀事，一準太廟，亦當立戟。」及太祖祔廟，有司言：「合奉一后配食。按唐睿宗追謚肅明、昭成二后，至睿宗崩，獨昭成以帝母之重升配，肅明止享於儀坤廟。近周世宗正惠、宣懿二后並先崩，正惠無位號，宣懿居正位，遂以配食。今請以孝明皇后配，忌日行香廢務，其孝惠皇后享於別廟。」從之。

太平興國元年，追册越國夫人符氏爲懿德皇后，尹氏爲淑德皇后，並祔后廟。

至道三年，孝章皇后宋氏祔享，有司言：「孝章正位中壼，宜居上室，懿德追崇后號，宜居其次。」詔孝章殿室居懿德下。六月，禮官議：「按太平興國中追册定謚，皆以懿德居上。淳化初，宗正少卿趙安易言，別廟祭享，懿德在淑德之上，未測升降之由。其時敕旨依舊懿德在上。按江都集禮，晉景帝卽位，夏侯夫人應合追尊。散騎常侍任茂、傅玄等議云：『夏侯夫人初歸景帝，未有王基之道，不及景帝統百揆而亡，后妃之化未著遠邇，追尊無經義可據。』今之所議，正與此同。且淑德配合之初，潛躍之符未兆；懿德輔佐之始，藩邸〔一〕之位已隆，然未嘗正位中宮，母臨天下。豈可生無尊極之位，沒升配享之崇，於人情不安，於典籍無據。唐順宗祔廟後十一年，始以莊憲皇后升配，憲宗祔廟後二十五年，始以懿安皇后升配。今請虛位，允協舊儀。」再詔尚書省集議及禮官同詳定。上議曰：「淑德皇后生無位號，沒始追崇，況在初潛，早已薨謝，懿德皇后享封大國，作配先朝，雖不及臨御之期，且夙彰賢懿之美，若以升祔，當歸懿德。又詳周世宗正惠、宣懿配食故事，當時議以正惠追尊位號，請以宣懿爲配。是時以太后在位，疑宣懿祔廟之後，立忌非便。議者引晉哀帝時何太后在上，尊所生周氏爲太妃，封其子爲琅邪王。及太妃薨，帝奔喪琅邪第，七月而葬。

此則奔喪行服，尚不厭降，卽忌日廢務〔二〕，於理無嫌。今禮官引唐順、憲二宗廟享虛位之文，夫旣追册二后，卽虛室亦爲非便，請奉懿德神主升配。又按議者以周世宗神主祔廟，必若宣懿同祔，卽正惠神主請加『太』字。今升祔懿德，請卽加淑德『太』字，仍舊别廟。」詔：「以懿德配享，至於『太』者尊極之稱，加于母后，施之宗廟禮所未安。」迺不加「太」字，仍别廟配享。十二月，追尊賢妃李氏爲元德皇太后。有司言：「按周禮春官大司樂之職，『奏夷則，歌仲吕，以享先妣』，謂姜嫄也。是帝嚳之妃，后稷之母，特立廟曰閟宫。晉簡文宣后以不配食，築室於外，歲時享祭。唐先天元年，始祔昭成、肅明二后于儀坤廟。又玄宗元獻楊后立廟於太廟之西。稽於前文，咸有明據。望令宗正寺於后廟内修奉廟室，爲殿三間，設神門、齋房、神廚以備薦享。」

咸平元年，判太常禮院李宗訥等言：「元德皇太后别建廟室，淑德皇后亦在别廟，同是帝母而無『太』字。按唐穆宗三后，除宣懿升祔，正獻、恭僖〔三〕二后並立别廟，各有『太』字。又開元初，太常議昭成皇太后，請不除『太』字，云『入廟稱后，義繫於夫，在朝稱太后，義繫於子。如謚册入陵，神主入廟，則當去太字』。按神主入廟之説，蓋爲祔享太廟，以厭降故，不加『太』字，則本朝文懿諸后是也。如别建廟室，不可但稱皇后，則唐正獻、恭僖二太后是也。淑德皇后亦請加『太』字，旣加之後，望遷就元德新廟，居第一室，以元德次之，仍遷莊懷又次之。」詔下中書集議。兵部尚書張齊賢等奏：「宗廟神靈，務乎安靜。況懿德作合之始，逮事舅姑，躬執婦道，祔享之禮，宜從後先，伏請仍舊。又漢因秦制，帝母稱皇太后。檢詳去歲議狀，請加淑德『太』字，而詔不加之者，緣當時元德皇太后未行追册。今册命已畢，望依禮官所言。」三年四月乙卯，祔葬元德皇太后于永熙陵。有司言：「元德神主祔廟，準禮當行祔謁，載稽前典，有未安者。伏以追薦尊稱，奉加『太』字，崇建別廟，以備蒸嘗。況當禘祫之時，不預合食之列，廟享之制與諸后不同。俟神主還京，即祔廟室，薦獻安神，更不行祔謁之禮，每歲五享、禘祫如太廟儀。」

景德四年，奉莊穆皇后郭氏神主謁太廟，祔享于昭憲皇后。享畢，祔別廟，殿室在莊懷之上。帝祀汾陰，謁廟畢，親詣元德皇太后廟躬謝，自門降輦步入，酌獻如太廟，設登歌，兩省、御史、宗室防禦使以上班廟內，餘班廟外，遣官分告孝惠諸后廟。詔：「太廟、元德皇后廟享用犢，諸后廟親享用犢，攝事用羊豕。」

五年〔四〕，龍圖閣直學士陳彭年言：「禘祫日，孝惠、淑德二后神主自別廟赴太廟，祔簡穆皇后神主之下、太祖神主之上，此蓋用曲臺禮別廟皇后禘祫祔享太廟之說。竊慮明靈合享，神禮未安，望詔禮官再加詳定。」有司言：「按曲臺禮載禘祫之儀，則如皇后先祔別廟，遇禘祫祔享於太廟，如是昭后，即坐於祖姑之下，南向〔五〕；如是穆后，即坐於祖姑之下，北向。又按博士殷盈孫議云：『別廟皇后禘祫於太廟，祔於祖姑之下者，此乃皇后先沒，已造神主。如昭成、肅明之沒也，睿宗在位；元獻之沒也，玄宗在位；昭德之沒也，德宗在位。四后於太廟未有本室，故創別廟，當爲太廟合食之主，故禘祫乃奉以入享，此明其後太廟有本室，卽當遷祔。帝方在位，故皇后暫立別廟，禮本合食，故禘祫乃升太廟，以未有位，故祔祖姑之下〔六〕。據開寶通禮與曲臺禮同。今有司不達禮意，遇禘祫歲，尙以孝惠、孝章淑德三后神主祔享祖姑之下，乃在太祖、太宗之上。按禮稱『婦祔祖姑』，謂旣卒哭之明日，此正禮也；稱『祖姑有三人，則祔於親者』，注，玄謂『舅之母死，而又有繼室二人，親者謂舅所生』。然則祖姑有三人同在祖室，明婦有數人亦當同在夫之本室，不可久祔於祖姑也。故開元禮但載肅明皇后別廟時享之儀，而無禘祫之禮，卽知別廟時享及禘祫皆於本廟也。孝惠、孝章、淑德禘祫旣祔太廟，則自今禘祫祔享本室，次於正主，庶協典禮。』六年〔七〕，升祔元德皇后太宗廟室，詔以祔廟歲時爲合享次序，而位明德皇后之次。

明道二年，判河南府錢惟演請以章獻、章懿二后並祔眞宗之室。太常禮院議：「夏、商以來，父昭子穆，皆有配坐，每室一帝一后，禮之正儀。唐開元中，昭成、肅明二后始並祔於睿宗。今惟演引唐武宗母韋太后升祔穆宗，本朝孝明、孝章祔太祖故事〔八〕。按穆宗惟韋后祔，太祖未嘗以孝章配〔九〕。伏尋先帝以懿德配享太宗〔一〇〕，及明德園陵禮畢，遂得升祔。元德太后自追尊後，凡十七年始克升配。今章穆皇后著位長秋，祔食眞宗，斯爲正禮。章獻太后母儀天下，與明德例同，若從古禮，止應祀后廟，若便升祔，似非先帝愼重之意，又況前代無同日並祔之比，惟上裁之。」乃詔有司更議，皆謂：「章穆位崇中壼，與懿德有異，已祔廟室，自協一帝一后之文。章獻輔政十年，章懿誕育帝躬，功德莫與爲比，退就后廟，未厭衆心。按周官大司樂職，『奏夷則，歌小呂，以享先妣』者，姜嫄也，帝嚳之妃，后稷之母，特立廟曰閟宮。宜別立新廟，奉安二太后神主，同殿異室，歲時薦享用太廟儀。別立廟名，自爲樂曲，以崇世享。忌前一日，不御正殿，百官奉慰，著之令甲。」乃作新廟兩廟間，名曰奉慈。

慶曆四年，從呂公綽言：「先帝特謚二后莊懷、莊穆，及上眞宗文明武定章聖元孝之謚，郭后升祔，當正徽號，宜於郊禮前遣官先上寶、册，改『莊』爲『章』，止告太廟，更不改題。」遂如故事。將郊，所司導五后寶、册赴三廟，各於神門外幄次以待。奏告畢，皆納於室。俄又詔中書門下令禮官攷故事，升祔章懿神主。禮院言：「章獻、章懿宜序章穆之次，章惠先朝遺制嘗踐太妃，至明道中始加懿號，與章懷頗同，請序章懷之次。太者生事之禮，不當施於宗廟。章獻以顧託之重，臨御之勞，欲稱別廟，義無所嫌，屬之配室，禮或未順。」學士王堯臣等言：「章獻明肅盛烈丕功，非一惠可舉，謚告於廟，册藏於陵，無容追減。章惠擁祐帝躬，並均顧復，故景祐中膺保慶之册，義專繫子，禮須別祠。章穆升附，歲月已深。奉慈三室，先後已定，若再議升降，則情有重輕，請如舊制。」中書門下覆議：「成憲在前，文考之意；配食一體，二慈之宜；奉承無私，陛下之孝。請如禮官及學士議。案祥符詔繫章聖特旨，位敍先後，乞聖制定數，昭示無窮。」詔依所議。十月，文德殿奉安寶、册，帝服通天冠、絳紗袍，執圭。太常奏樂，百官宿廟堂。次日，有司薦享諸廟。寅時，復詣正衙，宰臣、行事官贊導册、寶至大慶殿庭發册，出宣德門，攝太尉賈昌朝、陳執中受以赴奉慈廟上寶、册，告遷二主，皆塗「太」字，祔於太廟。

至和元年七月，有司奉詔立温成皇后廟，享祭器數視皇后廟。後以諫官言，改爲祠殿，歲時令宮臣薦以常饌。

治平元年，同判太常寺呂公著言：「按喪服小記『慈母不世祭』。章惠太后，仁宗嘗以母稱，故加保慶〔三〕之號。蓋生有慈保之勤，故沒有廟享之報。今於陛下恩有所止，禮難承祀，其奉慈廟，乞依禮廢罷。」

熙寧二年，命攝太常卿張揆奉章惠太后神主瘞陵園。

元豐六年，詳定所言：「按禮，夫婦一體，故昏則同牢、合巹，終則同穴，祭則同几、同祝饌，未嘗有異廟者也。惟周人以姜嫄爲媒神，而帝嚳無廟，又不可下入子孫之廟，乃以別廟而祭，故魯頌謂之閟宮，周禮謂之先妣，可也。自漢以來，不祔不配者，皆援姜嫄爲比，或以其微，或以其繼而已。蓋其間有天下者，起於側微，而其后不及正位中宮，或以嘗正位矣，有所不幸，則當立繼以奉宗廟，故有『祖姑三人則祔於親者』之說。立繼之禮，其來尙矣。始微終顯，皆嫡也，前娶後繼，皆嫡也。後世乃以始微後繼置之別廟，不得伸同几之義，則非禮意。恭惟太祖孝惠皇后、太宗淑德皇后、眞宗章懷皇后實皆元妃，而孝章則太祖繼后〔三〕，乃皆祭以別廟，在禮未安，請升祔太廟，增四室，以時配享。」七月，遂自別廟升祔焉。

政和四年，有司言：「政和元年孟冬祫享，奉惠恭神主入太廟，祔于祖姑之下。今歲當祫，而明達皇后神主奉安陵祠，緣在城外。三代之制，未有卽陵以爲廟者。今明達皇后追正典册，歲時薦享，並同諸后，宜就惠恭別廟增建殿室，迎奉神主以祔。」又言：「明達神主祔謁日，於英宗室增設宣仁聖烈皇后、明達皇后二位，及徧祭七祀、配享功臣，幷別廟祔享惠恭、明達二位。」

紹興七年，惠恭改謚爲顯恭，以上徽宗聖文仁德顯孝之謚故也。十二年五月，禮部侍郎施坰言：「懿節皇后神主，候至卒哭擇日祔廟，合依顯恭皇后禮，於太廟內修建殿室，以爲別廟安奉。」又言：「將來祔廟，其虞主合於本室後瘞埋。緣別係行在祔廟，欲於本室册寶殿收奉，候回京日依別廟故事。」從之。七月，有司行九虞之祭奉安。三十二年，禮部、太常言：「故妃郭氏追册爲皇后，合依懿節皇后祭于別廟。所有廟殿，見安懿節皇后神主，行禮狹隘。乞分爲二室，以西爲上，各置戶牖，及擗截本廟齋宮，權安懿節神主，工畢還殿。」王普又請各置祏室。並從之。

乾道三年閏七月，安恭皇后神主祔于別廟，爲三室。

景靈宮。創於大中祥符五年，聖祖臨降，爲宮以奉之。天聖元年，詔修宮之萬壽殿以奉眞宗，署曰奉眞。明道二年，又建廣孝殿，奉安章懿皇后。治平元年，又詔就宮之西園建殿，以奉仁宗，署曰孝嚴，奉安御容，親行酌獻，命大臣分詣諸神御代行禮〔三〕。翼日，太后酌獻，皇后、大長公主以下內外命婦陪位于廷。詔每歲下元朝謁〔四〕如奉眞殿儀，有期以上喪或災異，則命輔臣攝事。名齋殿曰迎釐，宮西門曰廣祐。四年，建英德殿，奉英宗神御。凡七十年間，神御在宮者四，寓寺觀者十有一。

元豐五年，始就宮作十一殿，悉迎在京寺觀神御入內，盡合帝后，奉以時王之禮。十一月，百官班于集英殿廷，帝詣蘂珠、凝華等殿，行告遷廟禮，禮儀使奉神御升綵輿出殿。明日，復行薦享如禮，禮儀使奉神輿行，帝出幄導至宣德門外，親王、使相、宗室正任以上前引，望參官及諸軍都虞候、宗室副率以上陪位，內侍省押班整儀衞以從，奉安神御于十一殿。明日，帝詣宮朝獻，先謁天興殿，以次行禮，並如四孟儀。詔自今朝獻孟春用十一日，孟夏擇日，孟秋用中元日，孟冬用下元日，天子常服行事。薦聖祖殿以素饌，神御殿以膳羞，器服儀物，悉從今制。天興殿門以奉天神不立戟，諸神御門置親事官五百人，立戟二十四。累朝文武執政官、武臣節度使以上〔三〕並圖形於兩廡。凡執政官除拜，赴宮恭謝。其後南郊先詣宮行薦享禮，並如太廟儀。

元祐元年，太常寺言：「季秋有事于明堂，其朝享景靈宮、親享太廟，當用三年不祭之禮，遣大臣攝事。」禮部言：「景靈宮天興殿，用天地之禮，卽非廟享，於典禮無違。」詔明堂前二日朝享景靈宮天興殿。明年，奉安神宗神御于景靈宮，如十一殿奉安之禮。舊制，車駕上元節以十一日詣興國寺、啓聖院，朝謁太祖、太宗、神宗神御，下元節詣景靈宮朝拜天興殿，朝謁眞宗、仁宗、英宗神御。至是詔分每歲四孟月拜謁之所，自孟秋始，其不當親獻，則遣官分詣。初詣天興殿、保寧閣、天元殿、太始殿，次詣皇武殿、儷極殿、大定殿、輝德殿，次詣熙文殿、衍慶殿、美成殿，次詣治隆殿、宣光殿，宣光後改曰顯承，徽宗又改大明殿。仍自來年孟春爲始。皇太后崩，三省請奉安神御于治隆殿，以遵元祐初詔。復以御史劉極〔一六〕之言，特建原廟，廟成，名神御殿曰徽音，山殿曰寧眞。

紹聖二年，奉安神宗神御于顯承殿。元豐中，每歲四孟月，天子徧詣諸殿朝獻。元祐初，議者請以四孟分獻，一歲而徧，至是復用舊儀。詔自今四孟朝獻分二日，先日詣天興殿、保寧閣、天元、太始、皇武、儷極、大定、輝德〔一七〕諸殿，次日詣熙文、衍慶、美成、繼仁、治隆、徽音、顯承七殿。三年十月，帝詣天興諸殿朝獻。翼日，大雨，詔差已致齋官分獻熙文七殿，自是雨雪用爲例云。

徽宗卽位，宰臣請特建景靈西宮，奉安神宗于顯承殿，爲館御之首，昭示萬世尊異之意。建哲宗神御殿於西，以東偏爲齋殿，乃給度僧牒、紫衣牒千道爲營造費，戶牖工巧之物並置於荆湖北路。已而右正言陳瓘言五不可，且論蔡京矯誣。不從。

建中靖國元年，詔建欽聖憲肅皇后、欽慈皇后神御殿于大明殿北，名曰柔明。尋改欽儀，又改坤元。又名哲宗神御殿曰觀成。尋改重光。詔自今景靈宮並分三日朝獻。

崇寧三年，奉安欽成皇后神御坤元殿欽聖憲肅皇后之次，欽慈皇后又次之。

政和三年，奉安哲宗神御于重光殿。昭懷皇后神御殿成，詔名正殿曰柔儀，山殿曰靈娭。於是兩宮合爲前殿九，後殿八，山殿十六，閣一，鍾樓一，碑樓四，經閣一，齋殿三，神廚二，道院一，及齋宮廊廡共爲二千三百二十區。

初，東京以來奉先之制，太廟以奉神主，歲五享，宗室諸王行事；朔祭而月薦新，則太常卿行事。景靈宮以奉塑像，歲四孟皇帝親享，帝后大忌則宰相率百官行香，后妃繼之。遇郊祀、明堂大禮，則先期二日，親詣景靈宮行朝享禮。

紹興十三年二月，臣僚言：「竊見元豐五年，神宗始廣景靈宮以奉祖宗衣冠之游，卽漢之原廟也。自艱難以來，庶事草創，始建宗廟，而原廟神游猶寄永嘉。乃者權時之宜，四孟薦獻，旋卽便朝設位以享，未副廣孝之意。乞命有司擇爽塏之地，倣景靈宮舊規，隨宜建置。俟告成有日，迎還睟容，奉安新廟，庶幾四孟躬行獻禮，用副罔極之恩。」從之。初築三殿，聖祖居前，宣祖至祖宗諸帝居中殿，元天大聖后與祖宗諸后居後。掌宮內侍七人，道士十人，吏卒二百七十六人。上元結燈樓，寒食設鞦韆，七夕設摩睺羅。簾幕歲時一易，歲用酌獻二百四十羊。凡帝后忌辰，用道、釋作法事。十八年，增建道院，初本劉光世賜第，後以韓世忠第增築之。天興殿五楹，中殿七楹，後殿十有七楹，齋殿、進食殿皆備焉。

神御殿，古原廟也，以奉安先朝之御容。宣祖、昭憲皇后於資福寺慶基殿。太祖神御之殿七：太平興國寺開先殿、景靈宮、應天禪院西院、南京鴻慶宮、永安縣會聖宮、揚州建隆寺章武殿、滁州大慶寺端命殿。太宗神御之殿七：啓聖禪院、壽寧堂、景福殿、鳳翔上清太平宮、并州崇聖寺統平殿及西院、鴻慶宮、會聖宮。眞宗神御之殿十有四：景靈宮奉眞殿、玉清昭應宮安聖殿、洪福院、壽寧堂、福聖殿、崇先觀永崇殿、萬壽觀延聖殿、澶州信武殿、西京崇福宮保祥殿、華州雲臺觀集眞殿及西院、鴻慶宮、會聖宮、鳳翔太平宮。仁宗、英宗、神宗、哲宗四朝神御於景靈宮、應天院，章獻明肅皇后於慈孝寺彰德殿，章懿皇后於景靈宮廣孝殿，明德、章穆二后於普安院重徽殿，章惠太后於萬壽觀廣慶殿。

景德四年，奉安太祖御容應天禪院，以宰臣向敏中爲奉安聖容禮儀使，權安于文德殿，百官班列，帝行酌獻禮，鹵簿導引，升綵輿進發，帝辭于正陽門外，百官辭于瓊林苑門外。遣官奏告昌陵畢，羣臣稱賀。

皇祐中，以滁州通判王靖請，滁、并、澶三州建殿奉神御，乃宣諭曰：「太祖擒皇甫暉于滁州，是受命之端也，大慶寺殿名曰端命，以奉太祖。太宗取劉繼元于并州，是太平之統也，卽崇聖寺殿名曰統平，以奉太宗。眞宗歸契丹于澶州，是偃武之信也，卽舊寺殿名曰信武，以奉眞宗。」既而統平殿災，諫官范鎭言：「并州素無火災，自建神御殿未幾而輒焚，天意若曰祖宗御容非郡國所宜奉安者。近聞下并州復加崇建，是徒事土木，重困民力，非所以答天意也。自幷州平七十七年，故城父老不入新城，宜寬其賦輸，緩其徭役，以除其患，使河東之民不忘太宗之德，則陛下孝思，豈特建一神御殿比哉？」先是，睦親、廣親二宅並建神御殿，翰林學士歐陽脩言神御非人臣私家之禮，下兩制、臺諫、禮官議，以爲「漢用春秋之義，罷郡國廟。今睦親宅、廣親宅所建神御殿，不合典禮，宜悉罷」。詔以廣親宅置已久，唯罷修睦親宅。

熙寧二年，奉安英宗御容於景靈宮，帝親行酌獻，仍詔歲以十月望朝享，有期以上喪或災異，則命輔臣攝事。知大宗正丞事李德芻言：「禮法諸侯不得祖天子，公廟不設於私家。今宗室邸第並有帝后神御，非所以明尊卑崇正統也，望一切廢罷。」下禮官詳定，請如所奏。詔諸宗室宮院祖宗神御迎藏天章閣。自是，臣庶之家凡有御容，悉取藏禁中。

元豐五年，作景靈宮十一殿，而在京宮觀寺院神御，皆迎入禁中，所存惟萬壽觀延聖、廣愛、寧華三殿而已。

宣和元年，禮部奏：「太常寺參酌立到諸州府有祖宗御容所在朔日諸節序降到御封香表及下降香表行禮儀注〔九〕：

朔日諸節序奉香表行禮儀注。齋戒，朝拜前一日，朝拜官及讀表文官早赴齋所。俟禮備，禮生引讀表文官、賫香表官集朝拜官聽，執事者以香表呈視。禮生請讀表文官稍前習讀表，或密詞卽讀封題，訖，禮生贊復位。次以御封香、禮饌等呈視訖，各復齋所。朝拜官用長吏，闕以次官充，讀表文亦以次官充，執事者以有服色者充。有司設香案、時果、牙盤食神御前，又設奠醪茗之器於香案前之左，置御封香表案上；設朝拜官位於殿下，西向，讀表文官位於殿之南，北向，陪位官位於其後；設焚表文位於殿庭東，南向。朝拜日，質明前，香火官先詣殿下，北向，拜訖，升殿東向侍立。有司陳設訖，禮生先引陪位官入就位，北向，次引讀表文官入就位，次引朝拜官就位，西向立定。禮生贊有司謹具，請行事。禮生贊再拜，拜訖，引讀表文官先升殿，於香案之右東向立，次引朝拜官詣香案前，贊搢笏、上香、奠酒茗，拜，興，少立。禮生贊搢笏、跪、讀表文，或密詞卽讀封題，執笏興，降復位。朝拜官再拜，降復位。禮生贊再拜訖，引朝拜官、讀表文官詣焚表文位南向立，焚訖，退。

一遇旦望諸節序下降香表薦獻行禮儀注。一如上儀。惟禮生引獻官上香訖，跪，執事者以所薦之物授薦獻官，受獻訖，復授執事者，置於神御前，興、拜，退一如上儀。」

詔頒行之。

東京神御殿在宮中，舊號欽先孝思殿，建炎二年閏四月，詔迎温州神御赴闕。先是，神御於温州開元寺暫行奉安，章聖皇帝與后像皆以金鑄，置外方弗便，因愀然謂宰輔曰：「朕播遷至此，不能以時薦享，祖宗神御越在海隅，念之坐不安席。」故有是命。三年二月，上覽禁中神御薦享禮物，謂宰臣曰：「朕自省閱神御，每位各用羊胃一，須二十五羊。祖宗仁厚，豈欲多害物命，謹以別味代之，在天之靈亦必歆享。」呂頤浩曰：「陛下寅奉宗廟，罔不盡禮，而又仁愛及物，天下幸甚。」

紹興十五年秋，復營建神御殿于崇政殿之東，朔望節序、帝后生辰，皇帝皆親酌獻行香，用家人禮。其殿名：徽宗曰承元，欽宗曰端慶，高宗曰皇德，孝宗曰系隆，光宗曰美明，寧宗曰垂光，理宗曰章熙，度宗曰昭光。

功臣配享。眞宗咸平二年，始詔以太師、贈尚書令、韓王趙普配享太祖廟庭。繼以翰林承旨宋白等議，又以故樞密使、贈中書令、濟陽郡王曹彬配享太祖，以司空贈太尉中書令薛居正、忠武軍節度使贈中書令潘美、尚書右僕射贈侍中石熙載配享太宗廟庭，仍奏告本室，禘祫皆配之。祀日，有司先事設幄次，布褥位於廟庭東門內道南，當所配室西向，設位板，方七寸，厚一寸半，籩、豆各二，簠、簋、俎各一。知廟卿奠爵，再拜。

乾興元年，詔從翰林、禮官參議，以右僕射贈太尉中書令李沆、贈太師尙書令王旦、忠武軍節度使贈中書令李繼隆配享眞宗。

嘉祐八年，詔以尙書右僕射贈尙書令王曾、太尉贈尙書令呂夷簡、彰武軍節度使贈侍中曹瑋配享仁宗。

熙寧八年，詔以司徒兼侍中贈尙書令韓琦配享英宗；元豐元年，又以贈太師中書令曾公亮配焉。熙寧末，嘗詔太常禮院講求親祠太廟不及功臣禮例。至是，禘祫外，親享太廟並以功臣與。又從太常禮院請，配享功臣以見贈官書板位。

元祐初，從吏部尙書孫永等議，以故司徒贈太尉富弼配享神宗；紹聖初，又以守司空贈太傅王安石配。三年，罷富弼配，謂弼得罪於先帝也。

崇寧元年，詔以觀文殿大學士贈太師蔡確配享哲宗。

五禮新儀，配享功臣之位，設於殿庭之次：趙普、曹彬位於橫街之南道西，東向，第一次，薛居正、石熙載、潘美位于第二次，李沆、王旦、李繼隆位於第三次，俱北上；王曾、呂夷簡、曹瑋位於橫街之南道東，西向，第一次，韓琦、曾公亮位於第二次，王安石位於第三次，蔡確位於第四次，俱北上。惟冬享、祫享徧設祭位。

追建炎初，詔奪蔡確所贈太師、汝南郡王，追貶武泰軍節度副使；更以左僕射贈太師司馬光配享哲宗。旣又罷王安石，復以富弼配享神宗。

紹興八年，以尙書左僕射贈太師韓忠彥配享徽宗。十八年二月，監登聞鼓院徐璉言：「國家原廟佐命配享，當時輔弼勳勞之臣繪像廟庭，以示不忘，累朝不過一十餘人。今之臣僚與其家之子孫必有存其繪像者，望詔有司尋訪，復摹於景靈宮庭之壁，非獨假寵諸臣之子孫，所以增重祖宗之德業，以爲臣子勸。」遂下諸路轉運司，委所管州軍尋訪各家，韓王趙普、周王曹彬、太師薛居正、石熙載、鄭王潘美、太師李沆、王旦、李繼隆、王曾、呂夷簡、侍中曹瑋、司徒韓琦、太師曾公亮、富弼、司馬光、韓忠彥，各令摹寫貌像投納，繪於景靈宮之壁。

乾道五年九月，太常少卿林栗等言：「欽宗皇帝廟庭尙虛配享，當時遭値艱難，淪胥莫救，罕可稱述，而以身徇國，名節暴著，不無其人。雖生前官品不應配享之科，事變非常，難拘定制，乞特詔集議。」吏部尙書汪應辰奏：「當時死事之臣，皆有次第褒贈。若今配享欽廟，典故所無，如創行之，又當訪究本末，差次輕重，有所取舍，尤不可輕易。竊謂配享功臣，若依唐制，各廟旣無其人，則當缺之。」迺罷集議，欽宗一廟遂無配享。

淳熙中，高宗祔廟，翰林學士洪邁言：「配食功臣，先期議定。臣兩蒙宣諭，欲用文武臣各兩人〔二九〕，文臣故宰相贈太師秦國公謚忠穆呂頤浩、特進觀文殿大學士謚忠簡趙鼎，武臣太師蘄王謚忠武韓世忠、太師魯王謚忠烈張俊〔一〇〕。此四人皆一時名將相，合於天下公論。」

議者皆以爲宜，遂從之。祕書少監楊萬里獨謂丞相張浚不得配食爲非，爭之不得，因去位焉。

紹熙五年十二月，以左丞相贈太師魯國公陳康伯配享孝宗廟庭。

嘉泰元年正月，以右丞相贈太師葛邲配享光宗廟庭。

嘉定十四年八月，追封右丞相史浩爲越王，改謚忠定，配享孝宗廟庭。

端平二年八月，以太師趙汝愚配享寧宗廟庭。

初，仁宗天聖中郊祀，詔錄故相李昉、宋琪、呂端、張齊賢、畢士安、王旦、執政李至、王沔、温仲舒及陳洪進等子孫以官。元豐中，詔：景靈宮繪像舊臣推恩本支下兩房以上，取不食祿者，均有無，取齒長者；若子孫亦繪像，本房不食祿，更不取別房。紹聖初，林希請稽考慶曆以後未經編次臣僚，其子孫應錄用者以次編定。尋詔：「趙普社稷殊勳，其諸孤有無食祿者，各官其一子，以長幼爲序，毋過三人。」崇寧初，詔：「哲宗繪像文武臣僚，並與子若孫一人初品官，若子孫衆多，無過家一人。」又錄藝祖功臣呂餘慶族孫偉及司徒富弼孫直柔、直道以官，使奉其祀。靖康初，臣僚言：「司馬光之後再絕，復立族子稹，稹亦卒。今雖有子，而光遺表恩澤已五十年，不可復奏，請許移奏見存曾孫，使之世祿。」從之。

羣臣家廟，本於周制，適士以上祭於廟，庶士以下祭於寢。唐原周制，崇尚私廟。五季之亂，禮文大壞，士大夫無襲爵，故不建廟，而四時寓祭室屋。慶曆元年，南郊赦書，應中外文武官並許依舊式立家廟。已而宋庠又以爲言，乃下兩制、禮官詳定其制度：「官正一品平章事以上立四廟；樞密使、知樞密院事、參知政事、樞密副使、同知樞密院事、簽書院事，見任、前任同，宣徽使、尚書、節度使、東宮少保以上，皆立三廟；餘官祭於寢。凡得立廟者，許適子襲爵以主祭。其襲爵世降一等，死即不得作主祔廟，別祭於寢。自當立廟者，即祔其主，其子孫承代，不計廟祭、寢祭，並以世數疏數遷祧；始得立廟者不祧，以比始封。有不祧者，通祭四廟、五廟。廟因衆子立而適長子在，則祭以適長子主之；嫡長子死，即不傳其子，而傳立廟者之長〔二〕。凡立廟，聽於京師或所居州縣；其在京師者，不得於裏城及南郊御路之側。」仍別議襲爵之制，既以有廟者之子孫或官微不可以承祭，而朝廷又難盡推襲爵之恩，事竟不行。

大觀二年，議禮局言：「所有臣庶祭禮，請參酌古今，討論條上，斷自聖衷。」於是議禮局議：「執政以上祭四廟，餘通祭三廟。」「古無祭四世者〔三〕，又侍從官以至士庶，通祭三世，無等差多寡之別，豈禮意乎？古者天子七世，今太廟已增爲九室，則執政視古諸侯，以事五世，不爲過矣。先王制禮，以齊有萬不同之情，賤者不得僭，貴者不得踰。故事二世者，雖有孝思追遠之心，無得而越，事五世者，亦當跂以及焉。今恐奪人之恩，而使通祭三世，徇流俗之情，非先王制禮等差之義。可文臣執政官、武臣節度使以上祭五世，文武升朝官祭三世，餘祭二世。」「應有私第者，立廟於門內之左，如狹隘，聽於私第之側。力所不及，仍許隨宜。」又詔：「古者寢不踰廟，禮之廢失久矣。士庶堂寢，踰度僭禮，有七楹、九楹者，若一旦使就五世、三世之數，則當徹毀居宇，以應禮制，豈得爲易行？可自今立廟，其間數視所祭世數，寢間數不得踰廟。事二世者，寢聽用三間。」議禮局言：「禮記王制：『諸侯五廟，二昭二穆，與太祖之廟而五。』所謂『太』者，蓋始封之祖，不必五世，又非臣下所可通稱。今高祖以上一祖未有名稱，欲乞稱五世祖。其家廟祭器：正一品，每室籩、豆各十有二，簠、簋各四，壺尊、罍、鉶鼎、俎、篚各二，尊、罍加勺、冪各一，爵各一，諸室共用胙俎、罍洗一。從一品籩、豆、簠、簋降殺以兩。正二品籩、豆各八，簠、簋各二。餘皆如正一品之數。」詔禮制局製造，仍取旨以給賜之。

紹興十六年〔三〕二月癸丑，詔太師、左僕射、魏國公秦檜合建家廟，命臨安守臣營之。太常請建於其私第中門之左，一堂五室，五世祖居中，東二昭，西二穆。堂飾以黝堊。神板長一尺，博四寸五分，厚五寸八分，大書某官某大夫之神坐，貯以帛囊，藏以漆函。歲四享用孟月柔日行之，具三獻。有司言時享用常器常饌，帝倣政和故事，命製祭器賜之。其後，太傅昭慶節度平樂郡王韋淵、太尉保慶節度吳益、少傅寧遠節度楊存中並請建家廟，賜以祭器。

隆興二年四月庚辰，少師、四川宣撫使吳璘〔二四〕請用存中例，從之。

乾道八年九月，詔有司賜少保、武安節度、四川宣撫使虞允文家廟祭器如故事。

淳熙五年七月，戶部尚書韓彥古請以賜第進父世忠家廟〔二五〕如存中。十二月，少傅保寧節度衞國公史浩請建家廟，量賜祭器。

嘉泰元年，太傅、永興節度、平原郡王韓侂胄〔二六〕奏：「曾祖琦效忠先朝，奕世侑食，家廟猶闕，請下禮官攷其制建之。」二年，循忠烈王張俊，開禧三年，鄜武僖王劉光世〔二七〕，子孫相繼有請，皆從之。

嘉定十四年八月，詔右丞相史彌遠賜第，遵淳熙故事賜家廟，命臨安守臣營之，禮官討論祭器，並如侂胄之制。彌遠請併生母齊國夫人周氏及祔妻魯國夫人潘氏於生母別廟，皆下有司賜器。

景定三年，詔丞相賈似道賜家廟，命臨安守、漕營度，禮官討論賜祭器，並如儀。

校勘記

〔一〕藩邸　原作「藩郡」，據宋會要禮一五之二三、太常因革禮卷九四改。

〔二〕卽忌日廢務　「忌日」原作「其日」，據宋會要禮一五之二四、太常因革禮卷九四和上文「立忌非便」改。

〔三〕正獻恭僖　按舊唐書卷五二、新唐書卷七七后妃傳，穆宗后爲貞獻，此處「正獻」是宋人避諱改。「恭僖」原爲「恭懿」，據宋會要禮一〇之二、太常因革禮卷九四改。

〔四〕五年　按長編卷七八、太常因革禮卷三九，陳彭年所言繫於大中祥符五年，此失書年號。

〔五〕南向　「向」原作「間」，據同上書同卷改。下文「北向」同。

〔六〕故祔祖姑之下　「祔」原作「列」，據同上書同卷和上文「祔於祖姑之下」、下文「三后神主祔享祖姑之下」改。

〔七〕六年　「六年」原作「二年」，據本書卷八眞宗紀、卷二四二后妃傳李賢妃傳、宋會要禮一五之二八補改。

〔八〕本朝孝明孝章祔太祖故事　「孝章」原作「懿德」，按懿德爲太宗后，非太祖后。據長編卷一一二、太常因革禮卷九七改。

〔九〕太祖未嘗以孝章配　「孝章」原作「懿德」，據同上書同卷改。

〔一〇〕以懿德配享太宗　「懿德」原作「孝章」，據同上書同卷改。

〔一一〕保慶　原作「寶慶」，據本書卷二四二楊淑妃傳、宋會要后妃一之二、通考卷九五宗廟考改。

〔一二〕而孝章則太祖繼后　「太祖」原作「太宗」，據宋會要禮一五之五一、長編卷三三四、通考卷九五宗廟考改。

〔一三〕分詣諸神御代行禮　「御代」二字原倒，據宋會要禮一三之三、通考卷九四宗廟考乙正。

〔一四〕每歲下元朝謁　「元」字原脫，據通考卷九四宗廟考並參照下文補。

〔一五〕武臣節度使以上　「節度使」原作「節慶使」。按宋代職官無「節慶使」；玉海卷一〇〇記載此事作「節度使以上」，「慶」當爲「度」之訛，據改。

〔一六〕劉極　按本書卷一八哲宗紀、玉海卷一〇〇都說徽音殿建於紹聖元年，皇宋十朝綱要列哲宗朝御史五十九人，無劉極而有劉拯，本書卷三五六劉拯傳謂拯「紹聖初，復爲御史」，疑「劉極」爲「劉拯」之誤。

〔一七〕輝德　原作「德輝」，據本卷前文、玉海卷一〇〇、通考卷九四宗廟考乙正。

〔一八〕朔日諸節序降到御封香表及下降香表行禮儀注　按宋會要禮一三之七載宣和元年六月二十二日禮部奏，作「每遇朔日諸節序降到御封香表及不降香表逐次行禮儀注」，分下列兩項敍述：「一遇朔日諸節序奉行禮儀注」，「一遇旦望諸節序不降香表薦獻行禮儀注」。考察所敍儀注內容，此處及下文「下降香表」疑均當從宋會要作「不降香表」。

〔一九〕欲用文武臣各兩人　「各」字原脫，據朝野雜記甲集卷二高宗孝宗配饗功臣條、宋會要禮一一之六及一〇補。

〔二〇〕張俊　原作「張浚」，據朝野雜記同上卷條、通考卷一〇三宗廟考改。

〔二一〕而傳立廟者之長　「長」原作「子」，據宋會要禮一二之一、通考卷一〇四宗廟考、王明清揮麈錄卷三改。

〔二二〕古無祭四世者　按此句以下至「餘祭二世」，據宋會要禮一二之二，係徽宗手詔中語；下文「應有私第者」以下至「仍許隨宜」，爲另一詔文中語，此句上當脫「詔」字。

〔二三〕紹興十六年　「十六」原作「十一」。按紹興十一年二月不値癸丑；本書卷三〇高宗紀、宋會要禮一二之三，此事皆系於紹興十六年二月癸丑，據改。

〔二四〕少師四川宣撫使吳璘　「少師」原作「少卿」，據本書卷三六六本傳、宋會要禮一二之五、通考卷一〇四宗廟考改。

〔二五〕韓彥古請以賜第進父世忠家廟　按通考卷一〇四宗廟考，「進」作「建」。

〔二六〕太傅永興節度平原郡王韓侂胄　「節度」二字原脫，據通考卷一〇四宗廟考、宋會要禮一二之一三補。

〔二七〕劉光世　原作「劉安世」，據本書卷三六九本傳、宋會要禮一二之一三、通考卷一〇四宗廟考改。

宋史卷一百一十

志第六十三

禮十三 嘉禮一

上尊號儀 高宗內禪儀 上皇太后太妃册寶儀

舊史以飲食、婚冠、賓射、饗宴、賑䘏、慶賀之禮爲嘉禮，又以歲時朝會、養老、宣赦、拜表、臨軒命官附之，今依政和禮分朝會爲賓禮，餘如其舊云。

尊號之典，唐始載於禮官。宋每大祀，羣臣詣東上閤門，拜表請上尊號，或三上，或五上，多謙抑弗許；如允所請，卽奏命大臣撰册文及書册寶。其受册多用祀禮畢日，御正殿行禮，禮畢，有司以册寶詣閤門奉進入內。建隆四年，羣臣三上表上尊號，詔俟郊畢受册。

前三日，遣官奏告天地、宗廟、社稷，遂爲定制。

其儀：有司宿設崇元殿仗衞，文武百官並集朝堂之次，攝太尉奉册於案，吏部侍郎一員押，司徒奉寶於案，禮部侍郎一員押，以五品、六品清資官充舉册、舉寶官，皆承之以匣，覆之以帊，俱詣殿門外之東、太尉之前。大樂令帥工人入就位，諸侍衞官及宰執、兩制、供奉官等立於殿階下香案前左右，如常入閤儀。侍中奏中嚴外辦，所司承旨索扇，扇上，皇帝袞冕，御輿出自西房，樂作，卽御坐，扇開，樂止。符寶郎奉寶如常儀，禮直官、通事舍人分引太尉以下文武羣官應北面位者，各就橫行位，太常卿於册案前導至丹墀西階上少東，北向置訖。太尉、司徒、吏部禮部侍郎各入本班立定，典儀贊百官再拜，舞蹈，三稱萬歲，又再拜起居訖，又再拜，分班序立。禮直官引太常卿隨行，吏部侍郎押册案以次序行，太尉從之，禮部侍郎次押寶案行，司徒從之，詣西階，至解劍褥位。其讀册中書令、讀寶侍中，候册案將至，先升於前楹間第一柱北對立。太尉解劍、脫舃訖，吏部侍郎押册案先升，太尉從升，當御坐前。太尉搢笏，北面奉册案稍前跪置訖，俛伏，興，少退，東向立；中書令進當册案前，讀册訖，俛伏，興，又搢笏，奉册於褥，東迴册函〔一〕，北向進跪置御坐前，與舉册官降還侍立位，太尉亦降，納舃、帶劍。禮部侍郎押寶案升，司徒隨升，北面跪置，侍中讀寶訖，置册之南，俱復位，其納舃、帶劍、俛伏，一如上儀。典儀贊在位官皆再拜，禮直官、通事舍人引太尉至西階下，解劍、舄升，當御坐前跪賀，其詞中書門下撰。賀訖復位，皆再拜，如讀册寶儀。侍中升至御坐前承旨，退臨階西向稱「有制」，典儀贊再拜訖，宣曰：「朕以鴻儀昭舉，保命會昌，迫於羣情，祗膺顯號。退循寡昧，惕懼增深。所賀知。」宣訖復位，典儀贊再拜，舞蹈，三稱萬歲，又再拜訖。侍中升階奏禮畢，降復位，扇上，樂作，帝降坐，御輿入自東房，扇開，樂止。侍中版奏解嚴，中書侍郎帥奉案官升殿，跪奉册置於案，次門下侍郎奉寶如奉册禮，通事舍人贊引詣東上閤門狀進，所司承旨放仗，百官再拜訖，退如常儀。自後受册皆如之。禮畢，賜百官食于朝堂。

熙寧元年，宰臣曾公亮等上表請加尊號，詔不允。先是，翰林學士司馬光言：「尊號起唐武后、中宗之世，遂爲故事。先帝治平二年，辭尊號不受，天下莫不稱頌聖德。其後佞臣建言，國家與契丹常有往來書，彼有尊號而中國獨無，足爲深恥。於是羣臣復以非時上尊號，論者甚爲朝廷惜之。今羣臣以故事上尊號，臣愚以爲陛下聰明睿知，雖宜享有鴻名，然踐祚未久，又在亮陰之中，考之事體，似未宜受。陛下誠能斷以聖意，推而不居，仍令更不得上表請，則頌歎之聲將洋溢四海矣。」詔賜光曰：「覽卿來奏，深諒忠誠。朕方以頻日淫雨，甲申地震，天威彰著，日虞傾禍，被此鴻名，有慚面目，况在亮陰，亦難當是盛典。今已批降指揮，可善爲答辭，使中外知朕至誠惻懼，非欺衆邀名。」其後，宰臣數上表請，終不允。

徽宗內禪，欽宗上尊號曰教主道君太上皇帝，居龍德宮。靖康元年正月朔，朝賀畢，車駕詣龍德宮賀，百官班門外，宰執進見如儀。

高宗內禪。紹興三十二年六月十日御札：「皇太子可卽皇帝位，朕稱太上皇帝，退處德壽宮，皇后稱太上皇后。應軍國事並聽嗣君處分。」

十一日行內禪之禮。有司設仗紫宸殿，宰臣、文武百僚立班，皇帝出宮，鳴鞭，禁衞諸班直、親從儀仗幷內侍省執骨朶使臣等並迎駕，自贊常起居。皇帝升御坐，知閤門官以下幷內侍都知、御帶以下一班起居，次管軍一班起居，次宰執以下常起居訖，左僕射陳康伯、知樞密院事葉義問、參知政事汪澈、同知樞密院事黃祖舜升殿奏曰：「臣等不才，輔政累年，罪戾山積，乃蒙容貸，不賜誅責。今陛下超然獨斷，高蹈堯、舜之舉，臣等心實欽仰。但自此不獲日望淸光，犬馬之情，不勝依戀。」因再拜辭，相與泣下，幾至號慟。帝亦爲之流涕曰：「朕在位三十六年，今老且病，久欲閑退，此事斷自朕心，非由臣下開陳，卿等當悉力以輔嗣君。」康伯等復奏曰：「皇太子仁聖，天下所共知，似聞謙遜太過，未肯便御正殿。」帝曰：「朕前此屢嘗與之言，早來禁中又面諭之，卽步行徑趨側殿門，欲還東宮，已再三敦勉邀留，今在殿後矣。」宰執降階，皇帝降坐，鳴鞭還內。宰臣文武百僚並退，立班，聽宣詔訖，再拜，舞蹈，三稱萬歲，再拜訖，班權退，復追班入，詣殿下立班。

少頃，新皇帝服履袍，涕泣出宮，禁衞諸班直、親從儀仗等迎駕，起居，鳴鞭。內侍扶掖皇帝至御榻，涕泣再三，不坐，內侍傳太上皇帝聖旨，請皇帝升御坐，皇帝升御坐東側坐。知閤門官以下一班起居、稱賀，次管軍官一班起居、稱賀，次文武百僚橫行北向立，舍人當殿稱文武百僚宰臣陳康伯以下起居、稱賀，皇帝降御坐，側身西向不坐。俟宰臣以下再拜、舞蹈、三稱萬歲、起居、稱賀畢，康伯等升殿奏：「臣等言：願陛下卽御坐，以正南面，上副太上皇帝傳授之意。」帝愀然曰：「君父之命出於獨斷，此大位，懼不敢當，尙容辭避。」康伯等再奏：「玆者伏遇皇帝陛下應天順人，龍飛寶位，第以駑下之材，恐不足以仰輔新政，然依乘風雲千載之遇，實與四海蒼生不勝幸慶。」再拜賀畢，奏事而退。宰執下殿，皇帝還內，鳴鞭。宰執文武百僚赴祥曦殿，俟太上皇帝登輦，扈從至德壽宮而退。

翌日，詣德壽宮朝見。前期，儀鸞司設大次於德壽宮門內，小次於殿東廊西向。其日，俟皇帝出卽御坐，從駕臣僚、禁衞等起居如常儀。皇帝降御坐，乘輦至德壽宮，文武百僚詣宮門外迎駕，起居訖，前導官、太常卿、閤門官、太常博士、禮直官先入，詣大次前分左右立定，俟皇帝降輦入，次御史臺、閤門、太常寺報文武百僚入，詣殿庭北向立定。前導官導皇帝入小次，簾降，俟太上皇帝卽御坐，小次簾捲，前導官導皇帝升殿東階，詣殿上折檻前，奏請拜，皇帝再拜訖，前導官導皇帝稍前，躬奏聖躬萬福訖，復位，再拜訖，導皇帝詣太上皇帝御坐之東，西向立。殿下在位官皆再拜，搢笏，三舞蹈，三叩頭，出笏就拜，又再拜，班首不離位，奏聖躬萬福，又再拜，班退，前導官以次退，從駕官歸幕次，以俟從駕。太上皇帝駕興，皇帝從，入見太上皇后，如宮中之儀。皇帝還內，如來儀。每遇正旦、冬至及朔望，並依上儀。

十二日，帝詣德壽宮，以雨，百僚免入見，上就宮中行禮。自後詣宮，若行宮中禮，卽不集百官陪位。十三日，詔令宰臣率百官於初二日、十六日詣德壽宮起居。又詔：「朕欲每日一朝德壽宮，修晨昏之禮。面奉慈訓，恐廢萬機，勞煩羣下，不蒙賜許。禮官宜重定其期，如前代朝朔望，甚爲疏闊，朕不敢取。」於是禮部、太常寺言：「漢書高皇帝五日一朝太上皇，乞依此故事，每五日一次詣德壽宮朝見，如宮中禮。」

帝始御後殿，宰臣陳康伯等奏：「臣等朝德壽宮，太上皇宣諭，車駕每至宮，必於門外降輦，已再三勉諭，旣行家人之禮，自宜至殿上降輦。」帝曰：「太上有旨不須五日一朝，只朝朔望，朕心未安，宜令有司詳議。如宮門降輦，臣子禮所當然。」於是禮部、太常言：「除朝朔望外，乞於每月初八、二十二日〔三〕詣德壽宮起居，如宮中儀。」自後皆遵此制，如値雨、盛暑、祁寒，臨期承太上特旨乃免。

十一月冬至，上詣德壽宮稱賀上壽，禮畢，入見太后，如宮中禮。自後冬至並同。隆興元年正月朔，帝率百官詣德壽宮，如冬至儀。自後正旦並同。

乾道元年二月朔，帝詣德壽宮恭請太上、太后至延祥觀燒香，太上與帝乘馬，太后於後乘輿；次幸聚景園，次幸玉津園。自後帝詣德壽宮恭請太上、太后至南內，或幸延祥觀靈隱寺天竺寺、恭進太上聖政、册命皇太子，起居稱謝。遇游幸，則宰執以下從駕至游幸所，除管軍、環衞官等俟駕還護從還內，宰執以下並免護從，先退。

淳熙十六年，孝宗內禪，皇太子卽皇帝位；紹熙五年，光宗內禪，皇子嘉王卽皇帝位：並如紹興三十二年故事。

太皇太后、皇太后、皇太妃册禮。建隆元年，詔尊母南陽郡太夫人爲皇太后，仍令所司追册四親廟。後不果行。至道三年四月，尊太宗皇后李氏爲皇太后，宰臣等詣崇政殿門表賀皇帝，又詣內東門表賀皇太后。乾興元年，眞宗遺制尊皇后劉氏爲皇太后，淑妃楊氏爲皇太妃，亦不果行册禮。

天聖二年，宰臣王欽若等五表請上皇太后尊號。十一月，郊祀畢，帝御天安殿受册，百官稱賀畢，再序班。侍中奏中嚴外辦，禮儀使奏發册寶，帝服通天冠、絳紗袍，秉珪以出。禮儀使、閤門使導帝隨册寶降自西階，內臣奉至殿庭，置横街南東向褥位，册在北，寶在南，帝立殿庭北向褥位，奉册寶官奉册寶案，太常卿、吏部禮部侍郎引置當中褥位。禮儀使奏請皇帝再拜，在位官皆再拜。太尉、司徒就册寶位，帝搢珪跪，奉册授太尉，又奉寶授司徒，皆搢笏東向跪受，興，奉册寶案置於近東西向褥位。禮儀使奏請皇帝歸御幄，易常服，乘輿赴文德殿後幄，百官班退赴朝堂，太尉、司徒奉册寶至文德殿外幄，太尉以下各就次以俟。

侍中奏中嚴外辦，太后服儀天冠、袞衣以出，奏隆安之樂，行障、步障、方團扇，侍衞垂簾，即御坐，南向，樂止。太常卿導册案至殿西階下，各歸班，在位者皆再拜。太尉押册案〔三〕，司徒奉册，中書令讀册訖，侍中押寶案，司徒奉寶，侍中讀寶畢，太尉、司徒詣香案前，分班東西序立。尚宮贊引皇帝詣皇太后坐前，帝服鞾袍，簾內行稱賀禮，跪曰：「嗣皇帝臣某言：皇太后陛下顯崇徽號，昭焕寰瀛，伏惟與天同壽，率土不勝欣抃。」俛伏，興，又再拜，尚宮詣御坐承旨，退，西向稱：「皇太后答曰：皇帝孝思至誠，貫于天地，受茲徽號，感慰良深。」

帝再拜，尙宮引歸御幄，太尉率百官稱賀，奏隆安之樂，太后降坐還幄，樂止。侍中奏解嚴，所司放仗，百官再拜退。太后還內，內外命婦稱賀太后、皇帝於內殿，在外命婦及兩京留司官並奉表稱賀。自是，上皇太后尊號禮皆如之。

熙寧二年，神宗尊皇太后曹氏爲太皇太后，詣文德殿跪奉玉册授攝太尉曾公亮、金寶授攝司徒韓絳，又跪奉皇太后高氏玉册授攝太尉文彥博、金寶授攝司徒趙抃〔四〕，禮畢，百官稱賀。

哲宗卽位，詔尊太后高氏爲太皇太后，皇后向氏爲皇太后，德妃朱氏爲皇太妃。禮部議：「皇太妃生日節序物色，其冠服之屬如皇后例，稱慈旨，慶賀用牋。太皇太后、皇太后於皇太妃稱賜，皇帝稱奉，百官不稱臣。皇帝問皇太妃起居用牋，皇太妃答皇帝用書。」宰臣請特建太皇太后宮曰崇慶，殿曰崇慶、曰壽康；皇太后宮曰隆祐，殿曰隆祐、曰慈徽。

元祐二年，詔太皇太后受册依章獻明肅皇后故事，皇太后受册依熙寧二年故事，皇太妃與皇太后同日受册，令太常禮官詳定儀注。右諫議大夫梁燾請對文德殿，太皇太后曰：「大臣欲行此禮，予意謂必難行。」燾對曰：「誠如聖慮，願堅執勿許。且母后權同聽政，蓋出一時不得已之事，乞速罷之。」中書舍人曾肇亦言：「太皇太后聽政以來，止於延和殿，受遼使朝見，亦止於御崇政殿，未嘗踐外朝。今皇帝述仁祖故事，以極崇奉之禮，太皇太后儻以此時特下明詔，發揚皇帝孝敬之誠，而固執謙德，止於崇政殿受册，則皇帝之孝愈顯，太皇太后之德愈尊，兩義俱得，顧不美歟？」太皇太后欣然納之，迺詔將來受册止於崇政殿。尋以天旱權罷。未幾，太師文彥博等以時雨溥澍，秋稼有望，請舉行册禮，凡三請乃從。九月六日，發太皇太后册寶于大慶殿，發皇太后、太妃册寶于文德殿，行禮如儀。

紹聖元年，詔：「奉太皇太后旨，皇太妃特與立宮殿名，坐六龍輿，張繖，出入由宣德正門。」有司請應宮中並依稱臣妾，外命婦入內準此；百官拜牋稱賀，稱殿下。

徽宗即位，加哲宗太妃號曰聖瑞，既又御文德殿册命元符皇后劉氏爲太后，並依皇后禮制。

建炎元年五月，册元祐皇后爲隆祐太后，令所司擇日奉上册寶，時方巡幸，不克行禮；遙尊韋賢妃爲宣和皇后。紹興七年三月，詔略曰：「宣和皇后夙擁慶羨，是生眇沖，迺骨肉之至親，偕父兄而時邁。十年地阻，懷陟岵、凱風之思；萬里使還，奉上皇、寧德之諱。宜尊爲皇太后，令所司擇日奉上册寶。」太常寺言：「請依祖宗故事，俟三年之喪終制，然後行禮。」時翰林學士朱震言：「唐德宗建中上太后沈氏尊號時，沈太后莫知所在，猶供張含元殿，具袞冕，出左序，立東方，再拜奉册。今太后聖體無恙，信使相望，豈可不舉揚前憲？臣又聞，三年之制，惟天地、社稷越紼行事。德宗以大曆十四年即位〔五〕，明年改元建中，時行易月之制，故以冕服行事。今陛下退朝之服，盡如禮制，謂當供張別殿，遣三公奉册，册藏于有司，恭俟來歸。願下禮官講明。」詔從之。禮部、太常言：「寶文欲乞以『皇太后寶』四字爲文，合差撰册文官一員，書册文官一員，書篆寶文官一員，並差執政。」十年，營建皇太后宮，以慈寧爲名。十二月，帝自常御殿詣慈寧殿遙賀皇太后，奉上册寶。

十二年八月，皇太后還慈寧宮，十月十八日，奉進册寶。其日張設慈寧殿，設坐殿中，皇太后服褘衣即御坐，本殿官設册寶於殿下，慈寧宮事務官并本殿官並朝服詣殿下，再拜，搢笏，舉册寶奉進；先進册，次進寶，進畢，降坐，易褘衣，服常服。皇帝詣慈寧殿賀，如宮中儀，次宰臣率百僚拜表稱賀。

三十二年六月，詔上太上皇帝、太上皇后尊號，集議以聞。左僕射陳康伯等言：「五帝之壽，惟堯最高，百王之聖，惟堯獨冠。今茲高世之舉，視堯有光，恭請上太上皇帝尊號曰光堯壽聖太上皇帝，太上皇后尊號曰壽聖太上皇后。」詔恭依，仍令禮部、太常討論禮儀以聞。左僕射陳康伯撰太上皇帝册文，兼禮儀使、參政汪澈書册文幷篆寶，知樞密院葉義問撰太上皇后册文，同知樞密院事黃祖舜書册文。

八月十四日，奉上册寶，是日陪位文武百僚、太傅以下行事官，並朝服入詣大慶殿下立班。皇帝自內服履袍入御幄，服通天冠、絳紗袍出至大慶殿，詣册寶褥位前再拜，在位官皆再拜訖，皇帝行發册寶授太傅之禮如儀。禮畢，皇帝還幄，服履袍還內，文武百僚退。

儀仗鼓吹備而不作。護衛册寶，太傅以下行事官導從册寶至德壽宮。皇帝自祥曦殿服履袍乘輦，至德壽宮大次降輦，陪位文武官入殿庭立班定，太傅以下行事官從册寶入殿，皇帝服通天冠、絳紗袍升殿，詣西向褥位立，太上皇帝自宮服履袍卽坐，皇帝北向四拜起居訖，次太傅以下皆四拜起居。

次行奉册之禮，中書令、參知政事史浩讀册，攝侍中葉義問讀寶，讀訖，退復位。皇帝再拜稱賀曰：「皇帝臣某稽首言：伏惟光堯壽聖太上皇帝陛下册寶告成，鴻名肇正，與天同壽，率土均懽。」皇帝再拜，次侍中承旨宣答曰：「皇帝孝通天地，禮備古今，勉受鴻名，良深感慰。」皇帝再拜訖，西向立，次太傅以下再拜稱賀致詞曰：「攝太傅、尙書左僕射臣康伯等稽首言：伏惟光堯壽聖太上皇帝陛下肅臨寶位，誕受丕稱，獨推天父之尊，普慰帝臣之願。」奏訖，再拜，舞蹈。次侍中承旨宣答曰：「光堯壽聖太上皇帝聖旨：倦勤滋久，佚老是圖，勉受嘉名，但增感慰。」又再拜，舞蹈。次太上皇帝降坐入宮，皇帝後從壽聖太上皇后册寶入宮。皇帝詣太上皇后坐前北向立，太上皇后升坐，皇帝四拜起居，行奉上册寶之禮，讀册官陳子常讀册，讀寶官梁康民讀寶，讀訖復位，皇帝再拜稱賀致詞曰：「皇帝臣某稽首言：伏惟壽聖太上皇后殿下德茂坤元，禮崇大號，寶書翕受，歡抃無疆。」皇帝再拜，次宣答官承旨宣答曰：「壽聖太上皇后教旨：皇帝祲容載蒧，顯號來膺，誠孝通天，但深感惕。」皇帝再拜訖，太上皇后降坐入宮。次太傅以下文武百僚就德壽殿下拜牋稱賀以俟，皇帝服履袍乘輦還內。十六日，宰臣率文武百僚詣文德殿拜表稱賀。

校勘記

〔一〕東迴册函　「迴」原作「向」。據下文及宋會要禮四九之三、太常因革禮卷八六改。

〔二〕二十二日　原作「二十三日」，據宋會要禮四九之四二、繫年要錄卷二〇〇改。

〔三〕太尉押册案　「案」字原脫。據宋會要禮五〇之二補。

〔四〕攝司徒趙抃　「攝」字原脫，據宋會要禮五〇之五補。

〔五〕德宗以大曆十四年卽位　「十」字原脫，據唐書卷一二德宗紀補。

宋史卷一百一十一

志第六十四

禮十四 嘉禮二

冊立皇后。建隆元年，立瑯邪郡夫人王氏爲皇后，命所司擇日備禮冊命。自後，凡制書云冊命者，多不行冊禮。后妃皆寫冊命告身，以金花龍鳳羅紙、金塗標袋，有司進入，學士院草制，宣於正殿。近臣、牧守、宗室皆修貢禮，羣臣拜表稱賀，又詣內東門奉牋賀皇后。

眞宗册德妃劉氏爲皇后，不欲令藩臣貢賀，不降制於外廷，止命學士草詞付中書。

仁宗册皇后曹氏，其册制如皇太子，玉用珉玉五十簡，匣依册之長短；寶用金，方一寸五分，高一寸，其文曰「皇后之寶」，盤螭紐；綬并緣册寶法物約舊制爲之，匣、盝並朱漆金塗銀裝。其禮與通禮異，不立仗，不設縣。

前一日，守宮設次於朝堂，設册寶使、副次於東門外，命婦次於受册寶殿門外，設皇后受册寶位於殿庭階下北向。奉禮設册寶使位於內東門外，副使、內侍位於其南，差退，東向北上，册寶案位於使前南向，又設內給事位於北廂南向。

其日，百官常服早入次，禮直官、通事舍人先引中書令、侍中、門下侍郎、中書侍郎及奉册寶官，執事人絳衣介幘，詣垂拱殿門就次，以俟册降。禮直官、通事舍人分引宰臣、樞密、册寶使副、百官詣文德殿立班，東西相向。內侍二員自內承旨降皇后册寶出垂拱殿，奉册寶官俱搢笏率執事人〔一〕，禮直官導中書侍郎押册，中書令後從，門下侍郎押寶，侍中後從，由東上閤門出，至文德殿庭權置。

禮直官、通事舍人引使、副就位，次引侍中於使前，西向稱「有制」，典儀曰「再拜」，贊者承傳，使、副、在位官皆再拜，宣曰：「贈尙書令、冀王曹彬孫女册爲皇后，命公等持節展禮。」

使、副再拜，侍中還位，門下侍郎帥主節者詣使東北，主節以節授門下侍郎，門下侍郎執節授册使，册使跪受，興，付主節，幡隨節立於使左。次引中書令、侍中詣册寶東北，西向立，中書侍郎引册案立於中書令右，中書令取册授册寶使，使跪受，興，置於案，中書令、中書侍郎退復班。門下侍郎引寶案於侍中之右，取寶授册寶使如上儀，退復位，典儀贊拜訖，禮直官、通事舍人引使、副押册寶，持節者前導，奉册寶官奉舁，援衞如式，以次出朝堂門，詣內東門附內臣入進。

內臣引內外命婦入就位，內侍詣閤請皇后服褘衣。册寶至，使、副俱東向內給事前，北向跪稱：「册寶使李迪、副使王隨奉制授皇后册寶。」俛伏，興，退復位。內給事入詣受册寶殿門皇后前跪奏訖，內侍進詣使前，西面跪受册寶，以授內謁者監，使退復位。內謁者監、主當內臣持册寶入內東門，內侍從之，以次入詣殿庭。內侍贊引皇后降立庭中北向位，內侍跪取册，次內侍跪取寶，興，立皇后右少前西向，內侍二員進立皇后左少前東向，內侍稱「有制」，內侍贊皇后再拜，內侍奉册進授皇后，皇后受以授內侍，次內侍奉寶亦然。復贊再拜訖，導皇后升坐，內臣引內外命婦稱賀如常儀。禮畢，內侍導皇后降坐還閤，內外命婦班退。皇后易常服，謝皇帝、皇太后，用常禮。百官詣東上閤門表賀。

元祐五年八月，太皇太后詔：以皇帝納后，令翰林學士、御史中丞、兩省與太常禮官檢詳古今六禮沿革，參考通禮典故，具爲成式。羣臣又議勘昏，御史中丞鄭雍等請不用陰陽之說，呂大防亦言不可，太后納之。

六年八月，三省樞密院言：「六禮，命使納采、問名、納吉、納成、告期，差執政官攝太尉充使，侍從官或判宗正官攝宗正卿充副使。以舊尙書省權爲皇后行第。納采、問名同日，次日納吉、納成、告期。納成用穀圭爲贄，不用鴈。『請期』依開寶禮改爲『告期』，『親迎』爲『命使奉迎』。納采前，擇日告天地、宗廟。皇帝臨軒發册，同日，先遣册禮使、副，次遣奉迎使，令文武百官詣行第班迎。」又言：「據開元禮，納采、問名合用一使，納吉、納成〔三〕各別日遣使。今未委三禮共遣一使，或各遣使。又合依發册例立仗。」詔：「各遣使，文德殿發制依發册立仗。」

七年正月，詔尙書左丞蘇頌撰册文幷書。學士院上六禮辭語，其納采制文略曰：「太皇太后曰：咨某官封姓名，渾元資始，肇經人倫，爰及夫婦，以奉天地、宗廟、社稷。謀于公卿，咸以爲宜。率由舊典，今遣使持節太尉某、宗正卿某以禮納采。」其答文曰：「太皇太后嘉命，訪婚陋族，備數采擇，臣之女未閑教訓，衣履若而人。欽承舊章，肅奉典制。某官封糞土臣姓某稽首再拜承制詔。」問名制曰：「兩儀合德，萬物之統，以聽內治，必咨令族。重宣舊典，今遣使持節某官以禮問名。」答曰：「使者重宣中制，問臣名族。臣女，夫婦所生，先臣故某官之遺微孫，先臣故某官之遺曾孫，先臣故某官之遺孫，先臣故某官之外孫女，年若干。欽承舊章，肅奉典制。」納吉制曰：「人謀龜筮，同符元吉，恭順典禮，今使某官以禮納吉。」答曰：「使者重宣中制，臣陋族卑鄙，憂懼不堪。欽承舊章，肅奉典制。」納成制曰：「咨某官某之女，孝友恭儉，實維母儀，宜奉宗廟，永承天祚。以黝纁、穀圭、六馬以章典禮，今使某官以禮納成。」答曰：「使者重宣中制，降婚卑陋，崇以上公，寵以豐禮，備物典策。欽承舊章，肅奉典制。」告期制曰：「謀于公卿，大筮元龜，罔有不臧，吉日惟某月、某甲子可迎。率遵典禮，今遣某官以禮告期。」答曰：「使者重宣中制，以某月、某甲子吉日告期。臣欽承舊章，肅奉典制。」奉迎制曰：「禮之大體，欽順重正，其期維吉，典圖是若，今遣某官以禮奉迎。」答曰：「使者重宣中制，今日吉辰，備禮以迎。螻蟻之族，猥承大禮，憂懼戰悸。欽率舊章，肅奉典制。」餘如式。

三月，禮部、太常寺上納后儀注：

發六禮制書。太皇太后御崇慶殿，內外命婦立班行禮畢，內給事出殿門，置六禮制書案上，出內東門；禮直官、通事舍人引由宣祐門至文德殿後門入，權置案於東上閤門。

命使納采、問名。文德殿，宰臣、親王、執政官、宗室、百僚、大小使臣易朝服，樂備而不作。班定，內給事奉制書案置橫街北稍東，西向北上，禮直官、通事舍人引門下、中書侍郎，次引使、副就橫街南承制位，北向東上，內給事詣使者東，北面稱「太皇太后有制」，典儀曰「再拜」，在位官皆再拜。宣制曰：「皇帝納后，命公等持節行禮。」典儀曰「再拜」，使、副皆再拜。授制書訖，典儀曰「再拜」，在位官皆再拜。禮直官、通事舍人、太常博士引使、副從制案出，載於油絡網犢車，出宣德門，鼓吹備而不作。至皇后行第大門外，令史二人對奉制案立，主人立大門內，儐者立主人之左，北面，進受命，出曰：「敢請事。」使者曰：「某奉制納采。」儐者入告，主人曰：「臣某之女若而人〔三〕，既蒙制訪，臣某不敢辭。」儐者出告，入引主人出大門外，再拜。使者先入，使者曰：「太皇太后制。」主人再拜。宣制書畢，主人再拜受訖，主人進表訖，再拜，使者出。問名同上儀。使者曰：「將加卜筮，奉制問名。」主人曰：「臣某之女若而人，既蒙制命，臣某不敢辭。」

命使納吉、納成、告期並同命使納采、問名儀。納吉，使者曰：「加諸卜筮，占曰從制，使某納吉。」主人曰：「臣某之女若而人，龜筮云吉，臣預有焉。臣某謹奉典制。」告期，使者曰：「某奉制告期。」主人曰：「臣某謹奉典制。」以上納吉、納成、告期。請見、授制、接表並如納采儀。

臨軒命使册后及奉迎於文德殿。百官朝服，皇帝常服乘輦至殿後閤，侍中奏中嚴外辦，乃服通天冠、絳紗袍，乘輦出自西房，降輦卽御坐。兩省官及待制、權侍郎、觀察使以上，分東西入殿門，各就位，東西相向立。奉寶置御坐前，奉宣后册由東上閤門出，至文德殿庭橫行，典儀曰「拜」，在位官皆再拜。使、副受册，宣制曰：「册某氏爲皇后，命公等持節展禮。」典儀曰「拜」，使、副再拜受册寶訖，典儀贊百官再拜。宣制曰：「太皇太后制：命公等持節奉迎皇后。」典儀贊使、副再拜受節，又贊百官再拜。侍中奏禮畢解嚴，百官再拜出，皇帝常服還內。册寶至皇后行第，如納采儀。使者曰：「某奉制授皇后備物典册。」皇后受册寶，內外命婦序立如儀，主人以書奉使者。

奉迎。百官常服班宣德門外行第，儐者請，使者曰：「某奉制以禮奉迎。」儐者入告，主人曰：「臣某謹奉典制。」儐者出告，入引主人出大門外再拜。使者先入，曰「有制」，主人再拜，使者宣制畢，主人再拜受制，答表又再拜。姆導皇后，尙宅前引，升堂出立房外，典儀贊使、副再拜。使者曰：「今月吉日，某等承制以禮奉迎。」內侍受以入，使、副退，主人以書授使者，奉於司言，受以奏聞。皇后降立堂下再拜訖，升堂，主人升自東階西向曰：「戒之戒之，夙夜無違命！」主人退，母進西階上東向，施衿、結帨曰：「勉之戒之，夙夜無違命！」皇后升輿至中門，升車出大門，使、副及羣臣前引。將至宣德門，百官、宗室班迎，再拜訖，分班。皇后入門，鳴鐘鼓，班迎官退，迺降車入，次升輿入端禮門、文德殿、東上閤門，出文德殿後門，入至內東門內降輿，司輿前導，詣福寧殿門大次以俟。晡後，皇后車入宣德門，侍中版奏請中嚴，內侍轉奏，皇帝服通天冠、絳紗袍，御福寧殿，尙宮引皇后出次，詣殿庭之東，西向立。尙儀跪奏外辦，請皇帝降坐禮迎，尙宮前引，詣庭中之西，東面揖皇后以入，導升西階入室，各就榻前立。尙食跪奏具，皇帝揖皇后皆坐，尙食進饌，食三飯，尙食進酒，受爵飲，尙食以饌從；再飲如初，三飲用巹如再飲。尙儀跪奏禮畢，俱興，尙宮請皇帝御常服，尙寢請皇后釋禮服入幄。次日，以禮朝見太皇太后、皇太后，參皇太妃，如宮中之儀。

詔從之。

四月，太皇太后手書曰：「皇帝年長，中宮未建，歷選諸臣之家，以故侍衞親軍馬軍都虞候、贈太尉孟元孫女爲皇后。」制詔：「六禮：尙書左僕射兼門下侍郎呂大防攝太尉，充奉迎使，同知樞密院事韓忠彥攝司徒，副之；尙書左丞蘇頌攝太尉，充發册使，簽書樞密院事王巖叟攝司徒，副之；尙書左丞蘇轍攝太尉，充告期使，皇叔祖、同知大宗正事宗景攝大宗正卿，副之；皇伯祖、判大宗正事、高密郡王宗晟攝太尉，充納成使，翰林學士范百祿攝宗正卿，副之；吏部尙書王存攝太尉，充納吉使，權戶部尙書劉奉世攝宗正卿，副之；翰林學士梁燾攝太尉，充納采、問名使，御史中丞鄭雍攝宗正卿，副之。」五月甲午，行納采、問名禮；丁酉，行納吉、納成、告期禮；戊戌，帝御文德殿發册及命使奉迎皇后。己亥，百官表賀于東上閤門，次詣內東門賀太皇太后，又上牋賀皇后，上牋賀皇太妃。皇后擇日詣景靈宮行廟見禮。

大觀四年，册貴妃鄭氏爲皇后，議禮局重定儀注：臨軒册使，皇帝御文德殿，服通天冠、絳紗袍，百官朝服，陳黃麾細仗，依古用宮架。册使出殿門，依近儀不乘輅。權以穆清殿爲受册殿。其日，皇后服褘衣，其奉册寶授皇后，皆用內侍。受册訖，皇后上表謝皇帝，內外命婦立班稱賀，羣臣入殿賀皇帝，於內東門上牋賀皇后。其上禮儀注，乞依進馬條令施行；其會羣臣，及皇后會外命婦儀注，並依開元、開寶禮。受册之殿陳宮架，用女工，升降行止並以樂節，而別定樂名、樂章。

皇后上表乞免受册排黃麾仗及乘重翟車、陳小駕鹵簿等，而於延福宮受册。其朝謁景靈宮，亦止依近例云。

紹興十三年閏四月十七日，册貴妃吳氏爲皇后。前期，於文德殿內設東西房、東西閤，凡香案、宮架、册寶幄次、舉麾位、押案位、權置册寶褥位、受制承制宣制位、奉節位、贊者位、奉册寶位、舉册舉寶官位及文武百僚、應行事官、執事官位，皆儀鸞司、太常典儀分設之，以俟臨軒發册。

其日質明，皇帝服通天冠、絳紗袍出西閤，協律郎舉麾奏乾安之樂，皇帝降輦卽御坐，樂止，册使、副以下應在位官皆再拜。侍中宣制曰：「册貴妃吳氏爲皇后，命公等持節展禮。」册使、副再拜，參知政事以節授册使，册使跪受，以授掌節者。中書令以册授册使，侍中以寶授副使，並權置于案，册使、副以下應在位官皆再拜。册使押册，副使押寶，持節者前導，正安之樂作，出文德殿門，樂止，至穆清殿門外幄次，權置以俟。

皇后首飾、褘衣出閤，協律郎舉麾，坤安之樂作，皇后至殿上中間南向立定，樂止。册使、副就內給事前東向跪稱：「册使副姓某奉制授皇后備禮典册。」內給事入詣皇后前，北向奏訖，册使舉册授內侍，內侍轉授內謁者監；副使舉寶授內侍，內侍轉授內謁者監；掌節者以節授掌節內侍，內侍持節前導，册寶幷案進行入詣殿庭。册寶初入門，宜安之樂作，至位，樂止。皇后降自東階，至庭中北向位，初行，承安之樂作，至位，樂止。皇后再拜，舉册官搢笏跪舉册，讀册官搢笏跪宣册，內謁者監奉册進授皇后，皇后受以授司言，又奉寶進授皇后，皇后受以授司寶。司言、司寶置册寶于案，舉册寶官幷舉案官俱搢笏舉册寶幷案興，詣東階之東，西向位置定。皇后初受册寶，成安之樂作，受訖，樂止。皇后再拜，禮畢。

册皇太子。至道元年八月壬辰，詔立皇太子，命有司草具册禮，以翰林學士宋白爲册皇太子禮儀使。有司言：「前代無太子執圭之文，請如王公之制執桓圭，餘如舊制。」九月丁卯，太宗御朝元殿，陳列如元會儀，帝衮冕，設黃麾仗及宮縣之樂於庭，百官就位。太子常服乘馬，就朝元門外幄次，易遠遊冠、朱明衣，所司贊引三師、三少導從至殿庭位，再拜起居畢，分班立。

太常博士引攝中書令就西階解劍、履，升殿詣御坐前，俛伏，興，奏宣制，降就劍、履位，由東階至太子位東，南向稱「有制」，太子再拜。中書侍郎引册案就太子東，中書令北面跪讀册畢，太子再拜受册，以授右庶子；門下侍郎進寶授中書令，中書令授太子，太子以授左庶子〔四〕，各置於案。由黃道出，太子隨案南行，樂奏正安之曲，至殿門，樂止，太尉升殿稱賀，侍中宣制，答如儀。

皇太子易服乘馬還宮，百官賜食於朝堂。中書、門下、樞密院、師、保而下詣太子參賀，皆序立於宮門之外。庶子版奏外備，內臣褰簾，太子常服出次坐，中書、門下、文武百官、樞密、師、保、賓客而下再拜，並答拜；四品以下官參賀，升坐受之。越三日，具鹵簿，謁太廟，常服乘馬，出東華門升輅，儀仗內行事官乘車者，並服禮衣，餘皆袴褶乘馬導從。

有司言：「唐禮，宮臣參賀皆舞蹈，開元始罷之。故事，百官及東宮接見祇呼皇太子，上牋啓稱皇太子殿下，百官稱名，宮官稱臣；常行用左春坊印，宮中行令。又按唐制，凡東宮處分論事之書，太子並畫令，左右庶子以下署名姓，宣奉行書按畫日；其與親友、師傅，不用此制。今請如開元之制，宮臣止稱臣，不行舞蹈之禮。今皇太子兼判開封府，其所上表狀即署太子之位，其當申中書、樞密院狀〔三〕，祇判官等署，餘斷案及處分公事並畫諾。」詔惟改「諾」爲「準」，餘並從之。其朝皇后儀，止用宮中常禮。時眞宗以壽王爲皇太子，兼判開封，請見僚屬，稱名而免稱臣。

神宗未及受册禮而卽位，乃以册寶送天章閣，遂爲故事。

紹興三十二年五月，詔曰：「朕以不德，躬履艱難，三十有六年，憂勞萬機，宵旰靡怠。屬時多故，未能雍容釋負，退養壽康，今邊鄙粗寧，可遂如志。皇子毓德允成，神器有託，朕心庶幾，可立爲皇太子，仍改名，所司擇日備禮册命。」未及行禮，六月十一日內禪。

乾道元年八月十日，制立皇子鄧王愭爲皇太子。十月，詔以知樞密院洪适爲禮儀使，撰册文，簽書樞密院事葉顒書册，工部侍郎王弗篆寶。

十六日，皇帝御大慶殿行册禮，皇太子服遠遊冠、朱明衣，執桓圭。前期，習儀禮官及有司並先一日入宿衞，展宮架樂，設太子次、册寶幄次、百官次，又設皇太子受册位、典寶褥位〔六〕，應行禮等皆有位，列黃麾半仗於殿門內外。質明，百官就次，皇太子常服詣幕次，符寶郎陳八寶於御位之左右，有司奉册寶至幄次，百官朝服入班殿庭。

有司自幄次奉册寶至褥位，參知政事、中書令導從，退各就位，侍中升殿俟宣制，皇太子易服執圭俟於殿門外。樂正撞黃鐘之鐘，乾安之樂作，皇帝卽御坐，殿上侍臣起居，樂止。行禮官贊引皇太子入就殿庭，東宮官從，初入殿門，明安之樂作，樂止，皇太子起居，次百官起居，各拜舞如儀。

皇太子詣受册位，侍中前承旨，降階宣制曰：「册鄧王愭爲皇太子。」皇太子拜舞如儀，侍中升殿復位。中書令詣讀册位，捧册官奉册至，中書令跪讀册畢，興，皇太子再拜，有司奉册至皇太子位，中書令跪以册授皇太子，皇太子跪受，以授右庶子，置於案；次侍中以寶授皇太子，皇太子跪受，以授左庶子，如上儀。皇太子再拜。中書舍人押册、中允押寶以出，次皇太子出，如來儀。初行樂作，出殿門樂止。次百官稱賀，樂正撞蕤賓之鐘，乾安之樂作，皇帝降坐，樂止，放仗，在位官再拜以出。

禮畢，百官易常服，赴內東門司拜牋賀皇后，次赴德壽宮拜表牋賀，諸路監司、守臣等並奉表稱賀。明日，車駕詣德壽宮謝。又明日，上御紫宸殿，引皇太子稱謝，還東宮，百官赴東宮參賀。

皇太子擇日先朝謁景靈宮，次日朝謁太廟、別廟，又擇日詣德壽宮稱謝。先是，禮官言：「皇太子朝謁景靈宮無所服典故，乞止用常服。次朝謁太廟、別廟，當衮冕，乘金輅，設仗。」從之。皇太子言：「乘輅、設仗，雖有至道、天禧故事，非臣子所安。」詔免。

冊皇太子妃。政和五年三月，詔選皇太子妃。六年六月，詔選少傅、恩平郡王朱伯材女爲皇太子妃，令所司備禮冊命。庚辰，帝服通天冠、絳紗袍，御文德殿發冊。先是，議禮局上五禮新儀：「皇太子納妃，乘金輅親迎。」皇太子三奏辭乘輅及臨軒冊命，詔免乘輅，而發冊如禮焉。

公主受封，降制有册命之文，多不行禮，惟以綸告進內。至嘉祐二年，封福康公主爲兗國公主，始備禮册命。

前一日，百官班文德殿，內降册印，宣制，册案、援衞一如册皇后儀。有司先設册使等幕次〔七〕於內東門外，命婦次於公主本位門之外〔八〕，公主受册印位於本位庭階下北向，册使位於內東門、副使及內給事於其南差退並東向，設册印案位於册使前南向，內給事位於册使北南向。

自文德殿奉册印將至內東門，內給事詣本位，請公主服首飾、褕翟。册印至內東門外褥位置訖，內臣引內命婦入就位，禮直官引册使、副等俱就東向位，內給事就南向位。通事舍人、博士引册使就內給事前東向，躬稱「册使某、副使某奉制授公主册印」，退復位，內給事入詣所設受册印位公主前，言訖退。內給事進詣册使前西向，册使跪以册印授內給事，內給事跪授內謁者，內謁者及主當內臣等持入內東門，內給事從入詣本位，贊公主降詣庭中北向立，跪取册，興，立公主右少前西向。又內給事立公主左少前東向，稱「有制」，贊者曰「拜」，公主再拜，右給事奉册跪授之，公主受以授左給事，右給事又奉印授公主，如上儀。贊者曰「拜」，公主再拜畢，引公主升位。次內臣引內命婦賀畢，遂引公主謝皇帝、皇后，一如內中之儀。羣臣進名賀。其册印如貴妃，有匣，文曰「兗國公主之印」。遂爲定制。

神宗進封邠國大長公主、魯國公主皆請免册禮，止進告入內云。

册命親王大臣之制，具開寶通禮，雖制書有備禮册命之文，多上表辭免，而未嘗行。每命親王、宰臣、使相、樞密使、西京留守、節度使，並翰林草制，夜中進入，翼日自內置於箱，黃門二人舁之，立御坐東。內朝退，乃奉箱出殿門外，宣付閤門，降置於案，俟文德殿立班，閤門使引制案置于庭，宣付中書、門下，宰相跪受，復位，以授通事舍人，赴宣制位唱名訖，奉詔宰相，宰相受之，付所司。

若立后妃，封親王、公主，卽先稱有制，百官再拜，宣制訖，復再拜舞蹈稱賀。若宰相加恩制書，卽宣付通事舍人，引宰相於宣制石東，北向再拜立，聽訖，拜舞復位。若百官受制，卽自班中引出聽廡，文班於宣制石東，武班於西，並如宰相儀，聽訖，出赴朝堂。其罷相者，卽引出赴朝堂金吾仗舍。

諸王、宰相朝謝，前一日，內降官告，從內出東上閤門外宣詞以賜，授節者，仍交旌節。

授者俛伏，執旌節交於頸上者三。參知政事、宣徽使、樞密使、大兩省、兩制、祕書監、上將軍、觀察使以上授官告敕牒者，皆拜敕舞蹈，若止授敕或宣頭者止再拜，餘官悉不拜敕、不舞蹈，惟御史大夫、中丞拜授東上閤門使，又引至殿門外中籠門再拜。

親王、節度、使相官告，並載以綵輿迎歸第。親王輿中，設銀師子香合，輦官十二人，並幞頭、緋繡寬衣；旌節各二，馬四，攥䂍官十六人，執旌節攏馬對引，由乾元門西偏門出至門外；馬技騎士五十人，槍牌步兵六十人，教坊樂工六十五人，及百戲、蹴鞠、鬥雞、角觝次第迎引，左右軍巡使具軍容前導至本宮。使相輿中用銀香鑪，輦官十二人，金鵞帽、錦絡縫紫絁寬衣；旌節各一，馬二，攥䂍官八人，馬技騎士二十人，槍牌步兵二十四人，軍巡使不前導，餘如親王制。有故則罷。

凡諫、舍、刺史以上在外任加恩者，悉令其親屬乘傳齎詔，就以告牒賜之。

政和禮局上册命親王、大臣儀，迄不果行。

校勘記

〔一〕奉册寶官俱搢笏率執事人　按此句「執事人」下疑有脫漏。宋會要禮五三之二在此句下有「以次捧舉」四字，五禮新儀卷一八七、一九一作「捧舉以行」。

〔二〕納吉納成　按通考卷二五六帝系考，此處下有「告期」二字；本卷下文有納吉、納成、告期分別遣使之文，疑脫。

〔三〕臣某之女若而人　「臣」字原脫。據五禮新儀卷一六七和前後文補。

〔四〕太子以授左庶子　「左」原作「右」，據五禮新儀卷一九一，幷參照下文冊封鄧王愭儀改。

〔五〕其當申中書樞密院狀　「狀」字原脫，據長編卷三八、通考卷二五七帝系考補。

〔六〕典寶褥位　按上文有「權置冊寶褥位」，下文有「奉冊寶至褥位」；宋會要禮四九之三〇也有「冊寶褥位」。「典」疑「冊」字之誤。

〔七〕幕次　「次」字原脫，據宋會要帝系八之四、宋朝事實卷一三補。

〔八〕命婦次於公主本位門之外　「於」字原脫，據同上書同卷補。

宋史卷一百一十二

志第六十五

禮十五 嘉禮三

聖節 諸慶節

聖節。建隆元年，羣臣請以二月十六日爲長春節。正月十七日，於大相國寺建道場以祝壽，至日，上壽退，百僚詣寺行香。尋詔：「今後長春節及諸慶節，常參官、致仕官、僧道、百姓等毋得進奉。」

太宗以十月七日爲乾明節，復改爲壽寧節。

眞宗以十二月二日爲承天節。其儀：帝先御長春殿，諸王上壽，次樞密使副、宣徽、三司使，次使相，次管軍節度使、兩使留後、觀察使，次節度使至觀察使，次皇親任觀察使以下，各上壽，仍以金酒器、銀香合、馬、袖表爲獻〔一〕。既畢，咸赴崇德殿敍班，宰相率百官上壽，賜酒三行，皆用教坊樂，賜衣一襲，文武羣臣、方鎭州軍皆有貢禮。前一月，百官、內職、牧伯各就佛寺修齋祝壽，罷日以香賜之，仍各設會，賜上尊酒及諸果，百官兼賜教坊樂。

景德二年，始令樞密三司使副、學士復赴百官齋會，少卿、監、刺史以上及近職一子賜恩，僧道則賜紫衣、師號，禁屠，輟刑。

仁宗以四月十四日爲乾元節，正月八日皇太后爲長寧節。詔定長寧節上壽儀：太后垂簾崇政殿，百官及契丹使班庭下，宰臣以下進奉上壽，閤門使於殿上簾外立侍，百官再拜，宰臣升殿，跪進酒簾外，內臣跪承以入。宰臣奏曰：「長寧節，臣等不勝歡抃，謹上千萬歲壽。」復降，再拜，三稱萬歲。內臣承旨宣曰：「得公等壽酒，與公等同喜。」咸再拜。宰臣升殿，內侍出簾外跪授虛醆，宰臣跪受，降，再拜，舞蹈，三稱萬歲。內侍承旨宣羣臣升殿，再拜，升，陳進奉物當殿庭，通事舍人稱「宰臣以下進奉」，客省使殿上喝「進奉出」。內謁者監進第二醆，賜酒三行，侍中奏禮畢，皆再拜，舞蹈。太后還內，百官詣內東門拜表稱賀。其外命婦舊入內者卽入內上壽，不入內者進表。內侍引內命婦上壽，次引外命婦，如百官儀。次日大宴。

英宗以正月三日爲壽聖節。禮官奏：「故事，聖節上壽，親王、樞密於長春殿，宰臣、百官於崇德殿，天聖諒闇皆於崇政殿。」於是紫宸上壽，羣臣升殿間，飲獻一觴而退；又一日，賜宴於錫慶院。

神宗以熙寧元年四月十日爲同天節，以宅憂罷上壽，惟拜表稱賀。明年，親王、樞密使、管軍、駙馬、諸司使副詣垂拱殿，宰臣、百官、大國使詣紫宸殿上壽，命坐，賜酒三行，不舉樂。明年，以大旱罷同天節上壽，羣臣赴東上閤門表賀。

中書門下言：「同天節上壽班，自今樞密使副、宣徽、三司使、殿前馬步軍副都指揮使以上共作一班，進酒一醆；親王、宗室、使相至觀察、駙馬、管軍觀察使以上，皆赴紫宸殿，依本班序立上壽，更不赴垂拱殿。」蓋以管軍觀察使以上及親王、駙馬並於垂拱殿以官序高下各班進酒畢而日晏，外朝有班者仍詣紫宸殿，議者以爲近瀆，改焉。而詔祖免以上宗婦聽班賀于禁中。

哲宗卽位，詔以太皇太后七月十六日爲坤成節。宰臣請以十二月八日爲興龍節。哲宗本七日生，以避僖祖忌，故後一日。

徽宗以十月十日爲天寧節，定上壽儀：皇帝御垂拱殿，羣臣通班起居畢，分班，從義郎以下醫官、待詔等先退。知引進司官一員讀奏目，知東上閤門官一員奏進壽酒，由東階升，舍人通教坊使以下贊再拜，奏聖躬萬福，又再拜，復位。次看醆人稍前，舍人贊再拜，贊上殿祗候，分東西兩陛立，俟進酒升殿。次舍人引親王入殿庭，北向立，贊再拜，班首奏萬福。舍人引進奉西入，列於親王後，酒器檐床置馬前，揖天武躬奏萬福，進奉馬先出。內侍進御茶床，殿中監酙酒訖，知東上閤門官殿上躬奏「親王某以下進壽酒」。舍人揖親王以下躬贊再拜，乃引親王二員升殿，知東上閤門官引詣御坐前，舍人東階下西向立，後準此。尙醞典御奉槃、醆授班首，搢笏受槃、醆，西向立，奉御啓醆，親王一員搢笏注酒，班首奉詣御坐東進訖，少退，虛跪，興，以槃授典御，退，閤門引降階。舍人引當殿北向立，東上，贊拜，興，搢笏跪奉表，舍人接表，一員在東，餘詣親王西，置表笏上，授引進。知引進司官殿上讀奏目，退〔三〕，親王以下俛伏，興，躬，舍人贊再拜，引班首升東階，餘殿下分立。閤門引詣御坐東，北向搢笏，尙醞典御如前奉槃立，樂作，皇帝飲訖，受醆，復位，再拜如上儀。知引進司官詣折檻東，西向宣曰「進奉收」。贊拜，舞蹈，又再拜，西出。親王以下赴紫宸殿立班。引進官宣「進奉出」，天武奉進奉以出。閤門復立殿上，教坊使贊送御酒，又再拜，教坊致語訖，贊再拜，退。次樞密官上壽，次管軍觀察以上上壽、進奉並如儀。內侍舉御茶床，舍人贊教坊使以下謝祗應，再拜訖，閤門側奏無公事。

皇帝赴紫宸殿後閤受羣臣上壽。質明，三公以下百僚並於殿門外就次，東上閤門、御史臺、太常寺分引入詣殿庭東西立。閤門附內侍進班齊牌，皇帝出閤，禁衞諸班親從迎駕，自贊常起居。皇帝升坐，鳴鞭，禮直官、通事舍人引三公至執政官，御史臺、東上閤門分引百官，並橫行北向立，典儀贊再拜，舞蹈，班首奏萬福，又再拜訖，分東西立。禮直官引殿中監、少監升東階，詣酒尊所稍西，南向西上立，舍人揖教坊使以下通班大起居，次看醆人謝升殿，贊再拜。內侍進御茶床，殿侍酹酒訖，禮直官、通事舍人分引三公至執政官，御史臺、東上閤門分引百僚，並橫行北向立，典儀贊再拜，贊者承傳，在位官皆再拜。禮直官、通事舍人引上公升東階，東上閤門官接引升殿，授醆、啓醆如上儀。上公詣御坐俛伏跪奏：「文武百僚、上公具官臣某等稽首言：天寧令節，臣等不勝大慶，謹上千萬歲壽。」俛伏，興，退，降階，舍人接引復位，典儀贊再拜訖，禮直官引知樞密院官詣御坐前承旨，退詣折檻稍東，西向宣曰：「得公等壽酒，與公等內外同慶。」典儀贊拜如儀，百官分東西立。禮直官、通事舍人引上公升東階，東上閤門官接引詣御坐東，搢笏，殿中監授盤，上公奉進御坐東，北向，樂作，皇帝飲訖，閤門引接醆，降，復位，典儀贊拜如上儀。宗室遙郡以下先退。禮直官引樞密院官詣御坐前承旨，退詣折檻稍東，宣曰：「宣羣官升殿。」典儀贊拜訖，禮直官、通事舍人分引三公以下升東階，親王、使相以下升西階；御史臺、東上閤門分引祕書監以下升兩朵殿，并東西廊席後立。尙醞典御以醆授殿中監，奉御啓醆，殿中監西向立，殿中少監以酒注于醆，第二、第三準此。奉詣御坐前，躬進訖，少退，奉盤西向立。樂作，皇帝飲訖，殿中監接醆退，授奉御，出笏復位。通事舍人分引殿上官横行北向，舍人贊再拜，典儀曰「再拜」，贊者承傳，皆再拜。舍人贊就坐，各立席後，復贊就坐，羣官皆坐。酒初行，先宰臣，次百官，皆作樂。尙食典御、奉御進食，太官設羣官食，皇帝再舉酒，羣官興，立席後，樂作，飲訖，舍人贊就坐，再行羣官酒，皇帝三舉酒，並如第二之儀。酒三行，舍人曰「可起」，羣官興，立席後。若宣示醆，卽隨東上閤門官以下揖，稱「宣示醆」，躬，贊就坐。若宣勸，卽立席後，躬，飲訖，贊再拜。內侍舉御茶床，禮直官引左輔詣御坐前北向俛伏跪奏：「左輔具官臣某言禮畢。」俛伏，興，退，復位。禮直官、通事舍人分引三公以下文武百僚降階横行北向立，樞密院官在親王後。典儀贊再拜，皆舞蹈再拜退。

靖康元年四月十三日，太宰徐處仁等表請爲乾龍節。至日，皇帝帥百官詣龍德宮上壽畢，卽本宮賜侍從官以上宴。

建炎元年五月，宰臣等上言，請以五月二十一日爲天申節。詔曰：「朕承祖宗遺澤，獲託士民之上，求所以扶危持顚之道，未知攸濟。念二聖鑾輿在遠，萬民失業，將士暴露，夙夜痛悼，寢食幾廢，況以眇躬之故，聞樂飲酒，以自爲樂乎？非惟深拂朕志，實增感于朕心。所有將來天申節百官上壽常禮，可令寢罷。」至是止就佛寺啓散祝壽道場，詣閤門或後殿拜表稱賀。

紹興十三年二月，臣僚奏：「臣聞孝理天下者帝王之盛德，歸美報上者臣子之至誠，是皆因性自然，發於觀感，必各盡其至，然後爲稱。恭惟陛下撫艱難之運，憂勤在御，兢兢業業，圖濟中興，孝德通于神明，皇天爲之悔禍，長樂還闕，適當誕節之前，陛下以天下養，獲伸宮闈上壽之儀，臣民得於觀聽，天下無不欣慶，所以崇大養而成孝理之功者，旣已盡善盡美矣。陛下誕聖佳辰，乃臣子所願奉觴上壽，以盡歸美之意，其可不舉而行之乎？臣愚欲望將來天申節許令有司舉行舊典，至日，百官得以奉萬年之觴，仰祝聖壽，天下幸甚。」太常、禮部討論：每遇聖節，樞密院以下先詣垂拱殿上壽畢，宰臣率百僚於紫宸殿上壽；前一月，分日啓建道場，至前一日，樞密院官滿散依例作齋筵；至日，三省官上壽立班訖，次赴滿散作齋筵；後二日，大宴於集英殿。時命御史臺、太常寺修立儀注。

孝宗隆興元年，太上皇帝天申節，皇帝及宰臣、文武百僚詣德壽宮上壽。是日，以欽宗大祥，前一日，皇帝起居如宮中儀，百僚拜表稱賀。

乾道八年，立皇太子，皇帝率皇太子及文武百僚詣德壽宮上壽。前期，儀鸞司陳設德壽宮殿門之內外，設御坐於殿上當中南向，設大次於德壽宮門內南向，小次於殿東廊西向，設皇帝褥位二：一於御坐東南，西向〔三〕，一於御坐之南，北向。尙醞設御酒尊、酒器於御坐之東，有司又設御茶床於御坐之西，俱稍北。其日，文武百僚內不係從駕者，並先赴德壽宮門外以俟迎駕起居。質明，皇帝服鞾袍出卽御坐，從駕臣僚、禁衞起居如常儀。皇帝降坐，乘輦將至德壽宮，文武百僚迎駕再拜起居訖，前導官、太常卿、閤門官、太常博士、禮直官先入，詣大次前分左右立定。皇帝降輦入次，御史臺、閤門、太常寺分引皇太子幷文武百僚入詣殿廷，東西相向立定，前導官導皇帝入小次，簾降。皇太子幷文武百僚並橫行北向立。太上皇帝出宮升御坐，鳴鞭，小次簾捲。前導官導皇帝升殿東階，詣殿折檻前北向褥位再拜，躬奏聖躬萬福，再拜，皇帝詣太上皇帝御坐之東褥位西向立，前導官於殿上隨地之宜立。次舍人揖皇太子幷文武百僚躬，典儀曰「再拜」，贊者承傳，在位官皆再拜，搢笏舞蹈，又再拜，皇太子不離位，奏聖躬萬福，各再拜，直身，分東西相向立。禮直官引奉盤醆官、受盤醆官、承旨宣答官、奏禮畢官、殿中監、少監升殿。內侍進御茶床，尙醞典御以盤醆、酒注授殿中監、少監，次禮直官引奉盤醆官詣酒尊所北向〔四〕，殿中監啓醆，殿中少監注酒，奉盤醆官奉酒詣皇帝前北向，禮直官引受盤醆官詣太上皇帝御坐前，西向立，皇太子并文武百僚橫行北向立。奉盤醆官躬進皇帝，皇帝奉酒，前導官導皇帝詣太上皇帝御坐前躬進訖，少後，以盤授受盤醆官〔五〕。前導官導皇帝詣太上御坐前褥位北向俛伏跪，殿下皇太子并百僚皆躬身。皇帝奏：「臣某謹率文武百僚稽首言：天申令節，臣某與百僚等不勝大慶，謹上千萬歲壽。」奏訖，伏，興，再拜，在位官皆再拜。承旨宣答官宣曰：「得皇帝壽酒，與皇帝并百僚內外同慶。」皇帝再拜，在位官皆再拜訖，分東西相向立。皇帝詣御坐東，西向立，奉盤醆官以盤北向恭進，皇帝奉盤，樂作，俟太上皇帝飲酒，皇帝躬接醆訖，皇帝少後，以盤醆授受盤醆官，以授殿中監，各復位立。皇太子并文武百僚橫行北向，皇帝詣褥位北向再拜，在位官皆再拜。皇帝詣太上御坐東褥位西向立，皇太子、文武百僚再拜，搢笏舞蹈，又再拜訖，內侍舉茶床，奏禮畢官北向俛伏跪奏：「具官臣某言禮畢。」在位官再拜。太上皇帝駕興，皇帝從入，文武百僚以次退。

淳熙二年十一月，詔：「太上皇帝聖壽無疆，新歲七十，以十一日冬至加上尊號册寶，十二月十七日立春行慶壽禮。」是日早，文武百僚並簪花赴文德殿立班，聽宣慶壽赦。宣赦訖，從駕至德壽宮行慶壽禮，致詞曰：「皇帝臣某言：天祐君親，錫茲難老，維春之吉，年德加新。臣某與羣臣等不勝大慶，謹上千萬歲壽。」餘與前上壽儀注同。禮畢，從駕官、應奉官、禁衞等並簪花從駕還內，文武百僚文德殿拜表稱賀。

十年十二月，以太上皇后新年七十，詔以立春日行慶賀之禮。十三年春正月朔，以太上皇帝聖壽八十，帝率羣臣詣德壽宮行禮，其儀注、恩赦並如淳熙二年典故。

孝宗以十月二十二日爲會慶節，光宗以九月四日爲重明節，寧宗以十月十九日爲天祐節、尋改爲瑞慶節，理宗以正月五日爲天基節，度宗以四月九日爲乾會節，瀛國公以九月二十八日爲天瑞節。其上壽稱賀之禮，大略皆如天申節儀。

諸慶節，古無是也，眞宗以後始有之。大中祥符元年，詔以正月三日天書降日爲天慶節，休假五日，兩京諸路州、府、軍、監前七日建道場設醮，斷屠宰；節日，士庶特令宴樂，京師然燈。又以六月六日爲天貺節，京師斷屠宰，百官行香上淸宮。又以七月一日聖祖降日爲先天節，十月二十四日〔六〕降延恩殿日爲降聖節，休假、宴樂並如天慶節。中書、親王、節度、樞密、三司以下至駙馬都尉，詣長春殿進金縷延壽帶、金絲續命縷，上保生壽酒；改御崇德殿，賜百官飲，如聖節儀。前一日，以金縷延壽帶、金塗銀結續命縷、緋綵羅延壽帶、綵絲續命縷分賜百官，節日戴以入。禮畢，宴百官於錫慶院。天禧初，詔以大中祥符元年四月一日天書再降內中功德閣爲天禎節，一如天貺節。尋以仁宗嫌名，改爲天祺節。

政和三年十一月五日，以修祀事，天眞示見，詔爲天應節。又以五月十二日祭方丘日爲寧貺節，既又以二月十五日太上混元上德皇帝降聖日爲眞元節，八月九日青華帝君生辰爲元成節，正月四日有太祖神御之州府宮殿行香爲開基節，十月二十五日爲天符節，皆如天慶節，著爲令。

高宗建炎元年十一月五日，詔：「政和以來添置諸節，除開基節外，餘並依祖宗法。」

校勘記

〔一〕仍以金酒器銀香合馬袖表爲獻　「香合」二字原脫，據宋會要禮五七之二一及五七之二二、繫年要錄卷一四九、玉海卷七四補。

〔二〕知引進司官殿上讀奏目退　「目」原作「自」。按至正本實作「目」，張元濟據殿本誤改作「自」。

據上文及五禮新儀卷一六五改正。

〔三〕一於御坐東南西向　宋會要禮五七之五作「一於太上皇帝御坐之東西向」，參照下文「一於御坐之南北向」及「皇帝詣太上皇帝御坐之東褥位西向立」二語，此處「南」字疑衍。

〔四〕詣酒尊所北向　「酒」字原脫，據宋會要禮五七之六，幷參照上文補。

〔五〕以盤授受盤醆官　「受」字原脫，據同上條宋會要及上下文補。

〔六〕十月二十四日　「十月」原作「十二月」，據宋會要禮五七之三〇、事物紀原卷二改。按宋會要同上卷，本條及上文七月一日條均爲大中祥符五年事，長編卷七九系本條于五年十月戊午，本志一律系于元年。

宋史卷一百一十三

志第六十六

禮十六 嘉禮四

宴饗 游觀 賜酺

宴饗之設，所以訓恭儉、示惠慈也。宋制，嘗以春秋之季仲及聖節、郊祀、籍田禮畢，巡幸還京，凡國有大慶皆大宴，遇大災、大札則罷。天聖後，大宴率於集英殿，次宴紫宸殿，小宴垂拱殿，若特旨則不拘常制。凡大宴，有司預於殿庭設山樓排場，爲羣仙隊仗、六番進貢、九龍五鳳之狀，司天鷄唱樓於其側。殿上陳錦繡帷帟，垂香毬，設銀香獸前檻內，藉以文茵，設御茶床、酒器於殿東北楹間，羣臣醆斝於殿下幕屋。設宰相、使相、樞密使、知樞密院、參知政事、樞密副使、同知樞密院、宣徽使、三師、三公、僕射、尚書丞郎、學士、直學士、御史大夫、中丞、三司使、給、諫、舍人、節度使、兩使留後、觀察、團練使、待制、宗室、遙郡團練使、刺史、上將軍、統軍、軍廂指揮使坐於殿上，文武四品以上、知雜御史、郎中、郎將、禁軍都虞候坐於朵殿，自餘升朝官、諸軍副都頭以上、諸蕃進奉使、諸道進奉軍將〔一〕，以上分於兩廡。宰臣、使相坐以繡墩；曲宴行幸用杌子。參知政事以下用二蒲墩，加罽毯；曲宴，樞密使、副並同。軍都指揮使以上用一蒲墩；自朵殿而下皆緋緣氈條席。殿上器用金，餘以銀。其日，樞密使以下先起居訖，當侍立者升殿。宰相率百官入，宣徽、閤門通唱，致辭訖〔二〕，宰相升殿進酒，各就坐，酒九行。每上舉酒，羣臣立侍，次宰相、次百官舉酒；或傳旨命釂，即搢笏起飲，再拜。曲宴多令不拜。或上壽朝會，止令滿酌，不勸。中飲更衣，賜花有差。宴訖，蹈舞拜謝而退。

建隆元年，大宴於廣德殿，酒九行而罷。乾德元年十一月，南郊禮成，大宴廣德殿，謂之飲福。是後三年，開寶三年、五年、六年、七年、八年，并設秋宴于大明殿，以長春節在二月故也。太平興國之後，止設春宴，在大明者十一，在含光者六。宴日，親王、樞密使副、宣徽、三司使、駙馬都尉皆侍立，軍校自龍武四廂都指揮使以上，立於庭。其宴契丹使，亦於崇德殿，但近臣及刺史、郎中而上預焉。

淳化四年正月，以南郊禮成，大宴含光殿，直史館陳靖上言：「古之饗宴者，所以省禍福而觀威儀也。故宴以禮成，賓以賢序，風、雅之作，茲爲盛焉。伏見近年內殿賜宴，羣臣當坐於朵殿、兩廊者，拜舞方畢，趨馳就席，品列之序，糾紛無別。及至尊舉爵，羣臣起立，先後不整，俯仰失節。欲望自今令有司預依品位告諭，其有踰越班次、拜起失節、喧譁過甚者，並令糾舉。又惟飫賜之典，以寵武夫，大烹之餘，故爲盛饌。計一飯所費，可數人之屬厭，而將校輩或至終宴之時，尙有欲炙之色，蓋執事者失於察視，不及潔豐而使然也。伏望並申嚴制。」至道元年三月，御史中丞李昌齡亦言：「廣宴之設，以均飫賜，得齒高會，宜乎盡禮。而有位之士，鮮克致恭，當糾其不恪。又供事禁庭，當定員數，籍姓名以謹其出入。酒殽之司，或虧精潔，望分命中使巡察。」並從之。

咸平三年二月，大宴含光殿，自是始備設春秋大宴。五年，御史臺言：「大宴，起居舍人、司諫、正言、三院使、御史並坐于殿廊，望自今移升朵殿，自餘依舊。」十二月，詔凡內宴，宗正卿令升殿坐，班次依合班儀。翰林學士梁顥請以春秋大宴、小宴、賞花、行幸次爲四圖，頒下閤門遵守。從之。

景德二年九月，詔曰：「朝會陳儀，衣冠就列，將以訓上下、彰文物，宜愼等威，用符紀律。況屢頒於條令，宜自顧於典刑。稍歷歲時，漸成懈慢。特申明制，以儆具僚。自今宴會，宣令御史臺預定位次，各令端肅，不得諠譁。違者，殿上委大夫、中丞，朵殿委知雜御史、侍御史，廊下委左右巡使，察視彈奏；內職殿直以上赴起居、入殿庭行私禮者，委閤門彈奏；其軍員，令殿前侍衞司各差都校一人提轄，但虧失禮容，卽送所屬勘斷訖奏。仍令閤門、宣徽使互相察舉，敢蔽匿者糾之。」

大中祥符元年十二月，詔宣徽院、御史臺、閤門、殿前馬步軍司，凡內宴臣僚、軍員幷祗候使臣等，並以前後儀制曉諭，務令遵稟，違者密具名聞。其軍員有因酒言詞失次及醉仆者，卽先扶出，或遣殿前司量添巡檢軍士護送歸營。又詔臣僚有託故請假不赴宴者，御史臺糾奏。天禧四年，直集賢院祖士衡言：「大宴將更衣，羣臣下殿，然後更衣，更衣後再坐，則羣臣班于殿庭，候上升坐，起居謝賜花，再拜升殿。」

仁宗天聖三年，監察御史朱諫言：「伏見大宴，宗室先退，允爲得禮。尙有文武臣僚父子、兄弟者，皆預再坐，欲望自今內宴，百官有父子、兄弟、叔姪同赴，再坐時卑者先退。」慶曆七年，御史言：「凡預大宴幷御筵，其所賜花，並須戴歸私第，不得更令僕從持戴，違者糾舉。」

熙寧二年正月，閤門言：「準詔裁定集英殿宴入殿人數：中書二十二人，樞密院三十人，宣徽院八人，親王八人，昭德軍節度使、兼侍中曹佾三人，皇親使相三人，皇親正刺史已上至節度使幷駙馬都尉各一人，翰林司一百七十八人，御廚六百人，儀鸞司一百五十人，祗候庫二十人，內衣物庫七人，新衣庫七人，內弓箭庫三人，鈐轄教坊所三人，鐘鼓樓一十六人，御藥院八人，內物料庫九人，法酒庫一十六人，內酒坊八人，入內內侍省前後行、親事官共五人，皇城司職員手分二人，御史臺知班一十一人，灑掃親從官人員已下一百人，兩廊覷步親從官四十二人，提舉司勾押官手分三人，提舉火燭巡檢人員一十人，快行親從官一十一人，支散兩省花後苑造作所工匠等四人，客省承授行首八人，四方館職掌二人，閤門承受行首已下一十八人。」是歲十一月，以皇子生，宴集英殿。

七年九月，詔：「自今大宴，親王、皇親使相、樞密使副使、宣徽使、駙馬都尉並於殿門外幕次就賜酒食。」舊制，會食集英西廊之廡下，喧卑爲甚，權發遣宣徽院吳充奏其事，故有是命。

元豐七年三月，大宴集英殿，命皇子延安郡王侍立。宰相王珪等率百官廷賀。詔曰：「皇家慶事，與卿等同之。」珪等再拜稱謝。久之，王乃退。時王未出閤，帝特令侍宴，以見羣臣。九年〔三〕，閤門言：「大宴不用兩軍妓女，只用教坊小兒之舞。」王拱辰請以女童代之。元祐〔四〕八年，詔罷獨看。故事，大宴前一日，御殿閱百戲，謂之獨看。脩國史范祖禹言：「是日進神宗紀草，陛下覽先帝史册甫畢，卽觀百戲，理似未安，故請罷之。」

元祐二年九月，經筵講論語徹章，賜宰臣、執政、經筵官宴于東宮，帝親書唐人詩分賜之。三年六月，罷春宴。八月，罷秋宴，以魏王出殯，翰林學士蘇軾不進教坊致語故也。是後以時雨未足，集英殿試舉人，尙書省火，禁中祈禳，邠國公主未葬，皆罷宴。凡大宴有故而罷，則賜預宴官酒饌于閤門朝堂，升殿官雖假故不從游宴，亦遣中使就第賜焉。親王、中書、樞密、宣徽、三司使副、學士、步軍都虞候以上、三師、三公、東宮三師三公以下、曾任中書門下致仕者，亦同。

凡外國使預宴者，祥符中宴崇德殿，夏使於西廊南赴坐，交使以次歇空，進奉、押衙次交州，契丹舍利、從人則於東廊南赴坐。四年，又升甘州、交州於朵殿，夏州押衙於東廊南頭歇空坐。七年，龜茲進奉人使歇空坐於契丹舍利之下。其後又令龜茲使副於西廊南赴坐，進奉、押衙重行於後，瓜州、沙州使副亦於西廊之南赴坐，其餘大略以是爲準。

大觀三年，議禮局上集英殿春秋大宴儀。

其日，預宴文武百僚詣殿庭，東西相向立。皇帝出御需雲殿，閤門、內侍、管軍等起居。皇帝降坐，御集英殿，鳴鞭，殿中監已下通班起居。殿中監、少監升殿，通喚閤門官升殿。攝左右軍巡使韡笏起居訖，繫鞵執杖侍立，餘非應奉官分出。次鐘鼓樓節級就位，四拜起居。

次舍人通喚訖，分引羣官横行北向，東上閤門官贊大起居，班首出班俛伏，跪，致辭訖，俛伏，興，復位。羣官再拜，舞蹈，又再拜，贊各就坐，再拜，舍人分引升殿，席前相向立，朵殿、兩廡官立於席後。有遼使則舍人引大遼舍利西入大起居，贊各就坐，贊再拜，贊就坐，引升西廊。次舍人傳事引從人分入，四拜起居，謝坐，並同舍利儀。教坊使以下通班大起居，看醆人謝，升殿再拜。內侍進御茶床，殿侍酧酒訖，次贊天武門外祗候。東上閤門官詣御坐，奏班首姓名以下進酒。

舍人分引殿上臣僚横行北向，贊再拜。舍人引班首稍前，東上閤門官接引詣御坐，東北向，搢笏，殿中監奉盤醆授班首，少監啓醆，以酒注之。班首奉詣御前進訖，少退，虛跪，興，以槃授殿中監，出笏，東上閤門官引退，舍人接引復位，贊再拜。舍人引班首稍前，殿上臣僚席前相向立，東上閤門官接引詣御坐，東北向，搢笏，殿中監授槃，奉詣御前，西向立，樂作，皇帝飲訖。舍人分引殿上臣僚横行北向，東上閤門引班首接醆，退，虛跪，興，授醆殿中監，出笏，引退，舍人接引復位，贊再拜，贊各賜酒，羣臣再拜，贊各就坐，羣官皆立席後，復贊就坐。

酒初行，羣官搢笏受酒，先宰相，次百官，皆作樂。皇帝再舉酒，並殿中監、少監進。

羣臣俱立席後，樂作，飲訖，贊各就坐。復行羣臣酒，飲訖。皇帝三舉酒，皆如第一之儀。尙食典、奉御進食，太官設羣臣食，樂作。賜祗應臣僚酒食，贊謝拜訖，復位。皇帝四舉酒，並典御進酒。樂工致語，羣官皆立席後，致語訖，贊百官再拜，就坐，樂作。皇帝五舉酒，樂工奏樂，庭下舞隊致詞，樂作，舞隊出。

東上閤門奏再坐時刻。俟放隊訖，內侍舉御茶床，皇帝降坐，鳴鞭，羣臣退。賜花，再坐。前二刻，御史臺、東上閤門催班，羣官戴花北向立，內侍進班齊牌，皇帝詣集英殿，百官謝花再拜，又再拜就坐。內侍進御茶床，皇帝舉酒，殿上奏樂，庭下作樂。皇帝再舉酒，殿上奏樂，庭下舞隊前致語，樂作，出。皇帝三舉酒、四舉酒皆如上儀。若宣示醆，卽隨所向，閤門官以下揖稱宣示醆，躬贊就坐。若宣勸，卽立席後躬飲訖，贊再拜。內侍舉御茶床，舍人引班首以下降階再拜，舞蹈，又再拜訖，分班出。閤門官側奏無公事，皇帝降坐，鳴鞭。

集英殿飲福大宴儀。初，大禮畢，皇帝逐頓飲福，餘酒封進入內。宴日降出，酒既三行，泛賜預坐臣僚飲福酒各一醆，羣臣飲訖，宣勸，各興立席後，贊再拜謝訖，復坐飲，並如春秋大宴之儀。

紹興十三年三月三日，詔宴殿陳設止用緋黃二色，不用文繡，令有司遵守，更不制造。五月，閤門修立集英殿大宴儀注。

乾道八年十二月，詔今後前宰相到闕，如遇赴宴賜茶，其合坐墩杌，非特旨，並依官品。又行門、禁衞諸色祗應人，依紹興例，並賜絹花。自是惟正旦、生辰、郊祀及金使見辭各有宴，然大宴視東京時則亦簡矣。

曲宴。凡幸苑囿、池籞，觀稼、畋獵，所至設宴，惟從官預，謂之曲宴。或宴大遼使副于紫宸殿，則近臣及刺史、正郎、都虞候以上預。暮春後苑賞花、釣魚，則三館、祕閣皆預。

太祖建隆元年七月，親征澤、潞，宴從臣于河陽行宮，又宴韓令坤已下於禮賢講武殿，賜襲衣、器幣、鞍馬，以賞澤、潞之功也。四年四月，宴從臣於玉津園。乾德三年七月六日，詔皇弟開封尹、宰相、樞密使、翰林學士、中書舍人泛舟後苑新池，張樂宴飲，極歡而罷。是歲重陽，宴近臣於長春殿。

太宗太平興國九年三月十五日，詔宰相、近臣賞花於後苑，帝曰：「春氣暄和，萬物暢茂，四方無事，朕以天下之樂爲樂，宜令侍從詞臣各賦詩。」帝習射于水心殿。雍熙二年四月二日，詔輔臣、三司使、翰林、樞密直學士、尙書省四品兩省五品以上、三館學士宴于後苑，賞花、釣魚，張樂賜飲，命羣臣賦詩習射。賞花曲宴自此始。三年十二月一日，大雨雪，帝喜，御玉華殿，召宰臣及近臣謂曰〔五〕：「春夏以來，未嘗飲酒，今得此嘉雪，思與卿等同醉。」又出御製雪詩，令侍臣屬和。後凡曲宴不盡載。

眞宗咸平元年二月二十二日，宴羣臣于崇德殿，不作樂。二年八月七日，再宴，用樂。三年二月晦〔六〕，賞花，宴于後苑，帝作中春賞花釣魚詩，儒臣皆賦，遂射于水殿，盡歡而罷。自是遂爲定制。四年十一月二十日，御龍圖閣曲宴，詔近臣觀太宗草、行、飛白、篆、籀、八分書及畫。景德二年十二月五日，宴尙書省五品諸軍都指揮使以上、契丹使于崇德殿，不舉樂，以明德太后喪制故也。時契丹初來賀承天節，擇膳夫五人齎本國異味，就尙食局造食，詔賜膳夫衣服、銀帶、器帛。大中祥符〔七〕六年七月二十九日，詔輔臣觀粟于後苑御山子，觀御製文閣御書及嘉禾圖，賜飲。是日，皇子從游。天禧〔八〕四年七月十一日，詔近臣及寇準、馮拯觀內苑穀，遂宴于玉宸殿。十月二十九日，詔皇太子、宗室、近臣、諸帥赴玉宸殿翠芳亭觀稻，賜宴，仍以稻分賜之。

仁宗天聖二年，既禫除，百官五表請聽樂，而秋燕用樂之半。詔輔臣曰：「昨日宴宮中，朕數四上勉皇太后聽樂。」王欽若以聞太后，太后曰：「自先帝棄天下，吾終身不欲聽樂。皇帝再三爲請，其可重違乎！」明年上元節，乃朝謁景靈上淸宮、啓聖院、相國寺，還御正陽門，宴從官，觀燈。次日，太后召命婦臨觀。及春秋大宴，歲爲常。夏，觀南御莊刈麥，秋，瑞聖園刈穀，並宴從官，或射，不爲常。皇祐五年，後苑寶政殿刈麥，謂輔臣曰：「朕新作此殿，不欲植花，歲以種麥，庶知穡事不易也。」自是幸觀穀、麥，惟就後苑，春夏賞花、釣魚則歲爲之。嘉祐七年十二月，特召兩府、近臣、三司副使、臺諫官、皇子、宗室、駙馬都尉、管軍臣僚至龍圖、天章閣，觀三聖御書，及寶文閣爲飛白分賜，下逮館閣官，製觀書詩，賜韓琦以下和進，遂宴羣玉殿，傳詔學士王珪撰詩序，刊石于閣。數日，再會天章閣，觀三朝瑞物，復宴羣玉殿，酒行，上曰：「天下久無事，今日之樂，與卿等共之，宜盡醉，勿復辭。」因召韓琦至御榻前，別賜一大卮。出禁中名花，金盤貯香藥，令各持歸，莫不霑醉，至暮而罷。

熙寧元年四月，御史中丞滕甫言：「臣聞君命召，不俟駕，此臣子所以恭其上也。今錫宴而有託詞不至者，甚非恭上之節也。請自今宴設，羣臣非大故與實有疾病，無得託詞，仍令御史臺察舉。」二年八月，實錄書成，皆宴垂拱殿。十月，修定閤門儀制所言：「垂拱殿曲宴，當直翰林學士與觀文、資政、龍圖、樞密、直龍圖、天章、寶文閣直學士並赴坐，而翰林學士兼他職者不預，考之官制，似未齊一。請自今曲宴，翰林學士與雜學士並赴。」從之。元豐五年七月，以兩朝國史書成，宴于垂拱殿。十一月，宴景靈宮祠官于紫宸殿。元祐二年九月，經筵講論語徹章，賜宰臣、執政、經筵官宴于東宮，帝親書唐人詩賜之。

紹聖三年十一月，以進神宗皇帝實錄畢，曲宴，宰臣、執政、文臣試侍郎、武臣觀察使以上并修國史官赴坐。元符元年五月，詔受寶畢，宴于紫宸殿，宰臣以下，文臣職事官、六曹員外郎、監察御史以上，武臣郎將、諸軍副指揮使以上預坐。

政和二年三月，上巳御筵，詔令移用他日，以國有故，宰臣請罷宴故也。大觀三年，議禮局上垂拱殿曲宴儀：

皇帝視事畢，東上閤門進呈坐圖，舍人奏閤門無公事，皇帝降坐，鳴鞭，入殿後閤。諸司排設備，東上閤門附內侍奏班齊，皇帝出閤升坐，鳴鞭。三公、直學士以上、親王、使相至觀察使以上，分東西入，詣殿庭，橫行北向立定。班首奏聖躬萬福，舍人贊各就坐，再拜訖，分引詣東西階升殿，席前相向立。次教坊使以下常起居，次看醆人謝，升殿，次內侍進御茶床，殿侍酙酒訖，閤門詣御坐，躬奏班首姓名以下進酒。舍人分引殿上臣僚，橫行北向，贊再拜。班首奉酒躬進，樂作，皇帝飲訖。舍人贊各賜酒，羣官俱再拜；贊各就坐，羣官皆立席後，復贊就坐。

酒初行，先宰相，次百官，皆作樂。後準此。尚食典、奉御進食，太官令設羣官食。酒五行，若宣示醆，卽隨所向，閤門揖稱宣示醆，躬贊就坐。若宣勸，卽立席後躬飲，贊再拜。內侍舉御茶床，舍人引班首以下降階橫行，北向再拜，分班出。皇帝降坐。

上巳、重陽賜宴儀：其日，預宴官以下並赴宴所就次，諸司排設備，預宴官以下詣庭中望闕位立。次中使詣班首之左，稍前立，中使宣曰「有敕」，在位官皆再拜訖。中使宣曰「賜卿等御筵」，在位官皆再拜，搢笏舞蹈，又再拜。中使退，預宴官分東西升階就坐。酒行，樂作；飲訖、食畢，樂止。酒五行，預宴官並興就次，賜花有差。少頃，戴花畢，與宴官詣望闕位立，謝花再拜訖，復升就坐。酒行，樂作；飲訖、食畢，樂止。酒四行而退。

游觀。天子歲時游豫，則上元幸集禧觀、相國寺，御宣德門觀燈；首夏幸金明池觀水嬉，瓊林苑宴射；大祀禮成，則幸太一宮、集禧觀、相國寺恭謝，或詣諸寺觀焚香，或至近郊閱武、觀稼，其事蓋不一焉。

太祖建隆元年四月，幸玉津園。是後凡十三臨幸。九月，幸宜春苑。是後觀習水戰者二十有八，幸大相國寺、封禪寺者各五，龍興寺及皇弟開封尹園各三，幸太淸觀、建隆觀者再，崇夏寺、廣化寺、等覺寺者各一，觀水磑者八，閱砲車、觀水櫃、觀稼、幸飛龍院、幸開封府、幸都亭驛、幸禮賢院、幸茶庫染院、幸河倉、幸金鳳園，皆一再至焉。

太宗太平興國二年二月，幸新鑿池，賜役卒錢布有差。六月，幸飛龍院。是後凡四幸。三年四月，觀刈麥。九年正月六日，幸景龍門外水磑，帝臨水而坐，召從臣觀之，因謂曰：「此水出於山源，清澄甘潔。近河之地，水味皆甘，豈河潤所及乎？」宋琪等曰：「亦猶人性善惡，染習致然。」帝曰：「卿言是也。」四月，幸金明池習水戰，帝御水殿，召近臣觀之，謂宰相曰：「水戰，南方之事也。今其地已定，不復施用，時習之，示不忘戰耳。」因幸講武臺，閱諸軍都試，軍中之絕技者遞加賜賚。遂登瓊林苑樓，陳百戲，擲金錢，令樂人爭之，極歡而罷。五月二日，出南薰門觀稼，召從官列坐田中，令民刈麥，咸賜以錢帛。回幸玉津園觀漁，張樂，習射，既宴而歸。明年五月，幸城南觀麥，賜田夫布帛有差。雍熙四年四月，幸金明池觀水嬉，賜從官飲。帝曰：「雨霽天涼，中外無事，宜勿惜醉。」因登苑中樓，盡歡而罷。淳化三年三月，幸金明池，命爲競渡之戲，擲銀甌於波間，令人泅波取之。因御船奏教坊樂，岸上都人縱觀者萬計。帝顧視高年皓首者，就賜白金器皿。九月，幸潛龍園，駐輦池東岸，臨水謂近臣曰：「朕不至此已十年，昔尹京日，無事常痛飲池上，今池邊之木已成林矣。」因顧教坊使郭守忠等數人曰：「汝等前日以樂童從我，今亦皓首，光陰迅速如此。」嗟嘆久之。帝親引滿舉白，羣臣盡醉。

眞宗咸平元年八月，幸諸王宮。二年九月，幸開寶寺、福聖院。是後，二寺臨幸者凡十有四。三年五月，幸金明池觀水戲，揚旗鳴鼓，分左右翼，植木繫綵，以爲標識，方舟疾進，先至者賜之。移幸瓊林苑，登露臺，鈞容直奏樂，臺下百戲競集，從臣皆醉。自是凡四臨幸。九月，幸大相國寺。是後再幸者九。幸上清宮者十有二，幸玉津園者十，幸太一宮、玉清昭應宮各六，餘不盡載。大中祥符八年正月十九日，中書門下上言：「伏覩今月十四日，皇帝詣諸宮寺焚香，總三十餘處，過百拜以上。臣等侍從，倍增憂灼，昨崇政殿已面奏陳。臣聞尊事萬靈，固先精意；登用百禮，乃貴時中。在經久之從宜，必裁正而惟允。伏望特命攸司，載詳定式。自今車駕幸諸宮、觀、寺、院，正殿再拜；及諸殿，令羣臣以下分拜。庶垂億載，允叶通規。」乃詔禮儀院詳定差減焉。

仁宗景祐三年，詔閤門詳定車駕幸宮、觀、寺、院支賜茶絹等第。

哲宗紹聖四年三月八日，詔自今遇車駕出新城，令殿前馬、步軍司取旨，權差馬、步軍赴新城外四面巡檢下祗應，每壁馬軍二百人，步軍三百人，並於城外巡警。

三元觀燈，本起於方外之說。自唐以後，常於正月望夜，開坊市門然燈。宋因之，上元前後各一日，城中張燈，大內正門結綵爲山樓影燈，起露臺，教坊陳百戲。天子先幸寺觀行香，遂御樓，或御東華門及東西角樓，飲從臣。四夷蕃客各依本國歌舞列於樓下。東華、左右掖門、東西角樓、城門大道、大宮觀寺院，悉起山棚，張樂陳燈，皇城雉堞亦徧設之。其夕，開舊城門達旦，縱士民觀。後增至十七、十八夜。

太祖建隆二年上元節，御明德門樓觀燈，召宰相、樞密、宣徽、三司使、端明、翰林、樞密直學士、兩省五品以上官、見任前任節度觀察使飲宴，江南、吳越朝貢使預焉。四夷蕃客列坐樓下，賜酒食勞之，夜分而罷。三年正月十三夜然燈，罷內前排場戲樂，以昭憲皇太后喪制故也。

太平興國二年七月中元節，御東角樓觀燈，賜從官宴飲。五年十月下元節，依中元例，張燈三夜。雍熙五年上元節，不觀燈，躬耕籍田故也。後凡遇用兵及災變、諸臣之喪，皆罷。

眞宗景德元年正月十四日，賜大食、三佛齊、蒲端諸國進奉使緡錢，令觀燈宴飲。大中祥符元年十一月二十五日，詔天慶節聽京城然燈一晝夜。六年四月十六日，先天降聖節亦如之。天聖二年六月，罷降聖節然燈。

政和三年正月，詔放燈五日。五年十二月二十九日，詔景龍門預爲元夕之具，實欲觀民風、察時態、黼飾太平、增光樂國，非徒以遊豫爲事。特賜公、師、宰執以下宴，及御製詩四韻賜太師蔡京。六年正月七日，御筆：「今歲閏餘候晚，猶未春和。晷短氣寒，於宴集無舒緩之樂。景靈宮朝獻，移十四日東宮、十五日西宮，畢，詣上淸儲祥宮燒香。十六日詣醴泉觀等處燒香。上元節移於閏正月十四日爲始。」宣和六年十二月二十四日，賜太師蔡京以下應兩府赴睿謨殿宴，景龍門觀燈。續有旨，宣太傅王黼赴宴。七年正月十八日，宴輔臣，觀燈。

賜酺。自秦始，秦法，三人以上會飲則罰金，故因事賜酺，吏民會飲，過則禁之。唐嘗一再舉行。

太宗雍熙元年十二月，詔曰：「王者賜酺推恩，與衆共樂，所以表升平之盛事，契億兆之歡心。累朝以來，此事久廢，蓋逢多故，莫舉舊章。今四海混同，萬民康泰，嚴禋始畢，慶澤均行。宜令士庶之情，共慶休明之運。可賜酺三日。」二十一日，御丹鳳樓觀酺，召侍臣賜飲。自樓前至朱雀門張樂，作山車、旱船，往來御道。又集開封府諸縣及諸軍樂人列於御街，音樂雜發，觀者溢道，縱士庶遊觀，遷市肆百貨於道之左右。召畿甸耆老列坐樓下，賜之酒食。明日，賜羣臣宴於尙書省，仍作詩以賜。明日，又宴羣臣，獻歌、詩、賦、頌者數十人。

眞宗景德三年九月，詔許羣臣、士庶選勝宴樂，御史臺、皇城司毋得糾察。四年二月甲申，上御五鳳樓觀酺，宗室、近臣侍坐，樓前露臺奏敎坊樂，召父老五百人列坐，賜飮於樓下。後二日，上復御樓，賜宗室、文武百官宴於都亭驛，賜諸班、諸軍將校羊酒。大中祥符元年正月，詔應致仕官，並令赴都亭驛酺宴，御樓日合預坐者亦聽。又詔朝臣已辭、未見，並聽赴會。

凡賜酺，命內諸司使三人主其事，於乾元樓前露臺上設敎坊樂。又騈繫方車四十乘，上起綵樓者二，分載鈞容直、開封府樂〔九〕。復爲棚車二十四，每十二乘爲之，皆駕以牛，被之錦繡，縈以綵絧，分載諸軍、京畿伎樂，又於中衢編木爲欄處之。徙坊市邸肆，對列御道，百貨騈布，競以綵幄鏤版爲飾。上御乾元門，召京邑父老分番列坐樓下，傳旨問安否，賜以衣服、茶帛。若五日，則第一日近臣侍坐，特召丞、郎、給、諫，上舉觴，敎坊樂作，二大車自昇平橋而北，又有旱船四挾之以進，棚車由東西街交騖，並往復日再焉。東距望春門，西連閶闔門，百戲競作，歌吹騰沸。宗室親王、近列牧伯洎舊臣、宗室官，爲設綵棚於左右廊廡。士庶縱觀，車騎塡溢，歡呼震動。第二日宴羣臣百官於都亭驛、宗室於親王宮。第三日宴宗室內職於都亭驛、近臣於宰相第。第四日宴百官於都亭驛、宗室於外苑。第五日復宴宗室內職於都亭驛、近臣於外苑。上多作詩，賜令屬和，及別爲勸酒詩。禁軍將校日會於殿前、馬、步軍之廨。

是歲，東封泰山，所過州府，上御子城門樓，設山車、綵船載樂，從臣侍坐，本州父老、進奉使、蕃客悉預。兗州駐蹕，仍賜羣臣會於延壽寺。所在改賜門名，兗州曰「回鑾覃慶」，鄆州曰「升中延福」，濮州曰「告成延慶」。澶州以行宮迫隘，當衢結綵爲殿，名曰「延禧」〔10〕。幸汾陰、亳州，皆如東封路。河中府門名曰「韶畢宣恩」〔11〕，陝州曰「霈澤惠民」，鄭州曰「回鑾慶賜」。西京將議改五鳳樓名，上曰：「此太祖所建，因瑞應，不可更也。」華陰就行宮宴父老，賜驛亭名曰「宣澤」。至鄭州，以太宗忌日甫過，罷會，賜與如例。亳州曰「奉元均慶」，南京曰「重熙頒慶」〔12〕。

天禧五年，以畿縣追集、老人疲勞之故，止召兩赤縣、坊縣父老預會，其不預名亦聽，給以賜物。天下賜酺，各令州、府會官屬父老，邊州或遣中使就賜。又詔開封府：「賜酺日，罪人酗酒而不傷人者，咸釋之，再犯論如法。」後賜酺皆準此。宋之繁庶，於斯爲盛，後遂爲定制云。

校勘記

〔一〕軍將　原作「將軍」，據宋朝事實卷一二儀注二、永樂大典二八四九冊燕享二、通考卷一〇七王禮考乙正。

〔二〕致辭訖　「訖」原作「謝」，據宋朝事實卷一二儀注二、通考卷一〇七王禮考改。

〔三〕九年　據宋會要禮四五之一四，指熙寧九年；下文王拱辰請以女童代小兒隊舞事，長編卷二八七、宋會要禮四五之一六繫在元豐元年閏正月。

〔四〕元祐　二字原脫，據長編卷四八二、宋會要禮四五之一六補。

〔五〕召宰臣及近臣謂曰　「召」原作「詔」，據長編卷二七、宋會要禮四五之二五改。

〔六〕三年二月晦　「三年」二字原脫，據長編卷四六、宋會要禮四五之三七補。

〔七〕大中祥符　四字原脫，據宋會要禮四五之三五補。

〔八〕天禧　二字原脫，據長編卷九六、宋會要禮四五之二六補。

〔九〕開封府樂　「府樂」二字原脫，據宋會要禮六〇之二、長編卷六八補。

〔一〇〕名曰延禧　宋會要禮六〇之三作「賜名駐蹕延禧之殿」。

〔一一〕詔畢宣恩　宋會要禮六〇之四作「駐蹕宣恩」。

〔一二〕重熙頒慶　「頒」原作「頌」，據本書卷八五地理志和宋會要禮六〇之五、六〇之六改。

宋史卷一百一十四

志第六十七

禮十七 嘉禮五

巡幸 養老 視學 賜進士宴 幸祕書省 進書儀 大射儀 鄉飲酒禮

巡幸之制，唐開元禮有告至、肆覲、考制度之儀，開寶通禮因之。太祖幸西京，所過賜夏、秋田租之半。眞宗朝諸陵及舉大禮，塗中皆服折上巾、窄袍，出京、過京城，服鞾袍、具鸞駕。羣臣公服繫鞵，供奉班及內朝官僚前導。凡從官並日赴行宮，合班起居，晚朝視事，羣臣不赴。中頓侍食，百官就宿頓迎駕訖，先發，或道塗隘遠，則免迎駕。將進發，近臣、諸軍賜裝錢。出京，留司馬、步諸軍夾道左右〔一〕，至新城門外奉辭，留守餴於門內，百官、父老餴於苑前，召留守等賜飲苑中。州縣長吏、留司官待于境。所過賜巡警兵、守津梁行郵治道卒時服錢履，父老綾袍、茶帛，塗中賜衞士緡錢。所幸寺、觀，賜道、釋茶帛，或加紫衣、師號。吏民有以饔餼、酒果、方物獻者，計直答之。命官籍所過繫囚、逋負者，日引對，多原釋。仍採訪民間疾苦，振恤鰥、寡、孤、獨。車服、度量、權衡有不如法，則舉儀制禁之。有奇材、異德及政事尤異者，孝子、順孫、義夫、節婦爲鄉里所稱者，其不守廉隅、昧於正理者，並條析以聞。官吏知民間疾苦者，亦許錄奏。所過州、府，結綵爲樓，陳音樂百戲。道、釋以威儀奉迎者，悉有賜。東京留守遣官表請還京，優詔答之。駕還京，大陳兵衞以入。

凡行幸，太祖、太宗不常其數。自咸平中，車駕每出，金吾將軍帥士二百人，執檛周遶，謂之禁圍，春、夏緋衣，秋、冬紫衣。郊祀、省方並增二百，服錦襖，出京師則加執劍。親王、中書、樞密、宣徽行圍內，餘官圍外。大禮備儀衞，則有司先布士爲黃道，自宮至祀所，左右設香臺、畫瓮、青繩闌干。巡省在塗則不設。凡巡省，翰林進號傳詩付樞密院，每夕摘字，令衞士相應爲識。東京舊城城門、西京皇城司並契勘，內外城、宮廟門並勘箭，出入皆然。入藩鎭外城、子城門亦勘箭。朝陵定扈從官人數，入栢城者，僕射以上三人，丞、郎以上二人，餘各一人。東封，定仗內導駕官從人數，親王、中書、樞密、宣徽、三司使四人，學士、尙書丞郎、節度使三人，大兩省、大卿監、三司副使、樞密承旨、客省閤門使副、金吾大將軍押仗鳴珂、內殿崇班以上二人，餘各一人。命諸司巡察之。自後舉大禮，皆循此制。

建炎元年七月，詔曰：「祖宗都汴，垂二百年。比年以來，圖慮弗臧，禍生所忽。肆朕纂承，顧瞻宮室，何以爲懷？是用權時之宜，法古巡狩，駐蹕近甸，號召軍馬。朕將親督六師，以援京城及河北、河東諸路，與之決戰，歸宅故都，迎還二聖，以稱朕夙夜憂勤之意。」十月一日，車駕登舟，巡幸淮甸，宰執、侍從、百司、三衙、禁旅五軍將佐扈衞以行，駐蹕揚州。

三年，幸杭州，自杭州幸江寧府，尋幸浙西，自浙西幸浙東。乃下詔曰：「國家遭金人侵逼，無歲無兵。朕纂承以來，深軫念慮，謂父兄在難，而吾民未撫，不欲使之陷於鋒鏑。故包羞忍恥，爲退避之謀，冀其逞志而歸，稍得休息。自南京移淮甸，自淮甸移建康而會稽，播遷之遠，極于海隅。卑詞厚禮，使介相望。以至願去尊稱，甘心貶屈，請用正朔，比於藩臣，遣使哀祈，無不曲盡。假使金石無情，亦當少動。累年卑屈，卒未見從。生民嗷嗷，何時寧息？今諸路之兵聚於江、浙之間，朕不憚親行，據其要害。如金人尚容朕爲汝兵民之主，則朕於事大之禮，敢有不恭！或必用兵窺我行在，傾我宗社，塗炭生灵，竭取東西金帛、子女，則朕亦何愛一身，不臨行陣，以踐前言，以保羣生。朕已取十一月二十五日移蹕，前去浙西，爲迎敵計。惟我將士、人民，念國家涵養之恩，二聖拘縻之辱，悼殺戮焚殘之禍，與其束手待斃，曷若并計合謀，同心戮力，奮勵而前，以存家國。」乃詔御前應奉官司自合扈從外，內太常寺據實用人數扈從，餘接續起發。四年正月，次台州。二月，次温州。三月，幸浙西。

紹興元年，詔移蹕臨安府。六年，詔周視軍師，車駕進發，遣官奏告天地、社稷、宗廟。自臨安幸平江，尋幸建康。八年二月，還臨安。三十一年九月，詔：「金人背盟失信，今率精兵百萬，躬行天討，用十二月十日車駕進發，應行宮臨安府文武百僚城北奉辭。」其日，應文武百僚先詣城北幕次，俟車駕御舟將至，御史臺、閤門、太常寺分引文武百僚立班定，兩拜訖，俟御舟過，班退。三十二年正月，詔：「視師江上，北騎遁去，兩淮無警，已委重臣統護諸將經畫進討。今暫還臨安，畢恭文祔廟之禮。宜令有司增修建康百官吏舍、諸軍營砦，以備往來巡幸，可擇日進發。」車駕還宮。

養老於太學，皇帝服通天冠、絳紗袍，乘金輅，至太學酌獻文宣王，三祭酒，再拜，歸御幄。比車駕初出，量時刻，遣使迎三老、五更於其第。三老、五更俱服朝服，乘安車，導從至太學就次；國老、庶老，有司預戒之，各服朝服，集於其次。大樂正帥工人、二舞入，立於庭。東上閤門、御史臺、太常寺、客省、四方館自下分引百官、宗室、客使、學生等，以次入就位，如視學班。太常博士贊三老、五更俱出次，引國老、庶老立於後，重行異位。禮直官、通事舍人引左輔奏請中嚴，少頃，又奏外辦，皇帝出大次，侍衞如常儀。大樂正令撞黃鐘之鐘，右五鐘皆應，協律郎跪，俛伏，舉麾興，宮架乾安之樂作，皇帝卽御坐，樂止。典儀曰「再拜」，在位官皆再拜。三老、五更杖而入，各左右二人夾扶，太常博士前引，史臣執筆以從。三老、五更入門，宮架和安之樂作，至宮架北，北向立，以東爲上。奉禮郎引羣老隨入，位於其後，樂止。博士揖進，三老在前，五更在後，仍杖夾扶，宮架和安之樂作，至西階下，樂止。博士揖三老、五更自西階升堂，國老、庶老立堂下。三老、五更當御坐揖，羣老亦揖，皇帝爲興。次奉禮郎揖國老升堂，博士引三老、五更，奉禮郎引國老以下，各於席後立。典儀贊各就坐，贊者承傳，宮架尊安之樂作，三老、五更就坐。三公授几、九卿正履訖，殿中監、尙食奉御進珍羞及黍稷等，先詣御坐前進呈，遂設於三老前，樂止。尙食奉御詣三老坐前，執醬而饋訖。尙醞奉御詣酒尊所，取爵酌酒，奉御執爵，奉於三老。次太官、良醞令以次進珍羞酒食於五更、羣老之前，皆食。大樂正引工人升，登歌奏惠安之樂，三終。史臣旣錄三老所論善言、善行，宮架作申安之樂。憲言成福之舞畢，文舞退，作受成告功之舞，畢，三老以下降筵，博士引三老、五更於堂下〔三〕，當御坐前，奉禮郎引羣老復位，俱揖，皇帝爲興。三老、五更降階至堂下，宮架和安之樂作，出門，樂止。禮直官、通事舍人引左輔前奏禮畢，退，復位。典儀贊拜訖，皇帝降坐，太常卿導還大次，百僚以次退，車駕還宮。三老、五更升安車，導從還，翼日詣闕表謝。

視學。哲宗始視學，遂幸國子監，詣至聖文宣王殿行釋奠禮，一獻再拜。御敦化堂，召從官賜坐，禮部、太常寺、本監官承事郎以上侍立，承務郎以下、三學生坐于東西廡，侍講吳安詩執經，祭酒豐稷講尙書無逸終篇，復命宰臣以下至三學生坐，賜茶，豐稷賜三品服，本監官、學官等賜帛有差。遂幸昭烈武成王廟，酌獻肅揖。

徽宗幸太學，遂幸辟雍，奠獻如上儀。詔司業吳絪等轉官改秩，循資賜章服，文武學生授官，免省試、文解，賜帛有差。所司預設次於敦化堂後，又於堂上稍北當中兩間設次，南向設御坐。又設從官及講筵講書、執經官幷太學官坐御坐之南，東西重行異位。太學生坐於兩廡，相向並北上。宰臣以下從官之次，設於中門外。

皇帝酌獻文宣王畢，幸太學，降輦入次，簾垂更衣。禮直官、通事舍人引講官與侍立官入就堂下，皆繫鞵。講書、執經官、學生各立堂下，東西相向。俟報班齊，皇帝升坐，班首奏萬福，在位者皆應喏訖，閤門使承旨臨階宣升堂，通事舍人喝拜，應在位者再拜訖，分左右升堂，各就位少立。起居郎、舍人分左右侍立。禮直官、通事舍人引講書及執經官就北向位，班首奏萬福，閤門使宣升堂，舍人喝再拜訖，分東西升堂，立於御坐左右。講書官在西，東向；執經官在東，西向；學生就北向位。舍人喝拜，在位者皆再拜，立於東西兩廡。內侍進書案，以經授執經官，稍前，進於案上。舍人喝拜就坐，宰臣以下並堂上坐，如閤門所進坐位圖。講書畢，通事舍人曰「可起」，羣臣皆起，降階立。執經官降，講書官於御坐前致辭訖，亦降。舍人喝拜，如有宣答，即再喝拜。閤門宣坐賜茶，舍人喝拜訖，宰臣以下升堂，各立於位後，學生各就北向位。舍人喝拜，在位者俱拜訖，各分東西廡，以北為上下〔三〕。舍人喝就坐，上下皆就坐。賜茶畢，禮直官、通事舍人引堂上官降階就位，舍人喝拜，在位者俱拜訖，禮直官引之以次出。學生就位，舍人喝拜，學生俱再拜，退。

紹興十三年七月，國學大成殿告成，奉安廟像。明年一月，國子司業高閌請幸學，上從之。詔略曰：「偃革息民，恢儒建學。聲明丕闡，輪奐一新。請既方堅，理宜從欲。將款謁於先聖，仍備舉於舊章。」三月，上服鞾袍，乘輦入監，止輦于大成殿門外。入幄，羣臣列班於庭。帝出幄，升東階，跪上香，執爵三祭酒，再拜，羣臣皆再拜，上降入幄。分奠從祀如常儀。儀舍先設次於崇化堂之後，及堂上之中南向設御坐。閤門設羣臣班於堂下，如月朔視朝之儀。宰輔、從臣次於中門之外。上乘輦幸太學，降輦於堂，入次更衣。講官入就堂下講位，北向；執經官、學生皆立於堂下，東西相向。帝出次，升御坐，羣臣起居如儀。乃命三公、宰輔以下升堂，皆就位，左右史侍立。講書及執經官北面起居再拜，皆命之升立於御坐左右。學生北面再拜，分立兩廡北上。內侍進書案牙籤，以經授執經官，賜三公、宰輔以下坐。講畢，羣臣皆起，降階，東西相向立。執經官降，講官進前致詞，乃降，北面再拜，左右史降。乃賜茶，三公以下北面再拜，升，各立於位後。學生北面再拜，分兩廡立，上下就坐。賜茶畢，三公以下降階，學生自兩廡降，皆北面再拜，羣臣以次出。上降坐還次，乘輦還宮。時命禮部侍郎秦熺執經、司業高閌講易之泰，遂幸養正、持志二齋，賜閌三品服，學官遷秩，諸生授官免舉〔四〕，賜帛有差。

上既奠拜，注視貌象，翼翼欽慕，覽唐明皇及太祖、眞宗、徽宗所製贊文，命有司悉取從祀諸贊，皆錄以進。帝遂作先聖及七十二子贊，冠以序文，親灑翰墨，以方載之，五月丙辰，登之䋲殿，備儀衞作樂，命監學之臣，自行宮北門迎置學宮，揭之大成殿上及二廡。序曰：「朕自睦鄰息兵，首開學校。教養多士，以遂忠良。繼幸太學，延見諸生。濟濟在庭，意甚嘉之。因作文宣王贊。機政餘閒，歷取顏回而下七十二人，亦爲製贊。用廣列聖崇儒右文之聲，復知『師弟子間纓弁森森、覃精繹思』之訓，其於世道人心庶幾焉。」二十六年十二月，言者謂：「陛下崇儒重道，製爲贊辭，刻宸翰于琬琰，光昭往古。寰宇儒紳，孰不顧瞻雲漢之章？請奉石刻于國子監，以碑本徧賜郡學。」從之。

淳熙四年，孝宗幸太學，如紹興之儀，命禮部侍郎李燾執經、祭酒林光朝講大學。尋幸武學，如太學之儀。帝肅揖武成王，不拜。嘉泰三年正月，寧宗幸太學，如淳熙之儀。淳祐元年正月，理宗幸太學，宗、武兩學官屬、生員並赴太學陪位，候車駕至學，詣先聖文宣王位，三上香，執爵三祭酒，俛伏，興，再拜，在位官皆再拜。皇帝至崇化堂，宰臣、使相、執政並起居。執經官由東階、講官由西階並升堂，於御前分東西相向立。次引國子監三學學官、學生一班北面再拜，贊各就坐，賜茶。俟講書畢，起，立班再拜。禮成，執經官、講書官、國子監三學官、生員各推恩轉官有差。咸淳三年正月戊辰，度宗幸太學祗謁，禮部尚書陳宗禮執經，國子祭酒雷宜中講中庸，餘並如儀。

賜貢士宴，名曰「聞喜宴」。政和新儀：押宴官以下及釋褐貢士班首初入門，正安之樂作，至庭中望闕位立，樂止。預宴官就位，再拜訖。押宴官西向立，中使宣曰「有敕」，在位者皆再拜訖。中使宣曰「賜卿等聞喜宴」，在位者皆再拜，搢笏，舞蹈，又再拜。次引押宴官稍前謝坐再拜，在位者皆再拜。若賜敕書，卽引貢士班首稍前，中使宣曰「有敕」，貢士再拜。中使宣曰「賜卿等敕書」，班首稍前，搢笏，跪，中使授敕書訖，少退，班首以敕書加笏上，俛伏，興，歸位再拜，在位者皆再拜。凡預宴官分東西升階就坐，貢士以齒。酒初行，賓興賢能之樂作，飲訖、食畢，樂止。酒再行，於樂辟廱之樂作。酒三行，樂育人材之樂作。酒四行，樂且有儀之樂作。酒五行，正安之樂作。再坐，酒行、樂作，節次如上儀，皆飲訖、食畢，樂止。押宴官以下俱興，就次，賜花有差。少頃，戴花畢，次引押宴官以下幷釋褐貢士詣庭中望闕位立，謝花再拜，復升就坐，酒行、樂作，飲訖、食畢，樂止。酒四行訖，退。次日，預宴官及釋褐貢士入謝如常儀。

寧宗慶元五年五月，賜新及第進士曾從龍以下聞喜宴于禮部貢院，上賜七言四韻詩，祕書監楊王休以下繼和以進，自後每舉並如之。

幸祕書省。紹興十四年七月，新建祕書省成，祕書少監游操等援宣和故事，請車駕臨幸，詔從之。二十七日，幸祕書省，至右文殿降輦，頒手詔曰：「蓋聞周建外史，掌三皇、五帝之書；漢選諸儒，定九流、七略之奏。文德之盛，後世推焉。仰惟祖宗建開册府，凡累朝名世之士，由是以興，而一代致治之原，蓋出於此。朕嘉與學士大夫共宏斯道，迺一新史觀，新御榜題，肆從望幸之忱，以示右文之意。嗚呼！士習爲空言，而不爲有用之學久矣。爾其勉修術業，益勵猷爲，一德一心，以共赴亨嘉之會，用丕承我祖宗之大訓，顧不善歟！」遂陳累朝御書、御製、晉唐書畫、三代古器，次宣皇太子、宰臣以下觀訖，退。遂賜宴于右文殿，酒五行，羣臣再拜退。車駕還內，賜少監游操三品服、御書扇，餘官筆墨，館閣官各轉一官。淳熙五年九月十三日，孝宗幸祕書省，如紹興十四年之儀，帝賦詩，羣臣皆屬和。

進書儀。紹興二十年五月八日，進呈中興聖統，太常博士丁婁明言：「乞比附進呈玉牒行禮。」二十四年，進呈徽宗御集，禮部言：「昨紹興十年，徽宗御製，擬以『敷文』名閣，今乞權安奉於天章閣，續俟崇建。」二十六年十月，進呈太后回鑾事實。二十七年三月，宰臣沈該言：「玉牒所官陳康伯等先次編修太祖皇帝玉牒，自誕聖至卽位，自建隆元年至開寶九年，通修一十七年開基玉牒，舊制以梅紅羅面簽金字，今欲題曰皇宋太祖皇帝玉牒。又編修今上皇帝玉牒，自誕聖之後聖德祥瑞、建大元帥府事蹟，至卽帝位二十餘年，又自卽位後編修至紹興二年，通修二十六年中興玉牒，今欲題曰皇宋今上皇帝玉牒。宣祖、太祖、太宗、魏王下各宗仙源類譜、五世昭穆，今已修寫進本，乞擇日進呈。」詔從其請。

前期，儀鸞司、臨安府於玉牒殿上南向，設權安奉玉牒、類譜幷中興聖統幄次；又於玉牒所向外，設騎從官及文武百官等待班幕次；又於景靈宮內外，設騎從官幕次。進呈前一日，俟朝退，玉牒所提領官、都大提舉、諸司官、承受官、玉牒所官等赴本所幕次宿衞。俟儀仗樂人等排立，御史臺、閤門、太常寺分引玉牒所官詣玉牒殿下，北向立。禮直官引提領官詣玉牒殿下，北向立。禮直官揖，躬、拜，提領官拜，在位官皆再拜訖。次引提領官詣香案前，搢笏，三上香，執笏退，復位，皆再拜訖，班退，歸幕次宿衞。儀仗樂人作樂，晝夜更互排立。

其日五更，御史臺、閤門、太常寺分引提領官、宰執、使相、侍從、臺諫、兩省官、知閤、禮官、南班宗室詣玉牒殿，北向立。禮直官揖，躬、拜，提領官拜，在位官皆再拜訖。次引提領官詣玉牒、類譜香案前，搢笏，三上香，執笏，退，復位。禮直官引提領官詣幄前，西向立。次官分左右乘馬，俟玉牒所率輦官奉擎玉牒、類譜，腰輿進行，樂人作樂，儀衞、儀仗迎引。次引提領官、宰執、使相、侍從、臺諫、兩省官、知閤、禮官、南班宗室騎從，至和寧門下馬，執笏步從玉牒、類譜至垂拱殿門外幄次，步從官權歸幕次，樂止。儀衞、樂人等並於幄次前排立，俟進呈玉牒、類譜，並如閤門儀訖。

俟玉牒、類譜出殿門，御史臺、閤門、太常寺分引提領官、宰執、使相、侍從、臺諫、兩省官、知閤、禮官、南班宗室分左右執笏步從，儀衞樂人前引，迎奉出皇城北宮門，步從等官上馬騎從，至和寧門外。前引將至玉牒所，御史臺、閤門、太常寺分引文武百官於玉牒所門內殿門外立班，內文臣鞶務通直郎以上及承務郎見任寺監主簿執事官以上，武臣脩武郎以上，迎拜訖。如値雨，地下沾濕，迎拜官吏不迎拜。騎從官至玉牒所，並下馬執笏步從，詣玉牒殿下，分東西相向立。禮直官引提領官詣玉牒、類譜幄前，西向立定。

俟玉牒所卒輦官奉擎玉牒、類譜入幄，儀仗、儀衞、輦官、樂人更互排立。提領官、宰執、使相、侍從、臺諫、兩省官、知閤、禮官、南班宗室及玉牒所官、分官赴景靈宮，迎奉皇帝中興聖統赴玉牒殿，同時安奉。

俟安奉時將至，設香案畢，次御史臺、閤門、太常寺分引文武百官詣玉牒殿下，並北向立班定。禮直官引提領官詣幄前西立，俟日官報時及。次玉牒所安奉玉牒、類譜訖。次引提領官復位，北向立定。禮直官揖、躬、拜，提領官拜，在位官皆再拜訖。禮直官引提領官詣香案前，搢笏，三上香，執笏退，復位立定，在位皆再拜訖，退。儀衞、樂人等以次退。自是，凡進書並倣此，惟進太上皇聖政，則有詣德壽宮之儀。

淳祐五年二月十二日，進孝宗光宗兩朝御集、寧宗實錄及理宗玉牒日曆。其日，皇帝御垂拱殿，提舉官、禮儀使、宗室、使相、宰執以下，赴實錄院、右文殿、玉牒所、經武閣並行燒香禮畢，奉迎諸書至和寧門，步導至垂拱殿，以俟班齊，各隨腰輿入殿下，東西向立。皇帝服韡袍出宮，殿下鳴鞭，禁衞、諸班直、親從等幷入內省執骨朵使臣，國史實錄院、日曆所、編修經武要略所、玉牒所點檢文字以下幷腰輿下人，並迎駕，自贊常起居。內擎腰輿人不拜，止應喏。皇帝卽御坐。先知閤門官以下，各班起居如常儀。

次入內官下殿〔三〕，各取合進呈書匣升殿，於殿上東壁各置案上，以南爲上。知閤門官二員，自御坐前導皇帝起詣三朝諸書香案前褥位，東向立。閤門提點奏請上香，三上香訖，又奏請皇帝再拜訖，知閤門官前導皇帝復歸御坐。知閤門官歸東朵殿上侍立，儀鑾司徹香案、拜褥，降東朵殿。

次舍人請國史實錄院以下提舉官、禮儀使、宰執幷進讀官升殿，於御坐東面西立。國史實錄院、國史日曆所、編修經武要略所、玉牒所官，殿下依舊立。俟入內官進御案，孝宗御集提舉官幷進讀御集官稍前立，分進讀御集官於御前過，西壁面東立。御集提舉諸司官於孝宗御集匣前，搢笏、啓封、開鑰訖，出笏，歸侍立位。御集承受官搢笏，於御集匣內取册，轉授提舉官搢笏接訖，承受出笏，提舉官奉册置御案上，出笏。皇帝起前立，提舉諸司官、承受官分東西相向立，並搢笏揭册訖，各出笏。進讀御集官搢笏稍前，取篦子指讀，逐版揭册指讀，並如上儀。俟進讀畢，皇帝復坐，進讀御集官置箆子於御案上，出笏，却於御前東壁面西立以俟。提舉官搢笏、收册，復授承受官搢笏接訖，提舉官出笏，稍後立。承受官奉册入匣訖，出笏，提舉諸司官搢笏、鎖匣訖，出笏，歸侍立位。次讀光宗御集、寧宗實錄、光宗經武要略，並同上儀。

次玉牒提舉官并進讀玉牒官稍前立，分進讀玉牒官於御前過，西壁面東立。玉牒提舉諸司官於玉牒匣前搢笏、啓封鑰訖，出笏，歸侍立位。玉牒承受官搢笏取册，授提舉官置御案上，進讀亦如前儀，讀畢鎖匣，出笏，歸侍立位。次日曆提舉官并進讀日曆官啓封鑰，進讀亦同。

俱畢，入內官徹案，承受官奉册入匣訖，出笏，提舉諸司官搢笏、鑰匣訖，出笏，歸侍立位。儀鸞司徹卓子，降東朵殿。奉書匣下殿，各置腰輿上。國史實錄院、日曆所、編修經武要略所、玉牒所提舉官，禮儀使，宰執並降東階下殿，東壁面西立。舍人引各官及禮儀使一班當殿面北立定，引各直身出班，斂身稱謝訖，歸位立，揖，躬身贊拜，兩拜訖。贊各祗候直身立宣答，御藥下殿宣答，提舉官、禮儀使並斂身聽宣答訖，御藥升殿。揖，躬身贊拜，兩拜訖。贊各祗候直身立，舍人引赴東壁面西立。

次引國史實錄院、日曆所、編修經武要略所、玉牒所官一班首直身出班，斂身稱謝訖，歸位立，揖，躬身贊拜，兩拜訖，贊各祗候直身立。如傳旨謝恩，知閤門官承旨訖，於折檻東面西立，傳與舍人承旨訖，再揖，躬身贊謝恩拜，兩拜訖，贊各祗候直身立。不該賜茶官先退。

次引國史實錄院、日曆所、編修經武要略所、玉牒所提舉諸司官并承受官以下一班當殿面北立定，揖，躬身贊謝恩拜，兩拜訖，贊各祗候直身立，各歸位立。

次引國史實錄院、日曆所、編修經武要略所、玉牒所點檢文字以下一班當殿面北立定，揖，躬身，贊謝恩拜，兩拜訖，贊各祗候直身立，各歸位立。傳旨宣坐賜茶訖，舍人奏閤門無公事，皇帝起還宮，百官導送，奏安〔七〕兩朝御集、實錄於天章閣，經武要略於經武閣、玉牒於玉牒所、日曆於祕閣如儀。

大射之禮，廢於五季，太宗始命有司草定儀注。其羣臣朝謁如元會。酒三行，有司言「請賜王、公以下射」，侍中稱制可。皇帝改服武弁，布七埒於殿下，王、公以次射，開樂縣東西廂，設熊虎等侯。陳賞物於東階，以賚能者；設豐爵於西階，以罰否者。并圖其冠冕、儀式、表著、埻埒之位以進。帝覽而嘉之，謂宰臣曰：「侯弭兵，當與卿等行之。」

凡游幸池苑，或命宗室、武臣射，每帝射中的，從官再拜奉觴、貢馬爲賀。預射官中者，帝爲之解，賜襲衣、金帶、散馬，不解則不賜。苑中皆有射棚、畫暈的。射則用招箭班三十人，服緋紫繡衣、帕首，分立左右，以唱中否。節序賜宴，則宗室、禁軍大校、牧伯、諸司使副皆令習射，遂爲定制。外國使入朝，亦令帥臣伴，賜射於園苑。

政和宴射儀：皇帝御射殿，侍宴官公服、繫鞵，射官窄衣，奏聖躬萬福，再拜升殿。酒三行，引射官降，皆執弓矢，謝恩再拜，三公以下在右，射官在左，不射者依坐次分立。

皇帝初射中，舍人贊拜，凡左右祗應臣僚，除內侍外，並階上下再拜。行門、禁衞、諸班、親從、諸司祗應人並自贊再拜。招箭班殿上躬奏訖，跪進椀。射官先傳弓箭與殿侍，側立。內侍接椀訖，就拜，起，降階再拜。有司進御茶牀，天武引進奉馬列射垛前，員僚奏聖躬萬福，東上閤門官詣御前，躬奏班首姓名以下進酒。班首以下横行立，贊再拜，班首奉酒進，樂作，飲畢，殿上臣僚再拜。舍人贊各賜酒，羣官俱再拜，贊各就坐，羣官皆立席後，引進司官臨階，宣進奉出，天武奉馬出，樂合，復贊就坐，飲訖，揖，興，諸司收坐物等。射官左側臨階，取弓箭侍立。皇帝再射中的或雙中，如上儀。進酒臨時取旨，得旨進酒，更不進奉中扁椀。及解中，更不賀、不進酒。

臣僚射中，引降階再拜訖，殿下側立。御箭解中，招箭班進椀，如上儀。舍人再引射，中官當殿揖，躬宣「有敕，賜窄衣、金帶」。跪受，箱過再拜，過殿側服所賜訖，再引當殿再拜，更不射。如宣再射，或更賜箭令射，如未退，卽就位再拜。如再射中，御箭再解中，賜鞍轡馬如上儀。臣僚射中，御箭不解，引降階再拜，立。招箭班殿上躬奏訖，下殿，舍人宣「有敕，賜銀椀」。跪受執椀并箭，就拜，起，再拜。如合賜散馬，卽同宣賜，宣「有敕，賜銀椀，兼賜散馬若干匹」。射訖，進御茶床，諸司復陳坐物等，羣官各立席後，贊就坐，羣官俱坐。酒五行，宣示醆、宣勸如儀，皆作樂。宴畢，內侍舉御茶床，三公以下降階再拜，退。

乾道二年二月四日，車駕幸玉津園，皇帝射訖，次命皇太子，次慶王，次恭王，次管軍臣僚等射，如是者三。每射四發，帝前後四中的。

淳熙元年九月，車駕幸玉津園，命從駕文武官行宴射之禮，皇太子、宰執以下，酒三行，樂作，皇帝臨軒，有司進弓矢，皇帝中的，皇太子進酒，率宰執以下再拜稱賀。宣皇太子射，射中，賜。宣預射臣僚射，使相鄭藻、起居舍人王卿月、環衞官蕭奪里懶射中，各賜襲衣、金帶。

鄉飮之禮有三：周禮，鄉大夫，三年大比，興賢者、能者，鄉老及鄉大夫帥其吏，與其衆寡，以禮賓之，一也；黨正，國索鬼神而祭祀，則禮屬民而飮酒于序，以正齒位，二也；州長，春秋習射于序，先行鄉飲禮，三也。後世臘蜡百神、春秋習射、序賓飲酒之儀，不行於郡國，唯貢士日設鹿鳴宴，猶古者賓興賢能，行鄉飲之遺禮也。然古禮有賓主、僎介，與今之禮不同。器以尊俎，與今之器不同。賓坐於西北，介坐於西南，主人坐東南，僎坐東北，與今之位不同。主人獻賓，賓酢主人，主人酬賓，次主人獻介，介酢主人，次主人獻衆賓，與今之儀不同。今制，州、軍貢士之月，以禮飲酒，且以知州、軍事爲主人，學事司所在，以提舉學事爲主人，其次本州官入行，上舍生當貢者，與州之羣老爲衆賓，亦古者序賓，養老之意也。是月也，會凡學之士及武士習射，亦古者習射于序之意也。

唐貞觀所頒禮，惟明州獨存，淳化中會例行之。政和禮局定飲酒祭降之節，與舉酒作樂器用之屬，並參用辟廱宴貢士儀，其有古樂處，令用古樂。既又以河北轉運判官張孝純之言：「周官以六藝教士，必射而後行。古者諸侯貢士，天子試諸射宮，請詔諸路州郡，每歲宴貢士於學，因講射禮。」於是禮官參定射儀：鄉飲酒前一日，本州於射亭東西序，量地之宜，設提舉學事諸監司、知州、通判、州學教授、應赴鄉飲酒官貢士幕次，本州兵馬敎諭備弓矢應用物，設樂。其日初筵，提舉學事、知州軍、通判帥應赴鄉飲酒官貢士詣射亭，執弓矢，揖人射，乘矢若中，則守帖者舉獲唱獲，執算者以算投壺畢，多算勝少算。射畢，贊者贊揖，酬酢如儀畢，揖退飲，如鄉飲酒。

紹興七年，郡守仇愈置田以供費。十三年，比部郎中林保乞修定鄉飲儀制，遍下郡國，於是國子祭酒高閌草具其儀上之，僎介之位，皆與古制不合，諸儒莫解其指意。

慶元中，朱熹以儀禮改定，知學者皆尊用之，主賓、僎介之位，始有定說。其主，則州以守、縣以令，位于東南；賓，以里居年高及致仕者，位于西北；僎，則州以倅、縣以丞或簿，位東北；介，以次長，位西南。三賓，以賓之次者；司正，以衆所推服者；相及贊，以士之熟於禮儀者。其日質明，主人率賓以下，先釋菜于先聖先師，退各就次，以俟肅賓。介與衆賓既入，主人序賓祭酒，再拜，詣罍洗洗觶，至酒尊所酌實觶，授執事者，至賓席前跪以獻賓，賓酬主人，主人酬介，介酬衆賓，賓主以下各就席坐訖。酒再行，次沃洗，贊者請司正揚觶致辭，司正復位，主人以下復坐。主人興，復至阼階楣下，僎從賓介復至西階下立，三賓至西階立，並南向。主人拜，賓介以下再拜。賓介與衆賓先自西趨出，主人少立，自東出。賓以下立于庠門外之右，東鄉；主人立于門外之左，西鄉。僎從主人再拜，賓介以下皆再拜，退。

校勘記

〔一〕諸軍夾道左右　「右」字原脫，據通考一〇九王禮考補。

〔二〕博士引三老五更於堂下　「堂下」，五禮新儀卷一九七皇帝養老於太學儀作「堂上」，按上下文義，作「堂上」是。

〔三〕以北爲上下　此處疑有衍脫。

〔四〕免舉　繫年要錄卷一五一、朝野雜記甲集卷三視學條都作「免解」。

〔五〕次入內官下殿　「入」原作「日」，據下文及宋會要職官二〇之四六改。

〔六〕奏安　上文及宋會要禮二〇之四八至五〇都說「安奉」御集、玉牒等於某所，「奏安」疑爲「安奉」之誤。

宋史卷一百一十五

志第六十八

禮十八 嘉禮六

皇太子冠禮皇子附　公主笄禮　公主下降儀宗室附　親王納妃　品官婚禮　士庶人婚禮

皇太子冠儀，嘗行於大中祥符之八年。徽宗親製冠禮沿革十一卷，命儀禮局倣以編次。

其儀：前期奏告天地、宗廟、社稷、諸陵、宮觀。殿中監帥尙舍張設垂拱、文德殿門之內，設香案殿下螭陛間，又爲房於東朶殿。大晟展宮架樂於橫街南，太常設太子冠席東階上、東宮官位於後，設褥位，陳服於席南，東領北上。遠遊冠簪導、衮冕簪導同箱，在服南。設罍洗阼階東，罍在洗東，篚在洗西，實巾一，加勺冪。光祿設醴席西階上，南面，實側尊在席南。又設饌于席，加冪。執事者並公服，立罍洗酒饌之所。九旒冕、遠遊冠、折上巾各一匴，奉禮郎三人執以侍於東階之東，西北上〔一〕。設典儀位於宮架東北，贊者二人在南，西向。

禮直官、通事舍人、太常博士引太子詣朵殿東房。皇帝乘輦，駐垂拱殿，百官起居，如月朔視朝儀。左輔版奏中嚴，內外符寶郎奉寶先出；左輔奏外辦，皇帝服通天冠、絳紗袍詣文德殿，簾捲。大樂正令撞黃鐘之鐘，右五鐘皆應。殿上鳴鞭，皇帝出西閤乘輦，協律郎俛伏，跪，舉麾，興，工鼓柷，奏乾安之樂，殿上扇合。禮直官、太常博士引禮儀使導皇帝出，降輦卽坐，簾捲扇開，鞭鳴樂止，爐煙升。符寶郎奉寶陳於御坐左右，禮直官、通事舍人、太常博士引掌冠、贊冠者入門，肅安之樂作，至位，樂止。典儀曰「再拜」，在位者皆再拜。左輔詣御坐前，承制降東階，詣掌冠者前西向稱有制，典儀贊在位官再拜訖，宣制曰：「皇太子冠，命卿等行禮。」掌冠、贊冠者再拜訖，文臣侍從官、宗室、武臣節度使以上升殿，東西立，應行禮官詣東階下立。

東宮官入，詣太子東房，次禮直官等引太子，內侍二人夾侍，東宮官後從，欽安之樂作，卽席西向坐，樂止。引掌冠、贊冠者以次詣罍洗，樂作，搢笏，盥帨訖，出笏，升，樂止。執折上巾者升，掌冠者降一等受之，右執項，左執前，進皇太子席前，北向立，祝曰：「咨爾元子，肇冠於阼。筮日擇賓，德成禮具。於萬斯年，承天之祜。」乃跪冠，順安之樂作，掌冠者興，席南北面立，後準此。贊冠者進席前，北面跪正冠，興，立於掌冠者之後。太子興，內侍跪進服，服訖，樂止。

掌冠者揖太子復坐，禮直官等引掌冠者降詣罍洗，如上儀。贊冠者進席前，北向跪，脫折上巾置于匴，興，內侍跪受，興，置于席。執遠遊冠者升，掌冠者降二等受之，右執項，左執前，進太子席前，北向立，祝曰：「爰卽令辰，申加元服。崇學以讓，三善皆得。副予一人，受天百福。」乃跪冠，懿安之樂作，掌冠者興。贊冠者進，跪簪結紘，興。太子興，內侍跪進服，服訖，樂止。

掌冠者揖太子復坐，掌冠者降詣罍洗，及贊冠者跪，脫遠遊冠，並如上儀。執袞冕者升，掌冠者降三等受之，右執項，左執前，進太子席前，北向立，祝曰：「三加彌尊，國本以正。無疆惟休，有室大競。懋昭厥德，保茲永命。」乃跪冠，成安之樂作。掌冠者興。贊冠者如上儀，跪簪結紘。內侍進服，服訖，樂止。禮直官等引太子降自東階，樂作，由西階升，卽醴席南向坐，樂止。又引掌冠者詣罍洗，樂作，盥帨訖，升西階，樂止。贊冠者跪取爵，內侍注酒，掌冠者受爵，跪進太子席前，北向立，祝曰：「旨酒嘉薦，有飶其香。拜受祭之，以定爾祥。令德壽豈，日進無疆。」太子搢圭，跪受爵，正安之樂作，飮訖，奠爵執圭。太官令設饌席前，太子搢圭，食訖，樂止，執圭興，太官令徹饌、爵。

禮直官等引自西階詣東房，易朝服，降立横街，南北向，東宮官復位，西向。太子初行，樂作，至位，樂止。禮直官等引掌冠、贊冠者詣前，西向，掌冠者少進，字之曰：「始生而名，爲實之賓。既冠而字，以益厥文。永受保之，承天之慶。奉敕字某。」太常博士請再拜，太子再拜訖，搢笏，舞蹈，再拜，奏聖躬萬福，又再拜。左輔承旨，降自東階，詣太子前，西向，宣曰「有敕」，太子再拜，宣敕曰：「事親以孝，接下以仁。遠佞近義，祿賢使能。古訓是式，大猷是經。」宣訖，太子再拜訖。禮直官等引太子前，俛伏，跪，奏稱：「臣雖不敏，敢不祗奉！」奏訖，興，復位，再拜訖，引出殿門，樂作，出門，樂止。侍立官並降復位，典儀曰「拜」，贊者承傳，在位者皆再拜。禮儀使奏禮畢，鳴鞭。大樂正令撞蕤賓之鐘，左五鐘皆應，乾安之樂作，皇帝降坐，左輔奏解嚴，放仗，在位官皆再拜，退。

太子入內，朝見皇后，如宮中儀。迺擇日謁太廟、别廟，宿齋於本宮。質明，服遠遊冠、朱明衣，乘金輅。至廟，改服袞冕，執圭行禮，羣臣稱賀，皇帝賜酒三行。

皇子冠，前期擇日奏告景靈宮，太常設皇子冠席文德殿東階上，稍北東向，設褥席，陳服于席南，東領北上。九旒冕服、七梁進賢冠服、折上巾公服、七梁冠簪導、九旒冕簪導同箱，在服南。設罍洗、酒饌、旒冕、冠、巾及執事者，並如皇太子儀。

其日質明，皇帝通天冠、絳紗袍，御文德殿。皇子自東房出，內侍二人夾侍，王府官從，恭安之樂作，即席南向坐，樂止。掌冠者進折上巾，北向跪冠，脩安之樂作；贊冠者進，北面跪正冠，皇子興，內侍跪進服訖，樂止。掌冠者揖皇子復坐，以爵跪進，祝曰：「酒醴和旨，籩豆靜嘉。授爾元服，兄弟具來。永言保之，降福孔皆。」皇子搢笏，跪受爵，翼安之樂作，飲訖，太官令進饌訖。再加七梁冠，進安之樂作。掌冠者進爵，祝曰：「賓贊既戒〔三〕，肴核惟旅。申加厥服，禮儀有序。允觀爾成，承天之祜。」皇子跪受爵，輔安之樂作，太官奉饌。三加九旒冕，廣安之樂作。掌冠者進爵，祝曰：「旨酒嘉栗，甘薦令芳。三加爾服，眉壽無疆。永承天休，俾熾而昌。」皇子跪受爵，賢安之樂作，太官奉饌，饌徹。

皇子降，易朝服，立橫階南，北向位，掌冠者字之曰：「歲日云吉，威儀孔時。昭告厥字，君子攸宜。順爾成德，永受保之。奉敕字某。」皇子再拜，舞蹈，又再拜，奏聖躬萬福，又再拜。左輔宣敕，戒曰：「好禮樂善，服儒講藝。蕃我王室，友于兄弟。不溢不驕，惟以守之。」皇子再拜，進前俛伏，跪稱：「臣雖不敏，敢不祗奉！」俛伏，興，復位，再拜，出。殿上侍立官並降，復位，再拜，放仗。明日，百僚詣東上閤門賀。

公主笄禮。年十五，雖未議下嫁，亦笄。笄之日，設香案於殿庭；設冠席於東房外，坐東向西；設醴席於西階上，坐西向東；設席位於冠席南，西向。其裙背、大袖長裙、褕翟之衣，各設於椸，陳于庭；冠笄、冠朵、九翬四鳳冠，各置于槃，蒙以帕。首飾隨之，陳于服椸之南，執事者三人掌之。櫛總置于東房。內執事宮嬪盛服旁立，俟樂作，奏請皇帝升御坐，樂止。

提舉官奏曰：「公主行笄禮。」樂作，贊者引公主入東房。次行尊者爲之總髻畢，出，卽席西向坐。次引掌冠者東房，西向立，執事奉冠笄以進，掌冠者進前一步受之，進公主席前，北向立，樂止，祝曰：「令月吉日，始加元服。棄爾幼志，順爾成德。壽考綿鴻，以介景福。」祝畢，樂作，東向冠之，冠畢，席南北向立；贊冠者爲之正冠，施首飾畢，揖公主適房，樂止。執事者奉裙背入，服畢，樂作，公主就醴席，掌冠者揖公主坐。贊冠者執酒器，執事者酌酒，授於掌冠者執酒，北向立，樂止，祝曰：「酒醴和旨，籩豆靜嘉。受爾元服，兄弟具來。與國同休，降福孔皆。」祝畢，樂作，進酒，公主飲畢，贊冠者受酒器，執事者奉饌，食訖，徹饌。

復引公主至冠席坐，樂止。贊冠者至席前，贊冠者脫冠置于槃，執事者徹去，樂作。執事者奉冠以進，掌冠者進前一步受之，進公主席前，北向立，樂止，祝曰：「吉月令辰，乃申爾服，飾以威儀，淑謹爾德。眉壽永年，享受遐福。」祝畢，樂作，東向冠之，冠畢，席南北向立。贊冠者爲之正冠，施首飾畢，揖公主適房，樂止。執事奉大袖長裙入，服畢，樂作。公主至醴席，掌冠者揖公主坐。贊冠者執酒器，執事者酌酒，授于掌冠者執酒，北向立，樂止，祝曰：「賓贊旣戒，殽核惟旅。申加爾服，禮儀有序。允觀爾成，永天之祜。」祝畢，樂作，進酒，公主飲畢，贊冠者受酒器，執事者奉饌食訖，徹饌。

復引公主至冠席坐，樂作。贊冠者至席前，贊冠者脫冠置于槃，執事者徹去，樂作。執事奉九翬四鳳冠以進，掌冠者進前三步受之，進公主席前，向北而立，樂止，祝曰：「以歲之吉，以月之令，三加爾服，保茲永命。以終厥德，受天之慶。」祝畢，樂作，東向冠之，冠畢，席南北向立。贊冠者爲之正冠、施首飾畢，揖公主適房，樂止。執事者奉褕翟之衣入，服畢，樂作，公主至醴席，掌冠者揖公主坐。贊冠者執酒器，執事者酌酒，授于掌冠者執酒，北向立，樂止，祝曰：「旨酒嘉薦，有飶其香。咸加爾服，眉壽無疆。永承天休，俾熾而昌。」祝畢，樂作，進酒，公主飲畢，贊冠者受酒器。執事者奉饌，食訖，徹饌。

復引公主至席位立，樂止，掌冠者詣前相對，致辭曰：「歲日具吉，威儀孔時。昭告厥字,令德攸宜。表爾淑美,永保受之。可字曰某。」醉訖,樂作,掌冠者退。引公主至君父之前,樂止,再拜起居,謝恩再拜。少俟,提舉進御坐前承旨訖,公主再拜。提舉乃宣訓辭曰:「事親以孝,接下以慈。和柔正順,恭儉謙儀。不溢不驕,毋詖毋欺。古訓是式,爾其守之。」宣訖,公主再拜,前奏曰:「兒雖不敏,敢不祗承!」歸位再拜,見后母之禮如之。

禮畢,公主復坐,皇后稱賀,次妃嬪稱賀,次掌冠、贊冠者謝恩,次提舉衆內臣稱賀,其餘班次稱賀,並依常式。禮畢,樂作;駕興,樂止。

公主下降。初被選尚者卽拜駙馬都尉,賜玉帶、襲衣、銀鞍勒馬、采羅百匹,謂之繫親。又賜辦財銀萬兩,進財之數,倍於親王聘禮。出降,賜甲第。餘如諸王夫人之制。掌扇加四,引障花、燭籠各加十,皆行舅姑之禮。諸親遞加賜賚。其縣主繫親以金帶,賜辦財銀五千兩,納財賜賚,大率三分減其二。宗室女特封郡君者,又差降焉。

嘉祐初,禮官言:「禮閣新儀,公主出降前一日,行五禮。古者,結婚始用行人,告以夫家采擇之意,謂之納采;問女之名,歸卜夫廟,吉,以告女家,謂之問名、納吉。今選尚一出朝廷,不待納采;公主封爵已行誕告,不待問名。若納成則既有進財,請期則有司擇日。

宜稍依五禮之名，存其物數，俾知婚姻之事重，而夫婦之際嚴如此，亦不忘古禮之義也。」時兗國公主下嫁李瑋，詔賜出降日，令夫家主婚者具合用鴈、幣、玉、馬等物，陳於內東門外，以授內謁者，進入內侍掌事者受，唯馬不入。

神宗卽位，詔以「昔侍先帝，恭聞德音，以舊制士大夫之子有尙帝女者，輒皆升行，以避舅姑之尊。豈可以富貴之故，屈人倫長幼之序。宜詔有司革之，以厲風俗」。於是著爲令。仍命陳國長公主行舅姑之禮，駙馬都尉王師約更不升行。公主見舅姑行禮自此始。舊例，長公主凡有表章不稱妾，禮院議謂：「男子、婦人，凡於所尊稱臣若妾，義實相對。今宗室伯叔近臣悉皆稱臣，卽公主理宜稱妾。況家人之禮，難施於朝廷。請自大長公主而下，凡上牋表，各據國封稱妾。」從王師約之請也。

康國公主下降，太常寺言：「按令，公主出降，申中書省，請皇后帥宮闈掌事人送至第外，命婦從，今請如令。」詔：「出降日，婉儀帥宮闈掌事者送至第外，命婦免從。」

徽宗改公主爲姬，下詔曰：「在熙寧初，有詔釐改公主、郡主、縣主名稱，當時羣臣不克奉承。近命有司稽考前世，周稱『王姬』，見於詩雅。『姬』雖周姓，考古立制，宜莫如周。可改公主爲帝姬、郡主爲宗姬、縣主爲族姬。其稱大長者，爲大長帝姬，仍以美名二字易其國號，內兩國者以四字。」

其出降日，壻家具五禮，修表如上儀。太史局擇日告廟。

親迎。前一日，所司於內東門外量地之宜，西向設壻次。其日〔三〕，壻父醮子如上儀。乃命之曰：「往迎肅雍，以昭惠宗祏。」子再拜，曰：「祗率嚴命！」又再拜，降，出乘馬，至東華門內下馬，禮直官引就次。有司陳帝姬鹵簿、儀仗於內東門外，候將升厭翟車，引壻出次於內東門外，躬身西向。掌事者執鴈，內謁者奉鴈以進，俟帝姬升車，壻再拜，先還第。

同牢。其日初昏，掌事者設巾、洗各二於東階東南，一於室北〔四〕。水在洗東，尊於室中，實四爵、兩巹於篚。壻至本第，下馬以俟。帝姬至，降車，贊者引壻揖之以入，及寢門又揖，導之升階，入室盥洗。掌事者布對位，又揖帝姬，皆卽坐受醆三飲，俱興，再拜，贊者徹酒。

見舅姑。夙興，帝姬著花釵、服褕翟以俟見。贊者設舅姑位於堂上，舅位於東，姑位於西，各服其服就位。女相者引帝姬升自西階，詣舅位前再拜，贊者以棗栗授帝姬奉置舅位前，舅卽坐，贊者進徹以東，帝姬退，復位，又再拜；女相者引詣姑位前再拜，贊者以腶脩授帝姬奉置姑位前，姑卽坐，贊者亦徹以東，帝姬退，復位，又再拜。次醴婦、盥饋、饗婦如儀。

諸王納妃。宋朝之制，諸王聘禮，賜女家白金萬兩。敲門〔五〕，即古之納采。用羊二十口、酒二十壺、綵四十匹。定禮，羊、酒、綵各加十，茗百斤，頭𦄙巾段、綾、絹三十匹，黃金釵釧四雙，條脫一副，眞珠虎魄瓔珞、眞珠翠毛玉釵朶各二副，銷金生色衣各一襲，金塗銀合二，錦繡綾羅三百匹，果槃、花粉、花冪、眠羊臥鹿花餅、銀勝、小色金銀錢等物。納財，用金器百兩，綵千匹，錢五十萬，錦綺、綾、羅、絹各三百匹，銷金繡畫衣十襲，眞珠翠毛玉釵朶各三副，函書一架纏束帛，押馬函馬二十匹〔六〕，羊五十口，酒五十壺，繫羊酒紅絹百匹，花粉、花冪、果盤、銀勝、羅勝等物。親迎，用塗金銀裝肩輿一，行障、坐障各一，方團掌扇四，引障花十樹，生色燭籠十，高髻釵插幷童子八人騎分左右導扇輿〔七〕。其宗室子聘禮，賜女家白金五千兩。其敲門、定禮、納財、親迎禮皆減半，遠屬族卑者又減之。

政和三年四月，議禮局上皇子納夫人儀：

采擇。使者曰：「奉制，某王之儷，屬子懿淑。謹之重之，使某行采擇之禮。」儐者入告，主人曰：「臣某之子顓愚，不足以備采擇，恭承制命，臣某不敢辭。」

問名。使者曰：「某王之儷，采擇既諧。將加官占，奉制問名。」儐者入告，主人曰：「制以臣某之子，可以奉侍某王，臣某不敢辭。」

告吉。使者曰：「官占既吉，奉制以告。」儐者入告，主人曰：「臣某之子，愚弗克堪。占貺之吉，臣與有幸。臣某謹奉典制。」

告成。使者曰：「官占云吉，嘉偶既定，制使某以儀物告成。」儐者入告，主人曰：「奉制賜臣以重禮，臣某謹奉典制。」

告期。使者曰：「涓辰之良，某月某日吉，制使某告期。」儐者入告，主人曰：「臣某謹奉典制。」

前期，太史局擇日，奏告景靈宮。

賜告。前一日，主人設使者次，如常儀，使者以內侍爲之。又設告箱之次於中門外，北向，隨闕所向，設香案於寢庭。其日大昕，使者公服至，主人出迎於大門外，北向再拜，使者不答拜。謁者引使者入門而左，主人入門而右，舉告箱者同入。主人立香案左，使者在右，舉告箱者以告置于香案。女相者引夫人出，面闕立，使者稱有制，女相者贊再拜，使者曰：「賜某國夫人告。」又贊再拜，退，使者出。

皇帝醮戒於所御之殿，皇子乘象輅親迎。同牢、夫人朝見、盥饋、皇帝皇后饗夫人如儀。

其諸王以下：

納采。賓曰：「某官以伉儷之重，施於某王，某官謂主人，某王謂壻。某王率循彝典，以某將事，敢請納采。」某王謂壻父，某謂賓。儐者入告，主人曰：「某之子弗閑於姆訓，維是腶脩、棗栗之饋，未知所以告虔也。某聽命于廟，敢不拜嘉。」

問名。賓曰：「合二姓之好，必稽諸龜筮，敢請問名。」儐者入告，主人曰：「某王恭謹，重正昏禮，將以加諸卜，某敢不以告。」

納吉。賓曰：「某王承嘉命，稽諸卜筮，龜筮協從，使某以告。」儐者入告，主人曰：「某王不忘寒素，欲施德於某未教之女，而卜以吉告，其曷敢辭。」

納成。賓曰：「某官以伉儷之重，施於某王，某王上謂壻，下謂壻父。率循彝典，有不腆之幣，以某將事，敢請納成。」儐者入告，主人曰：「某王順彝典，申之以備物，某敢不重拜嘉。」

請期。賓曰：「某王謹重嘉禮，將卜諸近日，使某請期。」儐者入告，主人再辭。儐者出告，賓曰：「某既不獲受命於某官，某王得吉卜曰某日，敢不以告。」儐者入告，主人曰：「謹奉命以從。」

親迎。前一日，主人設賓次，賓謂壻。如常儀。其日大昕，壻之父服其服，告於禰廟，無廟者設神位於廳東，不應設位者不設。子將行，父醮之於廳事。贊者設父位中間，南向，設子位父位之西，近南，東向。父卽坐，子公服升自西階，進立位前。贊者注酒於醆，西向授子，子再拜，跪受，贊者又設饌父位前，子舉酒興，卽坐飲食訖，降，再拜，進立於父位前。命之曰：「躬迎嘉偶，釐爾內治。」子再拜，曰：「敢不奉命。」又再拜，降出，詣女家。主人服其服，告於禰廟，如請期之儀。賓將至，主人設神位於寢戶外之西，設醴女位於戶內，南向，具酒饌。賓至，贊者引就次，女盛服於房中，就位南向立，姆位於右，從者陪其後。父公服升自東階，立於寢戶外之東，西向。內贊者設酒饌，女就位坐，飲食訖，降，再拜，內贊者徹酒饌。主人降立東階東南，西面，贊者引賓出次，立於門西，東面，儐者進受命，出請事，賓曰：「某受命於父，以茲嘉禮，躬聽成命。」儐者入告，主人曰：「某固願從命。」儐者出告訖，入引主人迎賓大門外之東，西面揖賓，賓報揖。主人入門而右，賓入門而左，執鴈者從入，陳鴈於庭，三分庭，一在南，北向。主人升立于東階上，西面；賓升西階進，當寢戶前，北面再拜，降出，主人不降送。賓初入門，母出，立於寢戶外之西，南面，賓拜訖，姆引女出於母左，父命之曰：「往之汝家，以順爲正，無忘肅恭！」母戒之曰：「必恭必戒，無違舅姑之命！」庶母申之曰：「爾誠聽於訓言，無作父母羞！」女出門，壻先還第。

其同牢、廟見、見舅姑諸禮，皆如儀。

凡宗室婚姻，治平中，宗正司言：「宗室女舅姑、夫族未立儀制，皆當創法。」詔：「壻家有二世食祿，即許娶宗室女，未仕者與判、司、簿、尉，已任者隨資序推恩。即壻別祖、女別房，舊爲婚姻而於今卑尊不順者，皆許。壻之三代、鄉貫、生月、人材書狀，止令婚主問驗，以告宗正寺、大宗正司，寺、司詳視，如條保明。所進財皆賜壻家，令止於本宮納財，媒妁、使令之人，非理求匄，許告。宗室女事舅姑及見夫之族親，皆如臣庶之家。」其後又令宗室女再嫁者，祖、父有二代任殿直若州縣官已上，即許爲婚姻。

熙寧十年，又詔：「應祖免以上親不得與雜類之家婚嫁，謂舅嘗爲僕、姑嘗爲娼者。若父母係化外及見居沿邊兩屬之人〔八〕，其子孫亦不許爲婚。緦麻以上親不得與諸司胥吏出職、納粟得官及進納伎術、工商、雜類、惡逆之家子孫通婚。後又禁刑徒人子孫爲婚。應婚嫁者委主婚宗室，擇三代有任州縣官或殿直以上者，列姓名、家世、州里、歲數奏上，宗正司驗實召保，付內侍省宣繫，聽期而行。嫁女則令其壻召保。其冒妄成婚者，以違制論。主婚宗室與媒保同坐，不以赦降，自首者減罪，告者有賞。非祖免親者依庶姓法。宗室離婚，委宗正司審察，若於律有可出之實或不相安，方聽；若無故擅捨者，劾奏。如許聽離，追完賜予物，給還嫁資。再娶者不給賜。非祖免以上親與夫聽離，再嫁者委宗正司審核。其恩澤已追奪而乞與後夫者，降一等。」尋詔：「宗女毋得與嘗娶人結婚，再適者不用此法。」

品官婚禮。納采、問名、納吉、納成、請期、親迎、同牢、廟見、見舅姑、姑醴婦、盥饋、饗婦、送者〔九〕，並如諸王以下婚。四品以下不用盥饋、饗婦禮。

士庶人婚禮。幷問名於納采，幷請期於納成。其無鴈奠者，三舍生聽用羊，庶人聽以雉及雞鶩代。其辭稱「吾子」。

親迎。質明，掌事者設禰位廳事東間，南向。壻之父服其服，北面再拜，祝曰：「某子某，年若干，禮宜有室，聘某氏第幾女，以某日親迎，敢告。」子將行，父坐廳事，南向，子服其服，三舍生及品官子孫假九品服，餘並皁衫衣、折上巾。立父位西，少南，東向。贊者注酒於醆授子，子再拜，跪受，贊者又以饌設位前，子舉酒興，即坐飲食訖，降，再拜，進立父位前，命之曰：「釐爾內治，往求爾匹。」子再拜，曰：「敢不奉命。」又再拜，降出。

初婚，掌事者設酒饌室中，置二醆於槃。壻服其服如前服，至女家，贊者引就次，掌事者設禰位，主人受禮，如請期之儀。主人謂女父。女盛服立房中，父升階立房外之東，西向。非南向者，各隨其所向。父立於門外之左，餘放此。贊者注酒於醆授女，女再拜受醆；贊者又以饌設於位前，女即坐飲食訖，降，再拜。父降立東階下，賓出次，賓謂壻。主人迎于門，揖賓入，賓報揖，從入。主人升東階，西面；賓升西階，進當房戶前，北面。掌事者陳鴈于階，賓曰：「某受命於父，以茲嘉禮，躬聽成命。」主人曰：「某固願從命。」賓再拜，降出，主人不降送。初，女出，父戒之曰：「往之汝家，無忘肅恭！」母戒之曰：「夙夜以思，無有違命！」諸母申之曰：「無違爾父母之訓！」女出，壻先還，俟于門外。婦至，贊者引就北面立，壻南面，揖以入，至於室。掌事者設對位室中，壻婦皆即坐，贊者注酒於醆授壻及婦，壻及婦受醆飲訖。遂設饌〔一〇〕，再飲、三飲，並如上儀。壻及婦皆興，再拜，贊者徹酒饌。

見祖禰、見舅姑、醴婦〔一一〕、饗送者，如儀。

校勘記

〔一〕西北上　五禮新儀卷一八〇作「西面，北上」。「西」下當脫「面」字。

〔二〕賓贊既戒　「戒」原作「成」，據下文及五禮新儀卷一八〇改。

〔三〕其日　「日」字原脫，據五禮新儀卷一七五、文獻通考卷二五八帝姬降嫁儀補。

〔四〕掌事者設巾洗各二於東階東南一於室北　「二」下疑脫「一」字。五禮新儀卷一七五，文獻通考卷二五八都作「掌事者設巾、洗各二，一於東階東南，一於室之北」。

〔五〕敲門　原作「敵門」，據長編卷二〇七、宋會要禮五三之一八改。下文「敲門」同。

〔六〕押馬函馬　宋會要禮五三之一八作「押函馬」，疑是。

〔七〕高髻釵插并童子八人騎分左右導扇輿　同上書同卷「插」下無「并」字，疑是。

〔八〕若父母係化外及見居沿邊兩屬之人　「父母」，長編卷二八四作「父祖」，疑是。

〔九〕迓者　據下文及五禮新儀卷一七八品官昏儀，「迓」上當脫「饗」字。

〔一〇〕遂設饌　「遂」原作「迎」，據五禮新儀卷一七八改。

〔一一〕醴婦　「醴」原作「禮」，據五禮新儀卷一七九改。